新时代小学教师教育丛书（融媒体版）

刘 慧/丛书主编

ERTONG SHENGMING GAILUN

儿童生命概论

刘 慧 等/编著

北京师范大学出版集团
BEIJING NORMAL UNIVERSITY PUBLISHING GROUP
北京师范大学出版社

图书在版编目（CIP）数据

儿童生命概论／刘慧等编著 . —北京：北京师范大学出版社，
2023.3（2024.11 重印）

ISBN 978-7-303-27137-5

Ⅰ．①儿…　Ⅱ．①刘…　Ⅲ．①生命哲学－教学研究－小学
－高等学校－教材　Ⅳ．① G623.102

中国版本图书馆 CIP 数据核字（2021）第 146290 号

教材意见反馈　gaozhifk@bnupg.com　010-58805079
营销中心电话　010-58802755　58800035
编 辑 部 电 话　010-58807068

ERTONG SHENGMING GAILUN

出版发行：北京师范大学出版社 www.bnupg.com
　　　　　北京市西城区新街口外大街 12-3 号
　　　　　邮政编码：100088
印　　刷：北京虎彩文化传播有限公司
经　　销：全国新华书店
开　　本：889 mm×1194 mm　1/16
印　　张：11.5
字　　数：330 千字
版　　次：2023 年 3 月第 1 版
印　　次：2024 年 11 月第 2 次印刷
定　　价：30.00 元

策划编辑：林　子　　　　　责任编辑：王思琪
装帧设计：李向昕　　　　　美术编辑：焦　丽
责任校对：丁念慈　　　　　责任印制：马　洁

代 序

认识小学儿童　认识小学教育（节选）[①]

一、重新认识现代小学儿童的发展特征与教育

小学教育是为小学儿童举办的，我们不能仅仅要求小学儿童适应现有的小学制度，适应小学教师现有的教育方式。相反的，小学教育和小学教师必须正确认识小学儿童，认识他们的发展规律及发展需求。

不断发展和进步的儿童观是我们办小学教育的前提。儿童观是人们对儿童的总的看法和基本观点。意大利教育家蒙台梭利早就警示人们：了解儿童，注意我们和儿童世界的关系，"乃是一个良心的问题"。被誉为现代"中国儿童教育之父"的陈鹤琴先生也说："只有了解儿童，才能教好儿童。"

6～12、13岁的儿童处于身心发展速度最快的一段生命时期，他们从以游戏学习为主的生活方式进入以课堂学习各门学科为主的生活方式。学校学习生活和交往方式刺激着儿童的脑突触生长，并且有选择和有一定方向性地形成日益复杂的"互联网络"。小学儿童的学习潜能和创造力是巨大的，而且只要具备良好的、有滋养性的环境，他们就会有惊人的可塑能力。同时，我们知道每个小学儿童都是一个独特的个体，他们有相互区别的不同神经活动方向和水平。

儿童的学习和发展是他们与其所处的环境互动的结果。认知学习的内容、成人世界的态度、儿童的情绪情感表达顺畅与否等，构成对个人学习和发展不同的具体意义。所以，我们绝不应该对儿童采用同一的教育方式和评价方式。就社会生活方式和文化大环境而言，今天儿童面对的信息量及传播方式、价值观引导及其方式以及他们自身的交往方式都发生了重大的改变，因此不能不考虑他们中的大多数作为独生子女的经历、他们对网络及媒体学习的兴趣和能力、他们受到的不健康风尚的影响和竞争的压力等。所以，我们必须在新的历史条件下重新整体地看待小学儿童。

二、重新认识小学教育的性质任务和特殊的教育功能

小学教育与教育体系内其他教育阶段相区别的独特性主要表现在基础性、全民性、义务性和公益性等方面，而最重要的独特性是基础性。长期以来，我们对基础性的理解：一是强调它是

[①] 朱小蔓：《认识小学儿童　认识小学教育》，载《中国教育学刊》，2003（8）。

整个教育制度的基础，小学教育是为学生升入中学作准备；二是强调培养目标上的"双基"，即基础知识、基本技能。近些年，竞争日益激烈的"应试教育"已经从中学蔓延到小学。众多的家长把小学作为竞争的起跑线，提前演绎升学竞争。这种状况使小学生过早地承受着升学的压力，失去本该欢乐的童年，结果是学生学习热情明显降低，对学习日益厌恶和逃避。

小学教育不是升学教育的基础，而是素质教育的基础。在人类倡导构建学习化社会的时代，它是终身教育的奠基阶段，是为人生的发展奠定基础的。作为基础教育而不是高等教育、职业教育，它是以提高国民素质为目标而进行的非定向、非专门的教育。它不是为某一行业，而是为社会所有行业培养人才打基础的。所以，它的知识、技能不是为了选拔、升学、择业，而是为了尽可能为人的身心全面发展提供最有利的条件。今天，仅有传统上的"双基"是不够的，我们还要激发儿童积极的学习情感和态度，以促使他们终身保持热爱学习的欲望。从一定意义上说，这种起动力作用的情感态度比"双基"更为基本、更为重要。

三、重新认识小学教师的培养，转变传统教师的角色

小学教育是启蒙教育。在这一阶段，小学教师与可塑性极大的儿童们相处，通过各类课程以及与儿童打交道的互动过程引导儿童向真、善、美和谐的方向发展。小学教师要直接面对身心、智能、精神发展各异的儿童，要发现和感受他们的需要，引发他们学习知识、学习道德的兴趣。

教师要成为学生的关怀者、学生的促进者、教育的研究者。教师在课堂以及其他教育现场开展工作，具有相当大的独立性、个体性。儿童观摩、模仿能力和感受能力强，小学教师的言谈举止格外需要掌握分寸。小学生兴趣爱好的多向性、小学生知识教育的综合性，对小学教师的知识面、性格、气质、敏感程度及应对能力等综合素质的要求很高。小学教师与大学、中学教师相比较，在许多方面都具有鲜明的专业特殊性。对小学教师最有效而长远的培养是在小学教育的岗位上。在教育改革的活动中，要从传统的角色中走出来，在新课程实施中实现自身的发展，提升我国小学教育的质量。

朱小蔓

丛书总序

本套丛书集中呈现了我们长期从事小学教师教育理论研究与实践探索的成果，体现了我们对小学儿童、小学教育、小学教师教育及其关系的认识与理解，也着重体现了国家对当代小学教育专业的认证标准、基本理念、培养目标与毕业要求。

培养好的小学教师是当代教师教育的重要使命。何谓好的小学教师？好的小学教师如何培养？这是新时代小学教师教育研究者和工作者必须回答的问题。小学教师是小学教育的实施者，小学教师的素质如何，直接关涉小学教育的质量、小学儿童的生命健康成长状况。《国家中长期教育改革和发展规划纲要（2010—2020年）》明确提出："有好的教师，才有好的教育。要加强教师教育，深化教师教育改革，创新培养模式，提高教师培养质量。"近些年来，我国颁布了《教师教育课程标准（试行）》（2011）、《小学教师专业标准（试行）》（2012）、《普通高等学校师范类专业认证实施办法（暂行）》（2017）、《教育部关于实施卓越教师培养计划的意见》（2014）、《教育部关于实施卓越教师培养计划2.0的意见》（2018）等，这些政策文件从多方面为培养好的小学教师划定了内涵边界，提供了政策保障。习近平总书记提出的"四有好老师"为培养好的小学教师指明了方向。

我国本科层次的小学教师培养开启于20世纪90年代末。经过多年的探索，"中小学"不分的局面被"打破"，小学教师的特性、小学教师与中学教师培养的差异性渐渐明晰，中学教师培养的"学科＋教育"之"双专业"模式并不适合小学教师的培养；"综合培养、分科选修"的"2＋2"培养模式，"综合培养、特色人才"的培养模式，"分方向"的培养模式，"2＋大文大理"的培养模式①，随着卓越小学教师培养计划项目的推进开始逐渐迭代升级。例如，首都师范大学的小学教师培养模式正由"综合培养、发展专长、注重研究、全程实践"的1.0模式迭代为"儿童取向"的2.0模式，其核心强调的是以儿童为本，实施儿童教育，凸显儿童性、生命性、体验性、综合性。

基于人本教育理念的理性审视，小学教育的实质是儿童教育，而非学科教学。儿童教育意味着以儿童为本，回归儿童的生活，助力儿童生命健康成长，为儿童幸福人生奠基。卓越小学教师之"卓越"的核心即在于突破学科本位，回归儿童教育本位。卓越小学教师是能以儿童为本、研究儿童、理解儿童、读懂儿童、实施儿童教育的好教师，是儿童生命健康成长的指导者和引路人。

---

① 刘慧：《关于初等教育学科建设的几点思考》，载《首都师范大学学报（社会科学版）》，2009（1）。

　　促进儿童生命健康成长，是落实立德树人根本任务的重要体现，是小学教师全部工作的出发点和归宿。儿童生命的健康成长离不开教师的爱，爱是小学教师最重要的品质。教师之爱首先体现为爱生命、凸显生命性，生命是教育的基点，基于儿童生命立场的教育教学活动是促进儿童生命健康成长的必然要求。爱儿童的生命，就要认识儿童、理解儿童、读懂儿童，为儿童提供适切的教育。因此，研究儿童，理解儿童生命成长的规律、儿童认识世界的方式、儿童生活的特性是小学教师的必备品质与关键能力。

　　高质量的教育发展需要高素养的教师，提高素养是小学教师专业发展的必要条件。当代我国小学教师的发展主要经历了增长学科知识、提高教学能力、提升学历层次、促进专业发展等阶段，而今正走向人的发展阶段。所谓人的发展，实质是人的生命发展。生命发展是教师专业发展的不竭动力，培育小学教师的发展素养、促进小学教师的生命发展是新时代小学教师教育的核心任务。

　　"未来已来，过去未去。"当今人类社会正处在又一个新的转型期，人工智能正在改变人类的生存方式，不仅挑战了现代人的体力、智力，而且正逐渐替代人类诸多赖以生存的职业。但也有人工智能不能替代的事物，就目前而言，人工智能的"天花板"是生命。关注人的生命、情感、感受、体验等是人工智能难以替代的，这正是小学教师的价值所在。

　　从未来的角度看，成为生命教师是教师发展的理想价值。所谓生命教师，是对生命有着深刻认识与理解，能以生命为本、以生命为师，用生命从事教育事业，以生命影响生命的教师；是能使教育回归生命，能以学生生命健康成长为宗旨和使命的为了生命的教师。生命教师是未来对教师的角色定位，也是教师应对人工智能挑战的一张"王牌"。

　　正基于此，本套丛书的创编注重由"知识本位"转向体现"以人为本"的教育理念，注重以学生为中心，凸显生命体验。教材的编写不是只见知识，不见人；不是以"教"为主，而是以"学"为主，体现以学定教；凸显新型"融媒体"教材的特点，体现时代对创编及使用教材的新要求，即通过增强教材的交互性和开放性，使教材成为师生学习的一部分，注重信息技术的应用，教学媒介由单纯的纸质教材延伸到包括电子课件、模拟动画、微课视频及考试系统等多媒体手段上来。

　　感谢北京师范大学出版社的邀请，尤其是林子编辑积极、热情的投入与推动；感谢参与本套丛书出版的全体作者。

　　谨以本套丛书为我国高校小学教育专业创建二十周年献礼。

刘慧

2019 年 3 月 15 日

于西钓鱼台嘉园

前　　言

谁要能看透孩子的生命，就能看到掩埋在阴影中的世界，看到正在组织中的星云，方在酝酿的宇宙。儿童的生命是无限的，它是一切……

——罗曼·罗兰

本教材主要为小学教师而写，旨在帮助小学教师从多学科的视角了解儿童生命特性、认识儿童生命之道，以此来理解小学儿童，进而做好小学儿童教育工作。

儿童教育是为儿童生命健康成长服务的，其前提是理解儿童。那么，理解儿童的什么？怎么才能理解儿童？唯有回到儿童生命本身，认识儿童生命之道。探究儿童生命之道，揭示儿童生命之道所在，是遵循儿童生命之道的教育筑基。而儿童生命之道何在？对这一问题的回答，正是本书创作的旨趣所在。

何谓生命之道？我在《生命德育论》中做了初步探索。首先，关于"道"的基本含义，在本体论的范畴就是指宇宙万物的本原。老子曾说过，"道生一，一生二，二生三，三生万物"，"人法地，地法天，天法道，道法自然"。老子强调"道"是根本、是万物，由"道"而生德，顺"道"即"能得"。得，德也。以此来理解，生命之道即是指生命所具有的规律，可以从生命的特性、人脑的功能、个体生命的遗传型与表现型三方面来理解。生命科学研究所揭示的生命本身所具有的特性，主要包括遗传、自组织、复杂性、适应性、混沌与秩序、相互作用、创造性、时间等。这些是一切生命所共同拥有的，是生命最根本的规律。现代脑科学研究表明，人是"意义的建构者"，人脑的一个十分基本的功能就是对意义的搜寻。每一个人都有独一无二的脑能特征，都有自己独特的处事方式。[①] 个体生命具有遗传型与表现型，是其自身的遗传型与其存在环境相互作用的产物。爱德华·O.威尔逊用"发展的地形"来描述先天与后天的关系。[②] 人的个体生命之道既具有生命的一切特性，又具有其自身的特殊性，体现在生命的特性、人的生命特性、自身的独特遗传与环境的相互作用三者结为一体所形成的规律。[③]

儿童生命之道是生命的特性、人的生命特性、儿童自身的独特遗传与环境的相互作用所形成的规律所在。儿童期是一个独特的时期，是与成人有着不同特点的时期；每一个儿童都是独一

---

① [美]詹姆斯·怀特：《破译人脑之谜》，张庆文译，25、145、335页，北京，中国物资出版社，1999。
② [美]爱德华·O.威尔逊：《人类的本性》，甘华鸣译，56～60页，福州，福建人民出版社，1988。
③ 刘慧：《生命德育论》，40～41页，北京，人民教育出版社，2005。

无二的，都有自己的生命之道与"发展的地形图"。对儿童生命之道的探索必须回到儿童的生命世界，通过描述、揭示、解释儿童的生命特性来实现。目前，这方面的研究还很有限。

本书在梳理儿童、童年、儿童观、儿童学等概念及相关研究的前提下，主要探索了儿童的天性、需要、游戏、秘密、美术、音乐与权利等内容。本书的主要观点是：儿童天性是儿童生命之根，儿童需要是儿童生命的动力，儿童游戏是儿童生命的存在方式，儿童秘密是儿童生命的成长标志，儿童美术是儿童生命的表达，儿童音乐是儿童生命的律动，儿童权利是儿童生命的保障。

有关儿童天性的研究，代表性的主要观点是中国学者凌冰和英国学者沛西·能的儿童天性说。凌冰在《儿童学概论》中将儿童天性分为非社会性和社会性两类九种，其中，食性、求知性、恐惧性、奋斗性为非社会性天性，好群性、游戏性、同情性、竞争性、模仿性为社会性天性。沛西·能对儿童天性的相关看法多从生物学视角给出解释，代表了自然主义研究者一派的观点。他认为人类天性有两个根深蒂固的趋势，一个是模仿的一般趋势，另一个是跟随某些特殊的活动路线的趋势，他称之为本能。儿童天性显现为多个方面与多种形态，如"儿童是天生的哲学家"、浪漫与奇妙支配一切的儿童的"浪漫性"以及"快乐地向人类美好的、吉祥的未来敞开大门"的儿童的"明天性"。

有关儿童需要的研究，英国学者普林格尔在《儿童的需要》一书中进行了详细的论述，将儿童需要分为四类：对于爱及安全感的需要，对于新体验的需要，对于赞扬和认可的需要，对于责任感的需要。近年来，国内也有学者研究儿童需要，并提出了儿童需要内容的层次，如心理安全需要、生活和发展的需要、超越的需要，强调重视儿童被关注的需要、常规与游戏的需要以及追求人生意义的需要。其中，儿童被关注的需要非常重要。我们的研究表明，儿童被关注的需要是其发展成完整的人的需要，是向他的生命不断地注入能量。这种完整既不是全面发展，也不是超越别人，而是成为自己。被关注的需要使儿童"请求"教育者不要用统一的标准来要求他们，而要尊重他们不同的潜能和可能。

对于儿童而言，游戏是一种本能。自然法的逻辑证明，人类本性即是合理。游戏带给儿童的快乐、放松、自由等，是其他任何活动无法替代的。在学龄期，人们对游戏的态度还是比较落后的。一方面，我们需要指出游戏在本能层面上的意义与价值；另一方面，我们也需要揭示游戏在儿童的教育生活中所具有的功能性价值。例如，游戏中的儿童会自发地进行道德判断和选择，儿童在游戏中收获无法取代的生活的意义感等。当我们开始积极关心儿童游戏并真正进入儿童的游戏世界时，会发觉游戏中的儿童并不总是开心的、顺利的，他们可能遭遇不良游戏的困扰。所以，儿童的游戏世界不仅需要我们的呵护，也需要我们的关注，偶尔还需要我们的引导。为此，教师需要了解儿童的游戏需求、思考儿童的游戏活动的影响因素，也需要不断提升自身引导、组织或干预儿童游戏的能力。儿童的游戏世界需要成人和儿童的共同经营。

秘密是人类共同的体验，在儿童的生活中具有不可忽视的作用，是童年经历的一个重要内容。儿童正是通过对秘密的体验来丰富其内心世界，从而形成多层次的自我认知，同时在维护和分享秘密的过程中加深对责任和友谊的理解。成人必须正确地认识儿童的秘密，多关注儿童的需要，洞察儿童的秘密；允许秘密的存在，保护儿童的秘密；给予儿童更为宽松的空间，减少儿童的秘密。儿童会依据"安全"和"亲密"的原则来选择秘密分享者，并针对不同的秘密选择不同的分享者。秘密的分享帮助儿童形成自己的生活圈，与秘密的分享者形成亲密关系，从而排解心理压力并获得帮助。

儿童以美术的方式记录观念、情感与经验，表达自我，与人沟通；儿童美术表达是儿童将其内心经历可视化的过程和结果，是其生命的表达。但直到19世纪下半叶，伴随着发现儿童思潮的生根发芽，儿童美术才受到关注，逐步为人们所了解。无论何种形式的美术表达，对于儿童而言，其学习发展过程都是复杂的，它涉及语言与方法的学习、创意的表达、文化的理解等多个方面。儿童美术表达能力的提升受到多重因素的影响，自然成长因素、文化因素以及对儿童的引导都很重要。让儿童学习美术，进行美术表达，主要目的是让儿童了解、学习美术文化，培养其作为公民所需要的基本美术素养。当然，美术教育也需要帮助有天赋的个人成为职业艺术家，以创新发展艺术。

尼采说，没有音乐，生命是没有价值的。音乐是人类共通的语言，是人类表达情感的一种方式，为儿童提供了美妙无限的想象力和充盈丰沛的内心世界。儿童歌唱和说话一样自然，通过歌唱，能使儿童的歌喉无须借助于作为外力的乐器即日趋完美。儿童在学习舞蹈的过程中，感受音乐、体验节奏、锻炼体能、享受舞姿美，以舞蹈语言的形式表达自己的喜怒哀乐，体会情感的趣味，提高身体素质。儿童演奏乐器可以激发他们的兴趣爱好，开启好奇心，开发智力，提高创新能力。儿童音乐教育是引导儿童认识、了解并喜爱音乐的过程。儿童学习音乐只是一个开端，会伴随一生，给予他们所具有的更多的天性、情感、理想、创造和快乐。

爱伦·凯曾预言"20世纪是儿童的世纪"，《儿童权利公约》真正实现了她的预言。公约以儿童权利的五大原则和十大权利赋予了儿童以完全的法律地位。儿童权利是儿童生命存在的支点，从儿童成长的过程看，人身权和受教育权是儿童最重要的权利。学校对儿童权利的保障起着极为重要的作用，应通过建章立制、开展儿童权利教育及创设平等、安全的校园环境来保障儿童权利。在学校，每一位教师都是儿童的守护者与引领者，应积极保障儿童权利，并通过约束自己的行为来避免侵犯儿童权利。家庭是儿童天然的守护者，父母应尊重并保障儿童权利。儿童关乎未来，社会中的每个单元都应履行保障儿童的职责。

本教材的创编意动始于2009年。当时，作为首都师范大学初等教育学院教学副院长的我负责组织2010年版的小学教育专业人才培养方案的修订工作，时任院长王智秋教授提出应开设一门儿童学的课程。然而，这是怎样的一门课？究竟应该开设什么内容？我们的头脑中并没有一个明确的概念，但开设此课的必要性是毋庸置疑的。于是，我们决定在方案中增设"儿童专题研究"课程作为全院选修课，由我组织教师团队进行课程建设。经过准备，于2012年秋正式开课。同年，我又领衔启动了本课程相应的校级教材建设项目的立项工作。

　　本书初稿形成于 2015 年，而今才成稿。其间，我们不断地探讨、调整。2013 年，我院启动小学教育专业课程地图研制项目，提出小学教师的核心素养是认识小学儿童、理解小学教育、发展教师自身三个维度，进一步明确了小学儿童在小学教育专业建设中的重要位置。我们从理论角度整体架构小学教师教育课程，其中，在认识小学儿童的维度，围绕儿童生命从身体、心理、道德、权益等方面设计了一系列课程，使"儿童专题研究"课程内容更为集中于儿童生命的天性、需要、表达、游戏等方面，名称也变为"儿童需要与表达"，并由选修变为必修，体现于《小学教育专业人才培养方案（2014 年版）》中。经过几轮的教学实践与理论探讨以及我们对小学儿童的研究，调整本书的架构、体例的立场、角度与内容，最终聚焦于呈现儿童生命之道的研究成果。

　　本书体例框架由刘慧设计，全书由刘慧统稿，苗光宇进行全书写作格式的调整。各章作者如下。

　　前　　言：刘慧（首都师范大学初等教育学院教授）。

　　第一章：刘慧、苗光宇（哈尔滨学院教育科学学院教师）；
　　　　　　曲悦（人大附中北京经济技术开发区学校教师）。

　　第二章：刘慧、苗光宇、王佳艺（北京理工大学附属中学小学部教师）。

　　第三章：刘慧、曲悦、李晓雯（北京语言大学）。

　　第四章：刘慧、王洋（华夏行知教育科技研究院）；
　　　　　　郭鑫（首都师范大学附属中学大兴北校区教师）。

　　第五章：李敏（首都师范大学初等教育学院副教授）。

　　第六章：欧群慧（首都师范大学初等教育学院副教授）；
　　　　　　韩佳彤（北京市海淀区西苑小学教师）。

　　第七章：唐斌（首都师范大学初等教育学院副教授）。

　　第八章：徐璐（首都师范大学初等教育学院副教授）。

　　第九章：肖宝华（首都师范大学初等教育学院副教授）。

　　感谢在本课程建设中陪我们一起走过的学生们，是他们的积极参与给了我们信心和灵感，让我们知道了应调整的方向与内容。感谢我们教师团队的全体教师为本课程建设、为本教材写作所付出的努力，尤其是感谢现在担任本课主讲教师的钟晓琳副教授、欧璐莎副教授、魏戈博士对课程教学的投入；感谢张志坤副教授一直承担部分内容的教学工作，李玉华副教授、刘荣副教授参与创课建设；感谢刘峻杉副教授提供相关资料；感谢崔杨老师、韩廷斌等研究生参与本课程的教学展演活动。感谢首都师范大学儿童生命与道德教育研究中心在儿童研究方面做了大量的工作和努力，围绕儿童先后召开了七次年会——"看见儿童"（2015 年 1 月）、"重新发现儿童"（2015 年 5 月）、"品德发展与儿童成长"（2016 年 1 月）、"阅读与儿童生命教育"（2016月 12 月）、"走进儿童"（2017 年 12 月）、"关爱儿童"（2018 年 11 月）、"教育现场的儿童研究"（2020 年 1 月），为本书创编提供了宝贵资源。

感谢北京师范大学出版社，尤其是林子编辑对本书的指导。

此书虽成，但仍有许多缺陷和遗憾。本书的写作是一种探索，一定存在缺点和不足，恳请读者批评指正；本书在写作中借鉴了大量的研究资料，尽管我们很努力去查询添补，仍有一些著作和论文的研究成果未能全部注明，在此表达深深的谢意。

期待本书能为小学教师提供直接的、有效的帮助。

儿童是我们的希望，儿童是我们的未来。我们要关爱儿童、走近儿童、研究儿童，为儿童服务，今后，我们还会继续努力！

目　　录

第一章　理解儿童、童年与儿童学

小学教育是儿童教育，小学教师是儿童教育工作者。理解儿童、童年、儿童观及儿童学的含义是认识儿童生命之道的基础，是小学教师从事小学教育工作的前提。理解儿童、童年与儿童学的意涵是学习本书的基础。

第一节　理解儿童

一、何谓儿童

（一）儿童的含义

儿童是幼小的未成年人。例如，《新华字典》将"儿童"定义为较幼小的未成年人（年纪比少年小）。

儿童是身心未成熟的个体。例如，《教育大辞典》中，儿童为身心处于未成熟阶段的个体。

儿童是 18 岁以下的任何人。例如，《儿童权利公约》中，儿童指 18 岁以下的任何人，除非对其使用之法律规定成年年龄低于 18 岁。[①]

目前，我国小学阶段儿童指 6～12 岁的未成年人。

（二）儿童期的阶段划分

《辞海》对"儿童"一词未做过多解释，但详细解释了儿童年龄分期，即不同年龄段的儿童有不同的生理和心理特征。儿童年龄分期是人为的，根据年龄和教育特点，把整个儿童时期划分为几个阶段，一般分为：新生儿期（从出生到满月）、婴儿（或乳儿）期（1 岁以下）、幼儿期（1～6、7 岁）、小学儿童期（6、7～12、13 岁），之后则进入少年、青年阶段。因生长发育是一个连续的过程，且在同年龄期内的各个儿童虽具有一般的年龄特征，但仍存在个别差异。[②]

《教育大辞典》根据儿童身心发展阶段，按年龄划分：从出生到 1 岁为乳儿期；1～3 岁为婴儿期；3~6、7 岁为幼儿期；6、7～11、12 岁为小学儿童期或学龄初期；11、12～14、15 岁为

---

① 冯林:《中国公民人权读本》，322 页，北京，经济日报出版社，1998。
② 辞海编辑委员会:《辞海》，769 页，上海，上海辞书出版社，1979。

少年期或学龄中期；14、15～17、18 岁为青年初期或学龄晚期。通常少年期以前称儿童。在人的一生中，儿童时期身心发展最快。其发展的规律和年龄特征是教育教学工作的依据，教育教学工作又促进其发展。①

在西方，亚里士多德把一个人的受教育年龄按每七年为一自然阶段划分为三个时期，即 0～7 岁为第一个时期，7～14 岁（青春期）为第二个时期，14～21 岁为第三个时期。这是最早的教育年龄分期。②

夸美纽斯是第一个将儿童期从人生整个阶段中划分出来的人，他把儿童从出生到成熟分为四个时期：0～6 岁为婴幼儿期；6～12 岁为童年期；12～18 岁为少年期；18～28 岁为青年期。

弗洛伊德根据儿童期"性发育"特点，把儿童期分为五个不同的阶段：口唇期（0～1 岁）、肛门期（1～3 岁）、前生殖器期（或性器期）（3～6 岁）、潜伏期（6 岁至青春期）、青春期（或两性期）（女孩从 11 岁开始，男孩从 13 岁开始）。③武尔茨巴赫尔从社会学的角度提出了婴儿、幼儿、学龄前儿童、学龄儿童四个阶段。④

（三）儿童与成人

不同时代对儿童与成人的关系认识不同。古代倾向于把儿童当作"小大人"来看，儿童从属于成人，围绕成人运转；儿童是成人的理论和历史的一部分，要引导儿童走向成人世界。

近代主张把儿童从旧文化中解放出来，儿童不是成人私有的"附属品"，认为"儿童绝不是成人的缩小体"⑤。

现代主张儿童本位的儿童观，成人不能压制儿童的兴趣、个性；当代主张"尊重儿童"，成人应向儿童学习，儿童的精神世界和文化生活可以给成人启示，成人要让儿童拥有健康快乐的童年。尤其是 21 世纪提倡"解放儿童"，成人要让儿童能够选择自己未来的生活。

儿童对世界包括道德现象的认识并不像成人想象的那样浅薄，美国哲学家马修斯建议："成人（无论是教师、父母还是研究儿童的人员）在儿童面前要抛掉优越感，俯首倾听儿童提出的认知方面或道德方面的问题。"⑥他认为，儿童提出的问题或发表的意见有时会使成人甚至许多领域的专家大受启发。

脑科学研究表明，儿童大脑的早期发展将影响儿童一生的认知功能。婴儿出生时的脑重为成人脑重的四分之一左右，相比于成人，他们拥有更多的神经元细胞，且每个神经元细胞之间的突触联系很少，大脑两个半球功能尚未完全分化。儿童大脑发育过程中发生了突触的修剪，儿童期的经验既可以生成或强化神经回路，也可以消除或弱化神经回路。根据脑科学的研究成果，人们提出儿童的成长需要高质量的教育环境。尤其是在家庭和幼儿教育机构中，儿童与成人密集互动，才能保证儿童大脑的健康发展。⑦

---

① 顾明远：《教育大辞典》，316 页，上海，上海教育出版社，1998。
② 王天一、夏之莲、朱美玉：《外国教育史》上卷，55～56、58 页，北京，北京师范大学出版社，1985。
③ 林崇德：《发展心理学》，67 页，杭州，浙江教育出版社，2002。
④ 陆克俭：《发现与解放——中国近代儿童观研究》，博士学位论文，华中师范大学，2007。
⑤ [日]关宽之：《儿童学》，朱孟迁、邵人模、范尧深译，4 页，上海，商务印书馆，1928。
⑥ Gareth Mattews, "Philosophy as Rational Recon-struction of Childhood," *In Canadian Children Fall*, Vol.13, No.2, 1988. p.64.
⑦ 王澍、侯洁：《哲学视角下儿童观研究的特征及其教育启示》，载《教育科学研究》，2017（4）。

二、儿童是谁

对"儿童是谁"的问题，站在不同的角度，会有不同的答案。

（一）儿童是正在发展的人

所谓儿童，就是生长在儿童期的人。人从受胎起约经 25 年之间就是儿童期的全期；在此期间，他的内部把系统发生的历史重新复现一下，照样地做那个体发生的活动；同时并受"任自然的教育"于外部，渐次发达，以入于成熟期——在这个过程中生活着的人，就是所谓儿童。①

儿童是一个正在发展的人；儿童期不只是为成人期做准备，它具有自身存在的价值；儿童是具有主体性的人。儿童是一个社会的人，他生来就具有人的尊严与价值。②

儿童首先是"人"，就是要看到儿童具有人的遗传因素、人的身心发展规律、人的需要。儿童是具有生命的个体，是成长最迅速、最有发展潜力和可能性的生命体。儿童又是一个特殊的人群：一方面，儿童具有人的共性、人的需求，他们在人格上与成人是完全平等的；另一方面，儿童具有与成人不同的特性。"③

（二）儿童是社会文化的承载者

韦伯有这样一段论说："人具有与生俱来的文化属性。儿童生活在一定的文化中，参与文化的演变和创造，也被他所创造和参与的文化所制约。在不同的历史阶段，儿童身上所具有的文化符码是不一样的，有时候承载的是平等和自由，有时候承载的是罪孽和危险，有时候承载的是纯真和可爱。无论如何，历史的变迁在儿童身上打下了许多文化的印迹，儿童是一个自始至终的文化承载者。"④

关于"儿童是谁"，有两种社会学的解读路径：从社会来看儿童，儿童是社会文化的承载者、学校存在价值的体现者、家庭生命的延续者、同伴群体的生产者和自身社会化的承担者；从儿童来看社会，儿童是社会发展的见证者、享用者、参与者和接班人。⑤

（三）儿童是他自己

儿童是他自己，他有自己的心灵世界；儿童属于童年，成人读不懂他；儿童需要好教育，他需要在教育中实现自我。只有在儿童的世界、童年和教育活动中，我们才能完全搞懂"儿童是谁"，才能重构一种崭新的儿童哲学。⑥儿童有自己的游戏、玩具、微笑、秘密等，儿童生活世界是一个色彩绚烂的、天真无邪的、自由的、浪漫的世界。

（四）儿童是他自己的建构者

儿童在建构知识、理解世界的同时，也在建构着自己的身份。儿童的角色不是先天地被成

---

① ［日］关宽之：《儿童学》，朱孟迁、邵人模、范尧深译，2 页，上海，商务印书馆，1931。
② 鲁洁、赵志毅：《幼儿教育现代化的关键——观念现代化》，载《学前教育研究》，1995（6）。
③ 徐丽华：《儿童教育概论》，4～5 页，杭州，浙江少年儿童出版社，2004。
④ 转引自王海英：《儿童是谁——基于社会学的一种追问》，载《幼儿教育（教育科学版）》，2006（9）。
⑤ 王海英：《儿童是谁——基于社会学的一种追问》，载《幼儿教育（教育科学版）》，2006（9）。
⑥ 龙宝新：《儿童是谁——重构我们的儿童哲学》，载《少年儿童研究》，2009（2）。

人决定、设计，进而被成人管理、塑造的。在开放、流动的社会中，儿童是作为建构者存在和发展的。儿童不仅建构着自己的身份，而且建构着成人的角色。儿童是社会的有机组成部分，通过儿童和成人的交流、对话、创造等社会实践，儿童的建构者身份也得以不断深化、丰富。①

后现代主义者认为儿童期是针对儿童并由儿童进行的社会性建构，儿童是知识、个性、文化的共同建构者。儿童期总是随着时间、地点、文化的不同而具有不同的内容，并会随着阶层、性别和其他社会经济条件的变化而变化。因此，没有自然的儿童，也没有普遍的儿童，只有多样的儿童。② 后现代解构学者也认为"人是创造性存在物，通过自己的活动自我发现、自我创造和自我塑造"③。

可见，儿童的身份是在其发展过程中自我建构的，儿童是他自己的建构者。儿童的发展不是为了达到既定的目标，而是一个未完成的建构状态，是不断向前的。

三、儿童文化

关于儿童文化的研究，主要是针对儿童的好奇与探究精神等特点展开的。美国教育家李普曼和美国哲学家马修斯是研究儿童哲学的代表，他们围绕儿童的思维、对话等方面进行了深入细致的研究。

刘晓东把儿童文化定义为："儿童表现其天性的兴趣、需要、话语、活动、价值观念以及儿童群体共有的精神生活和物质生活的总和。"④ 他认为，儿童文化是"诗性的、游戏的、童话的（或神话的）、梦想的，是好奇的、探索的，是从本能的无意识的逐步迈向有意识的，是历史沉积的，因而是复苏的，是转变的、生长的"⑤。

边霞认为儿童文化与成人文化相区别，有着自己的逻辑、自己的规则、自己的一套特殊语码。整体感知和反应、诗性逻辑、游戏精神是儿童文化的三个基本特征。儿童文化是一种整体性和诗性逻辑的文化，它的核心是游戏精神。游戏精神是一种自由想象和创造的精神、一种平等的精神、一种过程本身就是结果的非功利精神。这种精神不仅体现在儿童的游戏中，也体现在儿童的艺术和整个生活中，体现在儿童的内在精神中；这种精神不仅体现在儿童的自由行动中，也引导着儿童自由行动，不断创造。

丁海东在《儿童精神：一种人文的表达——论儿童精神的人文性》中对儿童精神进行了系统的论述，他指出，儿童精神具有自我中心化、整体混沌性、潜意识化、诗性逻辑以及游戏性等特点。

① 于忠海：《教师教育的机理——与学生共生》，39～40页，成都，电子科技大学出版社，2014。
② 塞尔玛·西蒙斯坦，常宏：《儿童观的后现代视角》，载《幼儿教育（教育科学版）》，2007（2）。
③ Griffin, *Spirituality and Society: Postmodern Visions.*, New York, State University of New York Press, 1988, p.14.
④⑤ 刘晓东：《论儿童文化——兼论儿童文化与成人文化的互补互哺关系》，载《华东师范大学学报（教育科学版）》，2005（2）。

第二节　理解童年

一、何谓童年

（一）童年是儿童的生活

儿童的生活即童年。对于童年的概念，不同的学科有不同的定义。但相对于成人而言，童年是人生发展的某个时段。

20世纪60年代，社会历史学家阿里耶斯的名著《童年的世纪》一书指出童年是一个社会学概念，即意味着童年是一种社会文化的建构。

童年不同于婴儿期，是一种社会产物，不属于生物学的范畴。童年的概念是文艺复兴的伟大发明之一。[①]

12~17世纪的西方社会还没有童年的概念，这一时期的儿童告别摇篮和保姆后就直接进入成人社会，被当作"小大人"来看待。直到18世纪，欧洲社会才将童年从成人期中剥离出来，作为成人期的预备阶段，并随着现代化的发展将童年细分为幼儿期、学童期和青少年期。在阿里耶斯之后，"童年是社会文化的建构"这一命题才被学术界认可。[②]

（二）童年的定义是通过进学校上学来实现的

1982年，美国纽约大学媒体文化研究学者波兹曼对童年的发明与消逝给予了详细的论述，他指出："儿科学和礼仪书籍的出版强烈显示，在印刷机发明后不到100年的时间里，童年这个概念已经开始形成。"

凡是识字能力始终如一地受到高度重视的地方，就会有学校；凡是有学校的地方，童年的概念就能迅速发展。童年的定义是通过进学校上学来实现的。可以说："1850年到1950年，这个阶段代表了童年发展的最高峰，儿童走出工厂，进入学校，穿着自己的服装，使用自己的家具，阅读自己的文学，做自己的游戏，生活在自己的社交世界里。"[③]

（三）童年被电视"消解"

在波兹曼看来，这个阶段，已形成规范的现代家庭建立了起来。自此以后，电视侵蚀了童年和成年的分界线，因为理解电视的形式不需要任何训练。无论对于头脑还是行为，电视都没有复杂的要求，它不能分离观众。"电子媒介完全不可能保留任何秘密，如果没有秘密，童年这样的东西当然也不存在了。"[④]

所以，波兹曼认为传统的童年是7~17岁这个年龄段，因为儿童在7岁时已经能够驾驭语

---

① ［美］尼尔·波兹曼：《童年的消逝》，吴燕莛译，1~2页，北京，中信出版社，2015。
② 顾彬彬：《教育学视域下的现代童年问题研究》，博士学位论文，华东师范大学，2012。
③ ［美］尼尔·波兹曼：《童年的消逝》，吴燕莛译，43、57、93页，北京，中信出版社，2015。
④ ［美］尼尔·波兹曼：《童年的消逝》，吴燕莛译，95、110页，北京，中信出版社，2015。

言。而和教育一同促成童年产生的，还有工业、政治和社会思潮等的发展。①

二、推动童年研究的力量

童年理论是西方进化论史观的产物，童年有独特的价值和意义，对于童年的理解也要基于不同时代的儿童观。

（一）心理学是童年研究的主要力量

在 20 世纪，心理学是童年研究的主要力量，认为童年是自然生物过程，划定了比较精致的不同发展阶段，并规定了这些阶段由低向高迈向成人化的发展。心理学中的童年一般从三四岁开始，到 18 岁止，划分为学步期、童年早期（游戏期）、童年中期（学龄初段）和青少年期。

皮亚杰提出的儿童四个认知发展阶段为童年研究奠定了心理学基础。①感知运动阶段（0~2岁）。在感知运动阶段，婴儿能协调感觉输入与运动能力，形成行为图式，从而理解并影响周围环境。②前运算阶段（2~7岁）。前运算阶段的标志是符号功能的出现。③具体运算阶段（7~11岁）。在具体运算阶段，儿童已能迅速获得认知操作能力，并能运用这些重要的新技能思考事物。④形式运算阶段（11~12岁以后）。形式运算阶段的标志是假设演绎推理以及归纳推理。②

埃里克森和帕森斯为弗洛伊德的儿童期的四阶段赋予了心理发展的社会意义，提出了儿童的"社会化理论"。埃里克森认为，人的发展是依照渐成原则进行的，人的一生是一个生命周期，依个体与社会关系的改变，划分为八个人格发展阶段。在发展过程中，以个人的自我主导、自我的发展顺序，循序渐进地按成熟时间表将内心生活与社会任务结合起来，形成一个既分阶段又有连续性的心理社会期发展论。

埃里克森划分的八个人格发展阶段中，前五个与弗洛伊德划分的性心理发展阶段在时间上是平行的，后三个则为埃里克森所独创。①婴儿期（从出生到1.5岁）相当于弗洛伊德的口唇期。其发展危机是信任对不信任。②儿童早期（1.5岁~3岁）又称幼儿期，相当于弗洛伊德的肛门期。其发展任务是获得自主感，克服羞怯和疑虑感。其发展危机是自主独立对羞怯疑虑。③学前期（3~6岁）相当于弗洛伊德的性器期。其发展任务是获得主动感，克服愧疚感。其发展危机是主动对愧疚。④学龄期（6~12岁）相当于弗洛伊德的潜伏期。其发展危机是勤奋对自卑。⑤青年期（12~18岁）相当于弗洛伊德的两性期。其发展任务是建立同一性和克服同一混乱感。其发展危机是自我统合对角色混乱。⑥成人早期（18~25岁）。其发展任务是获得亲密感，克服孤独感。其发展危机是亲密对孤独。⑦成人中期（25~50岁）。其发展危机是繁殖对停滞。⑧成人后期（50岁至死亡）。其发展危机是完美无缺对悲观沮丧。③

（二）儿童文学是童年研究的主要领域

儿童文学的发展从另一个方面展示了现代社会童年的变迁，教育家和作家的儿童文学作品能反映不同时代社会的童年状况和儿童观。例如，相当多的学者研究狄更斯和马克·吐温作品中

---

① 顾彬彬：《教育学视域下的现代童年问题研究》，博士学位论文，华东师范大学，2012。
② ［美］David R. Shaffer, Katherine Kipp：《发展心理学：儿童与青少年（第9版）》，邹泓等译，209、216、224、226、228页，北京，中国轻工业出版社，2016。
③ 沈德灿：《精神分析心理学》，392~396页，杭州，浙江教育出版社，2005。

的儿童和童年。又如，我国新文化运动时期，文学领域代表人物鲁迅、郭沫若等的作品阐述了儿童的本质与特性。

（三）童年社会学是童年研究的推动力量

童年社会学是研究儿童与社会的相互关系，着重探讨社会环境对儿童的社会化影响的社会学分支学科。[①] 童年社会学对童年的研究有两种取向：一是将儿童视为"非完全的人"，将童年归入家庭与教育等主题之下；二是把童年本身作为研究中心，这是时代的转向。

20 世纪 80 年代之前，儿童在社会学研究中一直处于边缘化的地位。这一方面是因为儿童在社会中处于弱势地位，其声音很少被倾听；另一方面是因为传统的关于儿童的社会学研究主要集中于社会化理论。[②]

所谓"社会化就是儿童适应并内化社会的过程"[③]，其源头可追溯到涂尔干。涂尔干认为儿童"不是完全成熟的人"，而是"一个无政府分子，对所有的规范、约束和后果都不理不睬"。[④] 帕森斯受涂尔干影响，认为首要的问题是社会秩序如何维持。为此，他建立了一种决定论主义的社会化理论。[⑤] 这也是童年研究学者威廉·A.科萨罗（Willam A. Corsaro）所认为的传统的社会化理论的决定性模型（Deterministic model）。"其中，儿童基本只是扮演被动角色，儿童一方面是社会的新手，他们具有积极贡献于社会的传承与延续的潜能。另一方面，他们又是'未被驯服的威胁'，人们必须通过精细的训练来管控他们。"[⑥]

20 世纪 90 年代以来，由于受解释学、结构主义和符号学等的影响，有关"儿童""童年"的一些潜在假设开始在社会建构主义的视野中被重新检视，儿童从被作为社会行动过程中被解释的、被讨论的、被界定的存在，到被视为与成人一样的童年的社会建构和社会文化再生产过程中积极的参与者。[⑦] 而新童年社会学正是在社会建构理论使社会学家注重儿童的价值、童年开始成为独立的社会学研究范畴以及对传统社会化理论与传统童年研究的批判下产生的。

埃里森·詹姆斯（Alison James）等人在《理论化童年》（Theorizing Childhood）一书中指出，新童年社会学之所以被称作童年研究认识论上的突破，即在于其研究转向真正的儿童或儿童经验。他们批判传统的童年研究没有把儿童当作存有的人类（human being）看待，仅把儿童视为未成熟的有待发展的形成中的人类。在新童年社会学中，儿童被看作能动地建构自己的童年与社会生活的社会行动者。[⑧] 这个"新"在于"把童年本身看作研究的中心，而不是把它归入诸如家

---

① 王世伟、李安方：《国外社会科学前沿 2014（第 18 辑）》，1454 页，上海，上海人民出版社，2015。

② 王友缘：《新童年社会学研究兴起的背景及其进展》，载《学前教育研究》，2011（5）。

③ [美] 威廉·A.科萨罗：《童年社会学》，程福财译，9 页，上海，上海社会科学院出版社，2014。

④ [法] 爱弥儿·涂尔干：《道德教育》，陈光金、沈杰、朱谐汉译，406~409 页，上海，上海人民出版社，2006。

⑤ Michael Wyness, Childhood and Society: An Introduction to the Sociology of Childhood, New York, Palgrave Macmillan, 2006, p.128.

⑥ [美] 威廉·A.科萨罗：《童年社会学》，程福财译，9 页，上海，上海社会科学院出版社，2014。

⑦ 郑素华：《"童年的社会学再发现"：国外童年社会学的当代进展》，载《学术论坛》，2013，36（10）。

⑧ 转引自 Mackey，R，"Conceptions of Children and Models of Socialization"in Dreitzel, London, Collier-Macmillam, 1973, p.28.

庭与教育等主题之下"①。

可见，童年社会学批判了社会化导致的儿童消极被动，注重从儿童自身的角度来研究儿童、注重儿童自身成长过程，推动了童年研究的进程。

第三节　理解儿童学

一、儿童学的词源

"儿童学"一词，最早在英语中是以"Paidologie（Paidology）"出现，源于希腊语"dpaido"（意指"儿童"）和"Logos"（意指"学"）的结合。后来英语的"儿童学"又以"Paedology"出现，Pedology（儿科学）也源自这一词。Pedology，Paidology，Paedology 所指的"儿童学"意指研究儿童行为表现及其发展的学科，也有一些词典将其译为"儿童科学""婴儿学""儿童发育学"等。其与注重教学艺术和方法的教育学（Pedagogy）是不同的。②

二、儿童学的内涵

1893 年，美国研究者奥斯卡·克里斯蒙（Oscar Chrisman）在他的博士论文中最早提出"儿童学"这一概念，对儿童学作了如下定义：儿童学为一种纯正科学，其职能是就儿童的生活、发展观念及其本体而从事研究。儿童至儿童学的研究，如植物至植物学的研究。儿童学并非教育学，教育学是应用学科。他将儿童学视为研究儿童本体及其发展的纯科学，儿童学的完整定义是："有关儿童的科学，它包容了与儿童的本质和发展相关的所有问题，并将其整合成一个完整的体系。儿童学建立的唯一目的就在于从各个视角、各个方向对儿童进行学术研究，并试图达到对儿童本质或是天性的完整理解。"③

在欧洲儿童学学者看来，所谓"儿童学"即"关于儿童的实验性、整体性科学"④。这个界定受到了克里斯蒙的影响。

在苏联，对"儿童学"的理解有"Child Study"和"Child Psychology"，通常被理解为"儿童研究"和"儿童心理学"。"Child Study"是对儿童天赋的本能、儿童的环境、儿童的身体等各方面的研究，它强调儿童是教育的主体，必须先了解儿童，了解他的天性怎样、身体怎样、脑力发展怎样等一系列情况。⑤

---

① 王友缘：《童年研究的新范式——新童年社会学的理论特征、研究取向及其问题》，载《全球教育展望》，2014，43（1）。
② 方明生、万丽红：《儿童学的提出与日本大学设置的儿童学专业课程》，载《外国中小学教育》，2008（2）。
③ Oscar Chrisman, "Paidologie: Entwurfzueiner Wissenschaft des Kindes," PhDdiss., Inaugural-Dissertation der philosophischen Fakultaet der Universitaet Jena, 1896.
④ Marc Depaepe, "The heyday of paedology in Belgium（1989—1914）：A positivistic dream that did not come true," *International Journal of Educational Research*, 1998(8), p.690, 691, 692, 694.
⑤ 凌冰：《儿童学概论》，5 页，上海，商务印书馆，1921。

日本很早就关注儿童学的研究，例如日语"JIDOGAKU"和"KODOMOGAKU"，分别意指"儿童学"和"子供学"，都是致力于对儿童的研究。2012年，日本东京大学名誉教授、国立小儿医院名誉院长小林登博士提出了"Child Science"（儿童科学）的概念，旨在将医学、儿科学、发展心理学、教育学、社会学等自然科学和人文科学结合起来，综合探究和解决当今儿童面临的各种问题。可见，儿童学将儿童视为一个整体性的存在，强调综合性和跨学科性。

1931年，刘询牧指出："师范生研究儿童不宜仅偏于心理方面，便是生理方面，也得要同样的注重而不可忽略。所以研究的对象是整个的儿童，'儿童心理'这科的名称不大完全，应改为'儿童研究'或'儿童学'。"[①]

三、儿童学与教育学

日本学者关宽之在《儿童学》中提出，儿童学的应用科学是"教育学"，并说："我们可以断言：不明儿童本质时代的教育——就是儿童学尚未发达的时代的教育，是黑暗的。"在此之前，有两件事已对当时的教育观念产生了重大影响：一是杜威访华，促进其"儿童中心"的教育哲学观在中国流传；二是新文化运动对旧社会、旧制度的批判，使人们将"科学"奉为至高无上的实践原则。因此，陈友仁在《儿童学》中文版序里说："儿童学发达以后，教育学上便开了一个新纪元。简直说一句话，现今的教育学，不过是儿童学的应用罢了。"

1920年，凌冰在南京高等师范学校第一届暑期学校讲授"儿童学"（课程名为"儿童心理学"）。翌年，他在修订听课学员笔记稿的基础上。出版《儿童学概论》一书。凌冰在该书的"凡例"里直截了当地说："儿童学为教育学上一种基本科学。为中小学校的教育所必具的智识。"

笔者曾探讨了儿童学与初等教育学之间的关系[②]，提出以下观点：以儿童为研究对象的学科是儿童学，初等教育是初等教育学独特的研究对象。研究儿童的领域涉及哲学、心理学、文学、医学、教育学等诸多学科；初等教育学作为教育学的二级学科，也必然要研究儿童，但并不能承担起对儿童的所有研究，只能研究小学儿童，而且是立足于小学儿童教育生活的教育研究。初等教育主要是对小学儿童实施的教育，它不同于其他阶段、专业的教育，有其独特的内涵与规律，具有不可替代性，因而成为初等教育学的研究对象。儿童研究的成果（或儿童学）是初等教育学学科建设的重要基础之一，初等教育学学科建设必须基于儿童研究的成果尤其是小学儿童研究的成果。正如顾明远先生所指出的，初等教育的建立必须认清小学生的特点；谢维和先生也认为，必须借助儿童发展心理学等基础的学科的研究成果来建设初等教育学，离开小学儿童研究的成果所构建的初等教育学不是真正意义上的初等教育学。可见，儿童学是初等教育学的基础学科，对儿童的研究是研究小学教育的基础，儿童学与初等教育学是小学教师教育的重要学科基础。

---

① 刘询牧：《"儿童研究"列为师范生及中等以上女生必修科之建议》，载《中华教育界》，1931（1）。
② 刘慧：《初等教育学学科：高师小学教育专业的学科基础》，载《课程·教材·教法》，2011，31（5）。

四、儿童哲学

中文"儿童哲学"其义有三：儿童的哲学，儿童哲学课，童年哲学。

（一）儿童哲学的建立与发展

儿童哲学的建立者是美国哥伦比亚大学哲学教授李普曼，他利用小说来教导儿童学习推理。1970 年，李普曼在新泽西以小说《哈利·史图特迈尔的发现》来教导中学生，成为儿童哲学发展的开始。他认为儿童哲学的主要内容是"思考的思考"，儿童哲学的出发点是有关儿童思想的研究。儿童哲学并不是尝试教导儿童有关哲学史或技术方面的特殊用语，而是鼓励儿童去验证自己的观点。

美国儿童哲学是狭义的，其性质是儿童的思想或思想技巧以及儿童推理的研究，以建立推理的规则为重，使儿童有能力去学习那些规则。欧洲儿童哲学与美国儿童哲学不同，其性质是教导儿童喜爱智能。让儿童喜爱智能比让儿童喜爱思考与推理范围广，因为其包括了目的与手段。

（二）儿童有自己的哲学

"求知是人类的本性"，而求知又是出于对智慧的爱，所以哲学也是人类本性的反映。求知是儿童的天性，儿童哲学自然也反映儿童的本性。儿童有自己的哲学，他们的好奇心和求知欲是与生俱来的。儿童哲学反映儿童对适应环境的渴望，也是他们适应环境的手段。

儿童哲学要关心儿童精神生活的形式，关心其中的一系列范畴是什么，又是如何发生、发展、相互影响、相互联系的，还要关心儿童对自我和世界认识的具体内容及其演进过程和规律等。[1]

（三）儿童哲学是爱智慧和重思考

儿童哲学的教育价值是尊重儿童天性、促进儿童生长，因为从儿童的角度来说，探究哲学不仅是生活的组成部分，也是应有的权利。儿童哲学促进儿童生长，是强调其具有多维度的生长性意义，尤其是在启发儿童思想、发展儿童思考力方面意义重大。传统的以知识学习为特点的教学是一种在短时间内就能灌输给儿童答案的"有效"教学方式，而儿童哲学的教学则以思考为导向，要求儿童自己寻找答案、与同伴的答案进行比较、相互分析并论证答案，因而是一种耗时的"长期方法"。[2]

（四）儿童哲学研究

从研究问题的角度看，儿童哲学是在特定的历史时期反思过去的儿童观。例如，在西方，儿童观经历了古代的"儿童是小大人"、中世纪的"儿童原罪说"、文艺复兴时期的"儿童的发现"等转变。从研究对象的角度看，儿童哲学关心儿童的哲学思考，研究儿童的存在。从研究方法的角度看，儿童哲学一方面采取对话的方式了解儿童的哲学思考或者帮助儿童进行哲学思考，另一方面依靠自身视角反思儿童观。

---

[1]　刘晓东：《儿童教育新论（第二版）》，167～176 页，南京，江苏教育出版社，2008。
[2]　高振宇：《儿童哲学的国际对话与本土实践——2017 年首届儿童哲学与教育高峰论坛综述》，载《上海教育科研》，2017（9）。

在现象学领域，加拿大学者范梅南等人提倡对儿童保持一种现象学的"关切"态度，用现象学的"看"关注儿童。他们用现象学的方法对儿童生活世界进行关注，对儿童的游戏与玩具、儿童的时间观、儿童的微笑、儿童的秘密等进行研究。现象学研究者对儿童生活世界中的种种现象的描绘与反思，为我们展现了一个色彩绚烂的、天真无邪的、自由的、浪漫的世界。

第四节　小学儿童的生命特点

所谓小学儿童，是指 6 ~ 12 岁的儿童。关于小学儿童的生命特点的研究，主要集中在哲学、生理学、心理学、文化学等领域。在综合大量研究成果的基础上，将小学儿童的生命特点梳理如下。

一、小学儿童思想发展特点

詹栋梁在《儿童哲学》一书中对儿童思想发展进行了系统的阐述，主要集中在以下几个方面。

（一）儿童思想发展的一般趋势

就发展的改变而言，儿童思想发展的趋势是从简单到复杂、从具体到抽象、从直觉到知觉。

就发展的历程而言，从概括的性质来看，儿童思想发展的趋势是从动作概括迈向感觉概括，再向概念概括发展；从反映的内容的演变来看，儿童思想发展的趋势是从反映事物的外在关联与现象到反映事物的内在关联与本质；从反映的时间的演变来看，儿童思想发展的趋势是从反映当前事物到反映未来事物。

（二）儿童思想发展的特殊趋势

儿童思想发展的特殊趋势指观念和能力方面的发展。就观念而言，发展的程序可分为三个阶段：从"个别的观念"到"类别的观念"，再到"识别的观念"；就能力而言，发展的程序也分为三个阶段：从"无计划的自我反应"到"情境的认同"，再到"控制系统的活动"。

（三）儿童思想发展的阶段

第一阶段为出生至 1 岁 6 个月，第二阶段为 1 岁 6 个月至 6 岁，第三阶段为 6 岁至 12 岁，第四阶段为 13 岁至 16 岁。

6 岁至 12 岁，儿童的思想发展稍微固定。该阶段的儿童已从家庭来到学校过集体生活，集体化促进了其思想的发展，有如下特性：直接的串联、转回、认同、重复和联想。

二、小学儿童生理发展特点

（一）身高和体重的变化

研究表明，6 岁儿童的身材出现了瘦长型的特点，标准身高为 110 厘米，标准体重为 21 千克。

小学阶段，儿童身高体重的变化逐渐进入一个平稳发展的时期，大多数 6~10 岁儿童的身体发展会出现相对平缓的状态。小学五六年级之前，儿童的身体一般是稳步发展的。

北京师范大学高影君教授对比了 1985 年和 2000 年全国小学儿童身高体重平均数，发现小学儿童的平均身高增长了 3~6 厘米、平均体重增长了 3~8 千克。当今，小学儿童的身高体重有上升的趋势。

（二）大脑的发展

研究表明，大脑的发育具有关键期。小学阶段是儿童大脑发育的重要阶段、大脑皮质发育的关键阶段，其发展主要表现在以下几个方面。

①脑重继续增加。7 岁儿童的脑重为 1280 克；12 岁儿童的脑重为 1400 克，基本达到成人水平。

②额叶显著增大。

③大脑皮质逐步趋于成熟。

大脑皮质与智力密切相关，所以小学阶段是儿童智力发展的重要阶段。

美国国立卫生研究院资助的一项研究表明，儿童大脑负责学习的区域的基本组织结构在 11~12 岁时就已接近成人的水平。在 6~10 岁期间，多种认知行动———记忆、词汇、空间认知、推理、计算上的表现有飞速改善，之后就稳定下来了。

有研究表明，3~12 岁是神经元联结最为旺盛的时期；6~12 岁，大脑的灰质主要在后脑部位增多，这个区域与人的感情和语言能力以及空间判断力有关。

神经科学家哈罗德·丘格尼指出，学龄期儿童的大脑以消耗能量为主，对葡萄糖的消耗是成人的 2.25 倍。

（三）身体其他系统和组织的发展

1. 骨骼和肌肉

小学阶段，儿童的骨骼发展迅速，其中四肢长骨和颜面骨的发展尤为明显。由于腿部生长更快，所以身体各部分的比例几乎接近成人。骨化过程仍在继续，在这一过程中，坚韧而富有弹性的软骨组织逐渐为矿物盐所代替，变成坚硬的骨头。7 岁时，颅骨几乎完全骨化，腕骨骨化也变得明显；9~11 岁时，掌骨和指骨完成骨化。小学阶段，脊椎骨的骨化也逐渐开始，所以小学儿童要保持正确的坐立姿势，以避免脊柱发育异常。

随着骨骼的生长，小学儿童的肌肉大小和力量都逐渐增加，特别是手部的小肌肉群发展迅速。6 岁时，手脚还不够灵活；到 9~10 岁时，大脑对肌肉运动的控制能力加强，身体的力量和耐力也有所增加。这时，儿童的肌肉运动变得十分平稳、协调，如果加以训练，他们能够表演各种完美的运动技巧。

但要注意，小学儿童的骨骼和肌肉还未达到成人的水平，特别是韧带薄而松弛、肌肉力量还较小，因此运动量不能过大。而且在活动中成人要注意保护儿童，防止骨折、脱臼等意外事故发生。

2. 呼吸和循环系统

伴随着整个身体的发育，小学儿童心肺的重量和容量也继续增大。到 9 岁时，心脏的重量增至出生时的 6 倍，心率从出生时的 100 次 / 分钟下降到 85 次 / 分钟，呼吸系统已达到成人的成熟程度。肺活量增大，呼吸频率随之下降，儿童逐渐学会用深呼吸加快气体交换的速度。总之，心、肺功能的进一步完善保证了充满活力的儿童机体能够获得充足的能量和氧气。

但有研究指出，小学儿童的身体还比较脆弱，过于激烈的运动会导致其心肺负担过重，成人要注意保护。

三、小学儿童心理发展特点

（一）小学儿童认知活动的心理特点

1. 感知觉的特点

一是感知觉从无意性、情绪性向有意性、目的性发展。

二是知觉的分析、综合水平不断发展。低年级学生的知觉常常表现出笼统的、不精确的特点；中高年级学生的知觉就向精确性发展，分析、综合的水平提高，学会比较和分析。

三是空间、时间知觉不断发展。入学后，儿童空间知觉有一定的发展。但是低年级学生常常要和具体事物联系起来方能确认方位，离开了具体事物则往往出现错误。高年级学生则不同，可以离开具体事物。

时间知觉也随着年级的增高而逐步发展起来。研究表明，小学阶段是儿童时间知觉发展的一个重要时期。这个时期，儿童掌握了度量时间的单位和关于时间的比较系统的知识，学会了用自己的言语正确表达各种不同的时间关系。但受思维发展水平的限制，对那些与生活距离甚远的时间概念如"纪元""世纪"等，他们理解起来往往有困难，因为理解这些抽象的时间概念与抽象逻辑思维的发展密不可分。

2. 注意的特点

小学儿童注意力由不集中、不稳定向集中、持久的方向发展，具体特点如下。

一是有意注意正在发展，但无意注意还起重要作用。小学低年级儿童的注意力是很容易分散的，在很大程度上取决于教师教学的直观性和教师语言的生动、形象以及当时的客观环境。随着年龄的增长，大脑的兴奋与抑制能更好地协调，加上教学的引导，有意注意就会逐步发展起来。到小学中高年级时，有意注意就开始占主导地位。

二是有意注意持续时间比较短。

三是具体的、直观的、活动的事物易引起注意。直观形象、生动活泼、形式新颖、色彩鲜艳的东西最容易吸引学生。

四是注意有明显的情绪色彩。小学儿童很容易为一些新鲜事物激动，任何新异的刺激物都会引起他们的兴奋，注意的外部表现也很明显。

五是注意的范围小，分配能力较差。

3. 观察力的特点

一是精确性方面。一年级学生水平很低，不能全面细致地感知客体的细节，只能说明客体的个别部分或颜色等属性。三年级学生水平明显提高，五年级学生略优于三年级学生。

二是目的性方面。一年级学生随意性较强，排除干扰能力较差，集中注意使观察服从于规定的任务要求的时间较短，观察的错误较多。三年级和五年级学生有所改善，但无明显差异。

三是顺序性方面。一年级学生没有经过训练，观察事物零乱、不系统。中高年级学生观察的顺序性有较大发展，一般能从头到尾、边看边说，而且在观察、表述前往往能先想一想。

四是判断力方面。一年级学生对所观察事物作出整体概括的能力很差，表述事物特征不系统、分不清主次，往往注意各种无意义的特征而忽略有意义的特征。三年级学生的判断力有较大提高；五年级学生又有显著发展，观察的分辨率、判断力和系统化能力明显提高。

4. 记忆的特点

一是小学儿童记忆量的发展。有研究表明，小学儿童记忆保持时间随着年龄的增加而延长。

二是小学儿童记忆质的发展。小学儿童的记忆能力会发生本质的变化，主要表现为以下三点。

①小学儿童无意识记和有意识记的发展。学前期是儿童无意识记快速发展的时期，进入小学后，其无意识记继续发展。小学儿童的有意识记在三年级以后逐渐占主导地位。

②小学儿童机械识记和意义识记的发展。整个小学阶段，儿童的机械识记和意义识记都有不同程度的发展。有研究表明，小学儿童意义识记的效果优于机械识记，并且两者都随年级增高而发展。小学低年级学生抽象思维尚未发展，因而较多地运用机械识记。随着知识和经验的丰富、言语和思维的发展，小学儿童意义识记日益增强，机械识记相对减少。

③小学儿童形象记忆和语词记忆的发展。整个小学阶段，儿童具体的形象记忆的作用非常明显。

我国心理学工作者对小学儿童进行了实验，结果表明：无论何种性质的记忆，都随小学儿童的年龄增长而提高；任何年级的小学儿童，都表现出形象记忆最容易、具体词次之、抽象词最难；小学儿童的形象记忆增长速度慢，抽象记忆增长速度快；小学低年级形象记忆和抽象记忆差异大，到小学高年级差异缩小。

总之，小学儿童记忆的特点是由无意识记、机械识记、具体形象识记向有意识记、意义识记、词的抽象识记发展。

5. 思维的特点

一是小学儿童的抽象思维逐步发展，但仍带有较大的具体性。低年级的小学儿童还不能指出事物中最本质的东西，他们的思维在很大程度上与具体事物相联系。到了中高年级，小学儿童才逐步学会区分事物的本质特征与非本质特征。

二是小学儿童的抽象思维开始发展，但仍带有很大的不自觉性。他们能根据已学会的一些概念进行判断推理，但还不能自觉地调节、检查或论证自己的思维过程。这是由于小学儿童思维的分析综合能力与其内部言语的发展是分不开的，只有当小学儿童逐步从出声语言向无声思考过渡的时候，他们的抽象思维能力才会达到新的高度。

三是小学儿童思维由形象思维向抽象思维过渡，这是思维发展过程中的"飞跃"。一般认为，小学儿童思维发展的关键年龄在大约四年级（10～11岁）。如果教育条件适当，这个关键年龄可以提前到三年级。

总之，整个小学阶段，学生的思维发展是不断地从具体到抽象、从简单到复杂、从低级到高级，这种发展是在教师主导的教学活动中实现的。

6. 想象的特点

一是低年级学生以再造想象为主，随着年龄的增长，高年级学生想象中的创造性成分不断增加。

二是低年级学生想象的形象还不完整，随着年龄的增长，高年级学生的想象富于现实性。

小学儿童想象的现实性发展还表现在对文艺作品的爱好上。低年级学生爱听童话故事，看动画片、木偶戏等；而中高年级学生喜欢英雄故事、惊险小说和反特故事片，因为它们更现实，更接近学生喜爱和向往的生活。

7. 语言发展的特点

一是小学儿童口头语言的发展。口头语言有两种主要的形式：对话语言和独白语言。据研究，6 岁儿童已掌握了 2500～3500 个口头词，这个词汇量能保证儿童同成人的正常交际，为以后的学习奠定基础。入学后，儿童口头语言水平得到迅速发展。一年级对话语言占主导地位，二三年级独白语言发展起来，四五年级口头语言表达能力初步完善并合乎一定的语法规则。

二是小学儿童书面语言的发展。书面语言是指用文字表达的语言，儿童真正掌握书面语言是从小学开始的。小学儿童书面语言的发展经历了一个与口头语言相互易位的历程：最初是书面语言落后于口头语言，约从四年级开始，书面语言逐渐超过口头语言。小学儿童对书面语言的掌握主要表现在识字、阅读和写作上。

三是小学儿童内部语言的发展。内部语言是一种对自己发出的语言，是思考时的语言活动。小学儿童内部语言的发展大致经历三个时期：①出声思维时期，②过渡时期，③无声思维时期。初入学的儿童还不会在脑中默默思考，在读课文或计算数学题时往往是"唱读"或边自言自语边演算。通过教师的培养，小学儿童逐步学会使用内部语言进行无声思维。启发小学儿童独立思考是培养其内部语言的重要方法。

（二）小学儿童情感和意志的特点

1. 情感的特点

一是富有表情，不善于控制自己的情感。

二是情感内容不断丰富，情感体验日益深刻。

三是感情冲动性减少，稳定性增加。

四是情感理解力有所提高。

五是高级情感进一步发展。

另有研究者指出，小学儿童的情感具有直觉性、依附性、矛盾性和不稳定性。

2. 意志的特点

一是意志的自觉性。小学儿童的自觉性随年级的升高呈上升的趋势，但整体水平还比较差，一般不容易摆脱外力的督促与管理，容易屈从于别人的影响。

二是意志的果断性。小学儿童的果断性的发展较其他品质明显，并随年级的升高而不断发展，特别是三年级以后，提高的幅度更大。

三是意志的坚持性。小学儿童的坚持性呈现迅速发展（一年级至三年级）——平稳（三年级至五年级）——明显发展（五年级至六年级）的状态。

四是意志的自制性。小学儿童的自制性随年级的升高而逐渐发展，抵制内外诱因干扰的能力逐渐增强，抗外部诱因的能力强于抗内部诱因的能力。

（三）小学儿童气质、性格发展的特点

1. 小学儿童气质发展的特点

随着年龄增长，儿童的气质发展表现出反应强度下降、坚持性增强的倾向，逐渐缓慢、平稳。张劲松等人的研究则表明：1～7岁儿童的注意分散度逐渐下降，气质特点从7岁左右开始更加稳定。[1]

多血质、胆汁质多体现出活泼好动、纯真率直等特点，这些是儿童特定阶段的整体特点，也是小学儿童的一般特点。

2. 小学儿童性格发展的特点

我国儿童心理学家对儿童青少年的性格发展与教育进行了研究，结果发现：小学儿童的性格发展的水平是随着年龄的增长而逐渐升高的，但其表现出不平衡、不等速的特点。二年级至四年级发展较慢；四年级至六年级发展较快。[2] 这主要是因为小学高年级儿童已完全适应了学校里以学习活动为主的生活，集体活动范围逐渐扩大，同伴交往日益增加，教师、集体、同伴对儿童的性格越来越产生直接影响，使儿童的性格日益丰富和发展起来。到了六年级，儿童开始步入青春期，身心的巨变又将对儿童的性格发展产生深刻的影响。因此，在小学儿童的性格发展历程中，六年级是关键期。

（四）小学儿童自我意识的特点

总体而言，小学儿童的自我意识表现出以下趋势：第一，一年级到三年级处于上升时期，其中二年级的上升幅度最大，是上升时期的主要发展期；第二，三年级到五年级处于平稳发展阶段，年级间差异不显著；第三，五年级到六年级又处于上升时期。具体来说，有以下特点。

1. 小学儿童自我认识的发展

（1）自我概念的发展

自我概念是个人心目中对自己的印象，包括对自己的存在、身体、能力、性格态度、思想等方面的认识。自我概念是自我认识发展的前提，是在经验积累的基础上发展起来的。最初它是对个人才能的简单认识，随着年龄增长而逐渐复杂化，并逐步形成社会的自我、学术的自我、身体的自我等不同层次。

国内外研究发现，10岁左右的儿童一般只是用身体特征、行为特征和成绩特征来描述自己；三年级以上的小学生已能形成清晰的自我概念，他们对自己多方面的评价都很接近教师与同伴对他们所作出的评价，与他们的实际情况也很一致。周国韬等人的研究指出，小学儿童的成就的自

① 张劲松、沈理笑、许积德、陆雪奇、张松友：《上海市1个月—12岁儿童气质特点研究》，载《中国心理卫生杂志》，2000（2）。

② 朱智贤：《中国儿童与青少年心理发展与教育》，390页，北京，中国卓越出版公司，1990。

我概念在四五年级显著上升。小学儿童的自我概念发展还与性别相关，有研究发现，女生的自我接受度和自我和谐度逐渐降低，而男生没有这种现象。

（2）自我评价的发展

自我评价是指个体对自己的理想、愿望、行为和个性特点的判断和评价，自我评价能力是自我意识发展的主要标志。自我评价是在分析和评价自己的行为和活动的基础上形成的，儿童在学前还不具备自我评价能力，这种能力在儿童进入小学以后逐步发展起来。

小学儿童的自我评价能力有如下特点：①逐渐从顺从别人向有自己的独立见解发展。初入学的儿童的自我评价在很大程度上依赖于成人的评价，三四年级开始，小学儿童的自觉性和独立性有了明显发展，他们逐步学会将自己的行为和别人的行为加以比较，从而能够独立地对自己的行为作出评价。②从比较具体的外部行为评价发展到比较抽象的内部品质评价，自我评价的稳定性增强。研究认为，儿童的自我评价从注重行为效果的具体评价过渡到注重行为动机的抽象评价，从评价外部行为逐渐转向评价内部世界，自觉地评价别人和自己的个性品质。

2. 小学儿童自我体验的发展

自我体验是自我意识中的情感问题，包括对自己产生的各种情感的体验。随着理性认识的增加，小学儿童的情感体验也逐步加深。小学儿童自我体验的各种情感中，愉快感和愤怒感发展较早，而自尊感、羞愧感和委屈感发展较晚，其中自尊感最为重要。

3. 小学儿童自我控制的发展

自我控制主要表现为个人对自己行为的监督和调节，使之达到自我的目标。林崇德、何建中等人研究了小学儿童在学习任务中的自我监控能力的计划性、监视性、有效性，发现在计划性发展中，小学儿童在复杂任务中的初步思考时间随年龄的增长而延长，11岁儿童几乎接近一般成人水平。儿童停顿和悔步的次数在简单任务中不随年龄的增长而增加，在难度任务中则随年龄的增长而有所增加。监视性的发展随着年龄的增长而加强，短时注意次数在简单任务中逐渐增加，在复杂任务中也有增加的趋势。长时注意的次数变化较大。

总之，小学儿童的自我意识中，自我认识发展速度较快，自我体验发展先快后慢，自我控制发展因为外部抑制和内部抑制的不同而忽快忽慢。

第二章　中外儿童观的历史演进

儿童观随着人类历史、文明进步、科学技术的发展而发展，不同的历史时期有不同内容的儿童观。

第一节　理解儿童观

作为教育观念，儿童观是对儿童的态度与认识，最直接地影响着人的教育行为。不同的人有不同的儿童观，对儿童的不同认识视角形成了不同的儿童观。

一、何谓儿童观

"观念（idea）"一词来自希腊语，在词源上与"视觉形象（vision）"有关，原意是指"可见的形象"。《辞海》对"观念"的解释是看法、思想，即思维活动的结果；有时亦指表象或客观事物在人脑里留下的概括的形象。

所谓"儿童观"，《教育大辞典》的解释为："看待和对待儿童的观点的综合。它具体涉及儿童的特性、权利与地位，儿童期的意义以及教育和儿童发展之间的关系等问题。"[1]

儿童观是人们对儿童的根本看法与观点。[2] 它是成人社会关于儿童的系统认识，是成人对儿童的自然属性与社会属性的根本认知。[3] 它是家庭、学校、国家、社会对待、评价儿童的基本理念，也就是人们对儿童的观念和熟悉度的概况。它主要涉及儿童的地位和作用、儿童的特质和能力、儿童成长和发展的因素等，还反映了社会文化和社会价值观的主要情况。[4]

综上所述，儿童观是指不同群体在不同层面对儿童的总的看法和基本观点。不同群体主要包括成人、教师、家庭、学校、社会、国家，不同层面主要是指教育学、哲学、社会学等。

对儿童观的理解，主要包括三个方面。一是儿童的天性观：儿童的天性、特质与能力体现在日常生活及精神世界中，成人应该向儿童学习。二是儿童的地位权益观：儿童是独立的人，享有作为人的一切权利。三是儿童的发展观：儿童是发展中的人，儿童期具有独特的意义。儿童的

---

① 顾明远：《教育大辞典》，318 页，上海，上海教育出版社，1998。
② 虞永平：《论儿童观》，载《学前教育研究》，1995（3）；王海英：《20 世纪中国儿童观研究的反思》，载《华东师范大学学报（教育科学版）》，2008（2）；姚伟：《儿童观及其时代性转换》，3 页，长春，东北师范大学出版社，2015。
③ 陆克俭：《发现与解放——中国近代儿童观研究》，博士学位论文，华中师范大学，2007。
④ 林光江：《中国独生子女及儿童观研究综述》，载《学海》，2003（2）。

发展受到社会、文化等多方面因素的影响，存在个体差异，遵循特定的规律。

二、儿童观的形态

不同的时代、不同的文化、不同的地域、不同的社会成员会产生不同形态的儿童观，一些学者主要从社会、思想理论、大众等几方面对儿童观的形态进行了分类。

（一）儿童观的三形态

所谓儿童观的三形态，一是社会主导形态的儿童观，它是指一定社会中居于统治和支配地位的人所认定的儿童观；二是学术理论形态的儿童观，它是指哲学、心理学、教育学、人类学等学术领域的研究人员所持的儿童观；三是大众意识形态的儿童观，它是指广大国民对于儿童的根本认识和态度，这是一种最具实际意义的儿童观。[①]

（二）儿童观的四形态

所谓儿童观的四形态，一是社会法规形态的儿童观，这是一种外显的观念形态，主要体现在一定时期内国家的教育方针、政策、指导思想等文件中，例如《儿童权利公约》、英国《不列颠儿童宪章》、日本《儿童福利法》等。二是思想理论形态的儿童观，指在哲学、心理学、教育学、社会学等领域由学者阐述的儿童观。三是行为动机形态的儿童观，由教育者所持有，是教师信念的一部分，也是教师教育实践的重要行为动机。四是大众形态的儿童观，指每个社会成员对儿童的认识和看法。[②]

三、儿童观的类型

儿童观的类型因儿童与成人之间的关系不同而有所不同，可大致分为以下三种。

（一）成人附属的儿童观

成人附属的儿童观主要存在于人类发展的早期，当时人类的意识和文化发展都处于起步阶段。这种儿童观对儿童的认识即是人类对自身的认识，认为儿童就是"小大人"，儿童期是成人阶段的准备。儿童经常被看作国家或者家长的财产，是软弱的，需要成人的管教。儿童发展的目标就是早日摆脱儿童期，成为成熟的个体。儿童的地位和权益当然不会被重视，成人只会按照自己的标准和需求来培养儿童，整个儿童期都没有被区分出来，更不用谈儿童之间的差异了。基督教的原罪说、主知主义教育儿童观等都属于成人附属的儿童观。此种儿童观能使儿童很快地融入社会，适应成人的社会生活。但儿童没有独立性和选择权，完全处于成人的掌握和操纵之下。

（二）儿童本位的儿童观

儿童本位的儿童观始于发现儿童本身，把儿童与成人区别开来，认为儿童期与成人期是有

---

① 虞永平:《论儿童观》，载《学前教育研究》，1995（3）。
② 姚伟:《儿童观及其时代性转换》，3页，长春，东北师范大学出版社，2007。

区别的，将儿童作为独立的存在与成人相提并论。在儿童的地位与权益方面，凸显出儿童作为主体的人的地位，认识到儿童的发展有其自身规律与价值。但各种学说对儿童的天性的看法各不相同：遗传决定论认为儿童的天性由基因决定，而华生的教育万能论和洛克的白板说则认为儿童生来就是一张白板，环境和教育可以造就一切。对于儿童的特质与能力，此种儿童观认为儿童是有潜能的。如杜威将儿童看作未成熟的人、发展中的人，心理学派也认为儿童生来就具有某种潜能。

（三）儿童崇拜的儿童观

儿童崇拜有两层含义：一是个人对自己生命的起始阶段的追忆与崇拜，二是人类对儿童精神价值的认识和崇拜。[①] 后者反映出人们的儿童观，其中最著名的论断是"儿童是成人之父"。这一观点最早由英国湖畔派诗人威廉·华兹华斯提出，后期文化人类学创始人泰勒、心理学家霍尔、教育学家蒙台梭利都在不同的场合引用过这一观点，他们各自从不同的角度阐述了自己的儿童崇拜观念。蒙台梭利认为成人应该向儿童学习，教育应当遵从儿童的天性。

四、儿童观与教育

有什么样的儿童观，就会有什么样的教育观。简言之，成人附属的儿童观并没有把儿童从成人中单独区分出来，儿童期只是成长为成人的一个过渡时期，儿童丝毫没有独立的权利可言。在这种观念指导下的教育观即儿童需要成人的教化，师生关系是以教师为主体，教师的责任是对学生进行管教和训练，将儿童培养成符合社会需求的人才。与儿童本位的儿童观相对应的教育观体现儿童本位的思想，主张发展儿童善的一面。师生关系为双主体，教师应该尊重儿童，教师的任务是帮助儿童成长，发展向善的一面。儿童崇拜的儿童观主张教育应该采取适合儿童的方式将符合儿童天性的内容传递给儿童，即"教育应当舒展儿童的天性"[②]。儿童的天性是不可教的，教师应该尊重儿童的天性，对其保持敬畏。为儿童的多样化发展提供广阔的空间和可能，要创造性地培养人才而非批量复制人才。尊重每个学生的特点，让其在自身特点的基础上得到最好的发展。

（一）人文主义教育的儿童观

人文主义教育的儿童观认为，儿童是自然的生物、是宝贵的，应当受到成人的照顾和关心。反对儿童生而有罪，肯定儿童的价值和尊严。认为儿童是人，是天真的、纯洁无瑕的、自由的，具有不同的发展的可能性。因此提出要依据儿童的自然本性和年龄特征进行教育，要珍视儿童、热爱儿童，使儿童内在的潜能和善良的天性和谐地发展。[③]

（二）自然主义教育的儿童观

自然主义教育的儿童观要求人们树立正确的儿童观，尊重儿童的权利，遵循儿童发展的自然规律，批判压制人性、忽视儿童特点。主张要把儿童作为人，儿童具有人的根本特性；要把儿

---

① 刘晓东：《儿童教育新论（第二版）》，46页，南京，江苏教育出版社，2008。
② 刘晓东：《论教育与天性》，载《南京师范大学学报（社会科学版）》，2003（4）。
③ 姚伟：《学前教育原理》，117页，长春，东北师范大学出版社，2012。

童看作儿童，认为儿童期有自身的发展规律和价值。因此，在教育中要给儿童充分的自由，让儿童遵循自然规律率性发展。

（三）进步主义教育的儿童观

进步主义教育的儿童观认为，儿童是未成熟的发展中的人，因此在教育中制订学校计划时应当以儿童为中心，从儿童的需要、兴趣、能力出发，通过儿童的活动使其获得丰富的经验。学校课程应尽可能与实践活动相联系，注重培养儿童自我探索和创造的精神。同时，教育要给儿童提供有准备的环境。

（四）改造主义教育的儿童观

改造主义教育的儿童观认为，以儿童直接经验为中心的教育未能妥善处理社会改造问题，因此在教育中要少强调"儿童中心"而多强调"社会中心"、少关心"个人成长"而多关心"社会改造"。应根据现代科学知识对过去的教育理论进行"改造"，通过学校教育来"改造社会"。[1]

（五）要素主义教育的儿童观

要素主义教育的儿童观认为，只有强调努力，才能实现儿童最有价值的学习。应注重运用蕴藏在儿童身上的智力和道德力量的资源，而不能只强调儿童个人的兴趣和自由。因此，要把人类文化的"共同要素"作为学校教育的核心，提高儿童"智力标准"，因为"真正的教育就是智慧的训练"。[2]

（六）永恒主义教育的儿童观

永恒主义教育的儿童观认为，儿童具有可塑性。儿童的共同特性中，最重要的就是理性能力。儿童的学习是为了开发他们内在的潜能、发展他们的理性。因此，在教育中要引出理性，对儿童施以"人性的教育"，让他们学习"永恒学科"。在强调读写算的基本训练的同时，也要求儿童熟记一些伟大的古典著作中的某些段落。

（七）存在主义教育的儿童观

存在主义教育的儿童观认为，儿童是个性化的存在。每个儿童都是独一无二的人，有其独特的个性，提倡"尊重儿童的主体性，尊重儿童的选择权"。因此，教育要帮助儿童自由地成为自己，使儿童的个性得到充分的成长和发挥；教育要让儿童在选择和判断中创造自己，即要使儿童具有自己独立的见解、观点和追求，引导儿童自己找到问题的答案，达到自我超越，获得灵魂的唤醒与自我生成。同时，扩大儿童的选择范围，对儿童进行个别化教育。

从教育学的视角理解儿童，实质上是从人的健康成长的立场理解儿童，即从儿童作为行动者的角度理解其社会性：儿童是面向世界的人、儿童需要被引入世界、儿童能够更新世界。[3]教育学视角要求研究者在把握教育活动基本特征的基础

---

① 吴式颖：《外国教育史教程：缩编本》，686 页，北京，人民教育出版社，2003。

② 华东师范大学教育系，杭州大学教育系：《现代西方资产阶级教育思想流派论著选》，172 页，北京，人民教育出版社，1980。

③ 孙圆：《儿童观的演进及其教育学考察》，载《中国教育学刊》，2017（1）。

上理解研究对象，符合教育研究的一般原则。从教育学的视角理解儿童，实质上是审视教育中的儿童观，是理解教育中的儿童。不同的教育流派的儿童观是不同的。在教育领域中，不同的儿童观产生了相应的不同的教育目的、教育方法和师生观。

第二节　中国儿童观的历史演进

"儿童"一词在我国最早见于1902年清政府的《钦定学堂章程》之中："蒙学堂之宗旨，在培养儿童使有浅近之知识，并调护其身体。凡家塾招集邻近儿童附就课读，及蒙师设馆招集幼徒在馆肄业者，均应遵照此蒙学课程，一律核实改办，名为自立蒙学。蒙学为各学本根，西律有儿童及岁不入学堂罪其父母字条，今学堂开创伊始，尚未能一律仿照"[1]。它是中国社会政治、经济、军事、文化、教育等领域思想变革的产物，是中国迈入世界近代社会文明的标志。

一、中国古代儿童观的演进

中国古代教育思想以儒家学派思想为主，当时的儿童要服从家长（主要是父亲）的教育和安排"父为子纲"，并没有特殊的对待。但在传统儿童观中，也有对儿童特性的认识。

（一）老子的儿童观

春秋时期，老子在《道德经》中论述了儿童的特性，肯定了儿童的地位，主张人们回到"无知无欲"的婴儿状态："载营魄抱一，能无离乎？专气致柔，能婴儿乎？"主张成人应向儿童学习，将"常德不离，复归于婴儿"作为人们"得道"的标准。其第五十五章论述了儿童的天性："含德之厚，比于赤子。毒虫不螫，猛兽不据，攫鸟不搏。骨弱筋柔而握固。未知牝牡之合而朘作，精之至也。终日号而不嗄，和之至也。"其第二十章肯定了儿童精神的自然性："众人熙熙，如享太牢，如春登台。我独泊兮，其未兆；沌沌兮，如婴儿之未孩；傫傫兮，若无所归。"

（二）《学记》中的儿童

《学记》提出"禁于未发之谓豫，当其可之谓时，不陵节而施之谓孙，相观而善之谓摩。此四者，教之所由兴也"的教育教学原则，即"豫""时""孙""摩"考虑了儿童的年龄特征，要求教师施教尊重儿童的成长水平。其中，教师不应当让年幼儿童接触难度较大的义理之学称为"豫"，即要让年幼儿童从容成长，悠闲舒适地享受当下的生活，否则有损于儿童的成长；要掌握儿童学习的最佳时机，适时而学、适时而教。这些都体现了关注儿童身心发展的特征，与儒家教育思想是不同的。

（三）颜之推的儿童观

南北朝时期，颜之推也非常重视儿童教育，尤其重视儿童早期教育。他认为在一个人的发

---

[1]　舒新城：《中国近代教育史资料中册》，769页，北京，人民教育出版社，1981。

展中，幼年时期是奠定基础的重要阶段，要利用好这一最佳教育时机，及早对儿童进行教育。因为"少成若天性，习惯成自然"，对儿童的教育应在幼儿能感知外界事物时便开始进行。他提出家庭教育的原则与方法，即对儿童进行教育时应当遵循严与慈相结合的原则，要以同样的爱护与教育标准来对待儿童。他还提出儿童教育的内容应包括语言学习以及道德教育，应以"风化"的方式对儿童进行道德教育，使儿童受到潜移默化的影响，以形成所要求的德行。①

（四）朱熹的儿童观

宋代蒙学的代表朱熹十分重视 8～15 岁儿童的教育，他认为这一阶段教育的任务是培养"圣贤坯璞""教以事"，同时指出：若儿童时期没有打好基础，长大就会做出违背伦理纲常的事。他还认为小学教育对一个人的成长非常重要，提出"知之浅而行之小者"，力求小学教育内容浅近、具体，强调让儿童在日常生活中通过具体行事养成一定的行为习惯，学到初步的文化知识与技能。同时，他重视培养儿童道德行为习惯，亲自制定《童蒙须知》，对于儿童日常生活、学习的各个方面都作了极为详细的条文规定。如在生活习惯方面要求"大抵为人，先要身体端整"，在学习习惯方面要求"凡读书，整顿几案，令洁净端正"。虽然这些条文规定向儿童灌输封建伦理道德，在一定程度上压抑儿童个性发展，但对于儿童从小培养良好的生活、学习习惯可以说具有重要意义。

（五）王守仁的儿童观

明代阳明学派的王守仁十分重视教育对人的发展的重要作用，尤其重视儿童教育。他提出儿童教育要顺应儿童的性情，"大抵童子之情，乐嬉游而惮拘检，如草木之始萌芽，舒畅之则条达，摧挠之则衰萎"②；儿童的教育内容是"诱之诗歌""导之以礼""讽之读书"；对儿童要"随人分限所及"，量力施教。他指出当时儿童教育的弊端："若近世之训蒙稚者，日惟督以句读课仿，责其检束而不知导之以礼，求其聪明而不知养之以善，鞭挞绳缚，若待拘囚。"③他反对体罚儿童，要求以礼义引导儿童、用善德培养儿童、考虑儿童身心发展特点。

（六）李贽的儿童观

明代泰州学派的一代宗师李贽十分重视"童心"，是新儒家学者的先天性善论的继承者和发挥者。"夫童心者，真心也。若以童心为不可，是以真心为不可也。夫童心者，绝假纯真，最初一念之本心也"③，这种"本心"是最纯洁的，未受一切污染，因而也是最完美的，最具一切美好的可能性。"若失却童心，便失却真心；失却真心，便失却真人。人而非真，全不复有初矣。童子者，人之初也；童心者，心之初也。夫心之初，曷可失也？""苟童心常存，则道理不行，闻见不立，无时不文，无人不文，无一样创制体格文字而非文者。"④他强调个性和主体价值的自觉，指出"童心"使真实的主体存在，阐明了"童心"的重要性。

① 孙培青：《中国教育史》，153 页，上海，华东师范大学出版社，2019。
②③ （明）王守仁：《传习录：叶圣陶点校版》，143 页，北京，中国致公出版社，1993。
③② （明）李贽：《焚书·续焚书》，970 页，长沙，岳麓书社，1990。
③ （清）张百熙：《张百熙集》，37 页，长沙，岳麓书社，2008。

二、中国近代儿童观的演进

晚清时期，民族危机引发了救亡图存的社会启蒙运动，儿童观发生了新变化。由于西方的教育思想和制度的传入，以及战争的刺激、对人才的渴望，清末社会开始关注人的作用。儿童作为国家、民族的希望的重要性得以体现，其作为独立的群体开始浮出水面。清末的思想家们将中国传统的教育和西方先进的教育结合，开启了一扇新的大门。新的儿童观就此产生，并逐渐被人们接纳。张百熙与张之洞共同制定了癸卯学制，于1904年颁布，开始实践真正意义上的近代儿童观。

（一）壬寅学制与癸卯学制中的儿童观

壬寅学制中的儿童观主张儿童就是儿童，应保护儿童的天性。儿童是独立、自由的人，一个完整的儿童是个性与社会性的结合。癸卯学制中关于小学堂和蒙养院章程的规定，将小学和蒙养院划分开来。从此，中国的儿童教育开始有了细致划分，儿童在制度上得到重视。癸卯学制是近代中国实施的真正意义上的第一部学制，是壬寅学制的延伸，对壬寅学制中的儿童观进行了加工深化并付诸实践。

（二）张百熙的儿童观

壬寅学制的拟订者张百熙是近代杰出的政治家和教育改革家，在学制改革上作出了巨大的贡献。学制的规定体现了他的思想，也包含了他的儿童观。他提出废除毒害儿童的科举，兴办新式学堂。他借鉴西方的教育制度，倡导从德智体入手多方位全面培养人才。从蒙养院到大学堂，他根据每个阶段的学生特点进行构思。同时，他认为儿童从小就要接受传统儒家思想的教育，主张"以忠孝为本，以中国经史之学为基"[①]。他还认为培养一个儿童首先要使其学会基本的常识，还要使其有强健的身体。教导儿童需要循循善诱，不可拔苗助长，损害儿童身心健康，也要让儿童懂得礼义廉耻。由于儿童年龄小，他提出各地多设学堂、儿童就近入学的原则。

（三）张之洞的儿童观

张之洞在儿童研究方面也有一定涉及，他认为治世的根本在于教育，而教育的中心是儿童，具有独立人格的人才需要从儿童开始培养。张之洞接受洋务派"中体西用"的主张，向西方学习先进科学技术、重视实业，认为"小学为培养人才之源"[④]。

（四）梁启超的儿童观

梁启超通过比较中西儿童教育的差异，倡导改革儿童教育，要从儿童教学用书开始进行，并根据儿童身心发展的阶段性特征确定学制，认为小学教育阶段是6～13岁。他提出，儿童教育要适应儿童的年龄特点，由浅入深、由易到难，循序渐进；要从小及早传授自然科学和社会科学常识，然后逐步扩大儿童的眼界；要重视实物教学、直观教学，引起儿童的兴趣。[②]梁启超将儿童的发展与国家的未来相提并论，赋予儿童新的意义，他在《少年中国说》中提出"少年智则国智，少年富则国富，少年强则国强，少年独立则国独立"，表达了儿童应有的气质与责任，是

④　陈山榜：《张之洞教育文存》，407页，北京，人民教育出版社，2008。
②　潘艳红：《梁启超谈教育》，150页，广州，新世界出版社，2014。

对中国传统文化背景下"树人"观念的继承和发展。

可见，在拯救国运的道路上，儿童无疑是重要的因素。儿童于"国家存亡"有重要意义，是"二十世纪中国之主人翁"①。

三、中国现代儿童观的演进

在五四时期，"儿童本位"的儿童观凸显出来，"人的发现"成为显在的时代性标识，这一时期是"发现"童年的时期。儿童的独立生命意义与妇女解放一起构成了"人的发现"的内容，尊重儿童生命和人身权利的"以儿童为本位"的现代儿童观在中国真正确立。一大批进步人士反对封建礼教和旧道德，提倡"科学与民主"、个人自由与尊严。陶行知和陈鹤琴等提出了尊重儿童、解放儿童等思想。

（一）陶行知的儿童观：尊重儿童、解放儿童

陶行知的儿童观的特点在于对儿童个性和创造精神的充分尊重，尊重儿童表现在不压制儿童的兴趣、个性，尤其表现在将儿童视为一种重要的教育力量并发挥其创造作用。他提出了"即知即传"的"小先生制"，体现了儿童是中国实现普及教育的重要力量，对儿童在教育中的角色提出了全新的认识。

陶行知提出儿童"六大解放"，即：解放儿童的眼睛，教儿童看事实；解放儿童的头脑，使儿童敢想；解放儿童的双手，使儿童敢做；解放儿童的嘴，使儿童敢说；解放儿童的空间，让教育融入生活之中；解放儿童的时间，让儿童有时间去看、去想、去说、去做。总之，陶行知认为儿童"有了这六大解放，创造力才可以尽量发挥出来"。②

（二）陈鹤琴的儿童观："活"与"做"

受杜威实用主义的影响，陈鹤琴将儿童教育生活化，提出了"活教育"理论。他将"活教育"的课程论概括为"大自然、大社会都是活材料"，"活材料"强调儿童与自然、社会的接触。他主张把书本知识与儿童的直接经验相结合，强调"书本是有用的"，但不能"把书本作为学校学习的唯一材料"③。"活教育"的课程内容应当来源于自然、社会和儿童的生活，其组织形式要符合儿童的活动和生活方式，符合儿童与自然、社会环境的交往方式；"活教育"理论的基本原则是"做中教，做中学，做中求进步"。

陈鹤琴认为"做"是儿童学习的基础，强调儿童在学习过程中的主体地位和在活动中对直接经验的获取。另外，陈鹤琴根据儿童心理学和教育学原理总结了17条"活教育"的教学原则，如"凡是儿童自己能够做的，自己能够想的，应当让他们自己做、自己想；你要儿童怎样做，就应该叫儿童怎样学；鼓励儿童去发现他们自己的世界"④等。同时，为探索儿童身心发展规律，陈鹤琴于1940年在江西创办了我国第一所公立幼稚师范学校。

---

① 钱瑞香：《论说：论童子为二十世纪中国之主人翁》，1~2页，载《童子世界》，1903（5）。
② 陶行知：《陶行知全集（第三卷）》，633~634页，长沙，湖南教育出版社，1985。
③ 陈鹤琴：《陈鹤琴全集（第六卷）》，301页，南京，江苏教育出版社，1992。
④ 陈鹤琴：《陈鹤琴全集（第五卷）》，74~131页，南京，江苏教育出版社，1991。

（三）叶圣陶的儿童观：了解儿童、顺应儿童

叶圣陶是倡导儿童本位的教育家、文学家，他的第一篇关于儿童文学的学术论文《儿童之观念》批评了中国儿童受到的坏影响。他强调教育与儿童当前所处的社会生活相联系，培养儿童应付环境的能力，这是他关注当时中国的小学教育的出发点。同时，他对教师也相应地提出了以下的要求：应接触儿童的内心、了解儿童的性情、顺应儿童的天性来实施教育，要"为儿童布置一种适宜的境界，让他们自己去寻求，我们从旁给他们这样那样的帮助"。

他提出"引导自学"的教学思想："儿童求学，爱来学校；学校应其求，乃授之以课程。知勉强注入之徒劳也，知利用儿童求知心之事半功倍也，故教授方法采用自学辅导主义，课前令之预备，课后复令温习，务以养成其自力研修之习惯。"①

他倡导师生关系民主，教师要深入了解儿童心理和习性，积极探索儿童教育发展途径，养成儿童的良好习惯。他强调教师的责任应由压制转向引导，成为儿童学习环境中"一个同情的相互的伴侣"，师生之间"彼此是同情的互助的"。

叶圣陶倡导将两个课堂相结合，"书本固然是增进经验，取得知识的一种工具，但不是唯一的工具。除了书本还有实际的观察，亲身经历，都可以增进经验，取得知识，使生活丰富起来"。"教是为了达到不需要教"，注重加强儿童学习与现实生活的联系。叶圣陶的儿童本位思想并不主张对儿童放任自流，而是针对传统教育压抑禁锢儿童个性的做法所进行的积极变革。

（四）俞子夷的儿童观：尊重儿童差异，为儿童着想

俞子夷对小学教育贡献尤为突出，他的儿童观具有独到的见解。

首先，应尊重儿童的个性差异。俞子夷在《小学教学法上的新旧冲突》中回忆，旧时私塾"因材施教"的教法有些可取之处，"无论读书、写字、作对、作诗，到开笔作文章，各学生各自进行。启蒙识方字的，和作文章完篇的，由同一塾师教，没有发生过难教的问题。愚笨的循序渐进，没有欲速不达的弊病；聪明的也尽可勇往上进，决没有要他们迁就等别人的举动"②。俞子夷评价这种教法是合乎学生个性差异的，他批判教育界那种蔑视个性差异的做法，认为若过于追求统一、不考虑学生具体情况，最终是学生受苦。因此，要注重教学的弹性。他曾要求设计教学方法，让儿童能自己发展。③

其次，要为儿童着想，重视儿童的想法。俞子夷认为小学教师要关注儿童特殊的生理和心理发展水平，他做过一个儿童对于各门课程好恶的调查，目的在于"可以帮助我们知道儿童的意思，研究教材的编配，改良教学的方法。此外也可以使我们明白儿童的趋向，于职业指导、升学指导各方面都有好处"④。

最后，要懂得用适合儿童的方式引导他们学习。⑤俞子夷指出，小学教师要做到"儿童化"，真正从儿童的角度思考问题，客观地对待不同儿童的言行。

---

① 任苏民：《叶圣陶教育思想研究》，76页，太原，山西人民出版社，2018。
② 董远骞、施毓英：《俞子夷教育论著选》，68页，北京，人民教育出版社，1991。
③ 董远骞、施毓英：《俞子夷教育论著选》，32～42页，北京，人民教育出版社，1991。
④ 俞子夷：《儿童研究：儿童对于各科好恶的调查》，载《教育杂志》，1926（6）。
⑤ 于潇、余姣姣：《俞子夷的小学教师观及其当代价值》，载《当代教育科学》，2015(12)。

（五）文学领域代表人物的儿童观：儿童本位

文学领域代表人物鲁迅、郭沫若、郑振铎、丰子恺等都阐述过儿童的本质与特性。

鲁迅不仅批判旧的儿童观，而且为建设新的儿童观而呐喊，主张"一切设施，都应以孩子为本位"，以儿童本位观代替传统的"父为子纲"的观念。

郭沫若提出，儿童文学是"儿童本位的文学"。

郑振铎认为，儿童文学是儿童的，是以儿童为本位的儿童所喜看、所能看的文学。

丰子恺是儿童崇拜者，他喜爱儿童、赞扬儿童、推崇儿童最主要的出发点是儿童的"真"，即儿童与成人相比较时的真诚、率真和自然。他对儿童的看法散见于他的散文、漫画等作品中，多以描写、绘画他的儿女为主。他对传统儿童观的批判主要表现在这几个方面：成人不了解儿童的心理世界；人们看到儿童是准备做成人的，却忽视了这种准备期的生活；成人把儿童看作"小大人"，看不到儿童有不同于成人的精神生活。

可见，五四时期的教育家、文学家的"儿童本位"观念受到杜威教育思想的影响，这种儿童观在历史上冲击了封建、落后的儿童观。这一时期的课程设置尽可能以儿童为中心，提供顺应儿童发展的教育教学，对促进儿童发展有积极的作用。

四、中国当代儿童观的演进

中国共产党把儿童看作革命事业的接班人，非常重视儿童的养护与教育工作。早在陕甘宁边区儿童保育院成立时，毛泽东同志就题词："儿童万岁！"1942年，毛泽东同志又为儿童节题词："儿童们团结起来，学习做新中国的主人。"[1]

（一）1949—1957年：儿童是祖国的花朵

新中国成立初期，党和政府在儿童保健、儿童教育等方面都做了大量的工作。1949年—1957年的儿童观是儿童是祖国的花朵，儿童是祖国的希望，等等。经历了三大改造后，新中国进入全面建设时期。在现代化建设的国家战略规划下，教育需要围绕着国家建设特别是经济建设来进行。这时，关于儿童的观念发生了细微变化，儿童从社会主义事业的"接班人"转换为"建设者"。

（二）1958—1976年：儿童的"革命身份"

1958年"大跃进"运动开始至1976年"文化大革命"结束这一时期，儿童由于外在的文化环境而相继投入运动之中。儿童的"革命身份"在一定程度上异化了其真实的生活，无论教育的内容还是政策的制定都不再以儿童的身心发展特点为依据，教育与儿童的生活彻底脱离。成人化、政治化的儿童观折射出这一时期现代儿童观念的缺位与错位[2]，儿童教育和儿童心理研究都受到了阻滞。

---

①　中国学前教育史编写组：《中国学前教育史资料选》，482、486页，北京，人民教育出版社，1989。
②　陈乐乐：《新中国70年儿童观的历史考察与反思》，载《南京师大学报（社会科学版）》，2019（3）。

（三）1978—2000 年：重新认识儿童

1978 年十一届三中全会后，随着国家政治生活的正常化，人的个性得到了解放，人们对儿童的观念也得到了解放。教育领域提倡热爱儿童，全面认识儿童，按照儿童的发展规律教育儿童。[1]

改革开放之后，许多中西儿童教育思想再次走进教育学者的研究视域之中，一度中断的近现代教育理念也重新回到中心地位。教育观念的现代化也促使我们对儿童的看法发生质的改观，一种从心理学和教育学的视角"重新认识儿童"的局面开始出现。[2]

中国多年来致力于通过立法来保护儿童的合法利益，进而使儿童权益的保护法制化、规范化，制定了以《中华人民共和国宪法》为核心，包括《中华人民共和国刑法》《中华人民共和国婚姻法》《中华人民共和国教育法》《中华人民共和国义务教育法》《中华人民共和国残疾人保障法》《中华人民共和国未成年人保护法》《中华人民共和国妇女权益保障法》《中华人民共和国母婴保健法》《中华人民共和国传染病防治法》和《中华人民共和国收养法》等在内的一系列有关儿童生存、保护和发展的法律[3]，以及大量相应的法规和政策措施，形成了较为完备的保护儿童权益的法律体系。

1991 年，中国加入《儿童权利公约》，这是一个儿童本位的权利宣言。在此影响下，中国本土的儿童观慢慢实现自身转型，在方方面面凸显"儿童优先"原则的运用与体现。1992 年 2 月，国务院正式颁布了《九十年代中国儿童发展规划纲要》。纲要前言指出，"提高全民族素质，从儿童抓起"是中国社会主义现代化建设的根本大计，应在全社会倡导树立"爱护儿童，教育儿童，为儿童做表率，为儿童办实事"的公民意识。"今天的儿童是二十一世纪的主人，儿童的生存、保护和发展是提高人口素质的基础，是人类未来发展的先决条件"。

（四）2001 年至今：解放儿童

步入 21 世纪，深入认识和研究儿童、以回归儿童生活世界为根本旨趣、进一步解放儿童等观念在国家的各个文件中得到了深化。

2001 年 7 月，教育部印发的《幼儿园教育指导纲要（试行）》指出："幼儿园教育应尊重幼儿的人格和权利，尊重幼儿身心发展的规律和学习特点，以游戏为基本活动，保教并重，关注个别差异，促进每个幼儿富有个性的发展。"这就意味着在儿童教育中，成人要尊重幼儿的身心发展规律，还要尊重其游戏生活。

2012 年，教育部颁布《小学教师专业标准（试行）》，其中关于对小学生的态度及行为、小学生发展的知识等都有明确的要求。例如，要关爱小学生，重视小学生身心健康，将保护小学生生命安全放在首位，尊重小学生独立人格，维护小学生合法权益，平等对待每一名小学生等。

有学者认为，21 世纪的教育价值观以"解放儿童"为基本理念。"解放儿童"意味着：把儿童从课堂上的"我教你学"的学习模式中解放出来，由被动学习变为主动探索；把儿童从大量的

① 刘晓东：《儿童教育新论（第二版）》，62~63 页，南京，江苏教育出版社，2008。
② 陈乐乐：《新中国 70 年儿童观的历史考察与反思》，载《南京师大学报（社会科学版）》，2019（3）。
③ 《中华人民共和国民法典》实施后，《中华人民共和国婚姻法》《中华人民共和国收养法》废止。

机械重复训练中解放出来，通过多样的活动让儿童创造性地学习；把儿童从传统的师生关系中解放出来，还给儿童学习主体的身份；把儿童从家庭、社会所寄予的沉重希望中解放出来，让儿童能够自己选择未来的生活，并为这种生活去主动建构知识结构和实践能力。[①]

我们从生命教育的视角认识儿童，回到儿童生命本身思考小学教育问题。以儿童生命为本，确定儿童生命在小学教育中的主体地位；通过认识儿童的生命特性、生活经验、感受、体验、表达以及生活环境等，达到对儿童的科学认识；关爱儿童生命，尊重与遵循儿童的生命特性和生活世界，为儿童提供适合的教育。[②] 小学教师应具有关注小学儿童需要的意识、关爱小学儿童的能力，读懂小学儿童的表达、切实关注小学儿童的需要，从而为小学儿童提供激活、引导、满足其需要的适合的教育。[③]

2019 年，中国陶行知研究会举办了中国儿童发展大会，构建儿童健康发展生态链；中国发展研究基金会、中国儿童中心和中国教育三十人论坛主办了以"儿童优先，筑基未来"为主题的中国儿童发展论坛。

第三节　西方儿童观的历史演进

在西方历史演进中，对儿童的关注是循序渐进的。从古代成人视角的儿童观到人文主义肯定儿童的价值和尊严、自然主义尊重儿童的权利，再到遵循儿童发展的自然规律、教育心理学化运动建立符合儿童心理规律的"教学机制"、新教育和进步教育重视研究儿童的特性、后现代教育观强调儿童和成人的相互尊重与平等共生的关系，儿童观从成人本位转向儿童本位。

一、西方古代儿童观的历史演进

在古代西方，儿童被视作"小大人"。人们对儿童没有完整的概念，普遍的看法是儿童与成人完全一样，没有本质区别。杜威认为对儿童的关注或研究有三大来源，分别是政治的、审美的和科学的。对儿童的兴趣最早可以追溯到柏拉图和亚里士多德的时代，当时其主要是政治性或实践性的，源于人们将儿童置于社会组织中。因此，人们关注的不是儿童本身，而是一种工具、一种成分。[④]

（一）远古时期：儿童是公共财产

在古代，儿童这个概念没有分化出来，儿童从一出生就归国家所有。人种学家对现存原始部落的考察得出这样的结论：在许多原始部落中，不将新生儿当作人，而当作父母或氏族的隶属品，可以任意处置。例如，在斯巴达，婴儿由诸长老根据其体格是否健壮而决定去留，只有健康

①　王坤庆：《新世纪人文主义教育价值观的思考》，载《教育研究》，2000（8）。
②　刘慧：《基于儿童生命的小学教育之思》，载《当代教育科学》，2012（18）。
③　刘慧：《关注小学儿童的需要：教育学的视角》，载《湖南师范大学教育科学学报》，2013，12（5）。
④　张斌贤、王慧敏：《"儿童中心"论在美国的兴起》，载《北京大学教育评论》，2014，12（1）。

的新生儿才允许被抚养，把淘汰体弱或者有残疾的新生儿的决定权交给长老会。儿童生命的最初七年在家中度过，与父母保持亲密的关系，随后离开家庭，到寄膳宿学校进行军事化训练。[①] 在这个阶段，教育的主要任务是通过严格的军事体育训练和道德灌输使儿童养成健康的体魄、顽强的意志以及勇敢、坚忍、爱国等品质。在雅典，7 岁以后，女孩继续在家中由母亲负责教育，学习纺织、缝纫等技能；男孩进入文法学校、体操学校学习，接受各种体育训练[②]，随时准备加入城邦间的战斗。

（二）古希腊和古罗马时期：被边缘化与被关注的儿童

在古希腊和古罗马的社会和家庭里，儿童是父母的私有财产，生杀予夺之权悉操于父亲之手。[③] 此时的儿童在很多艺术作品中处于边缘的位置，在民众的意识里也许并不注重儿童的地位和权利。但是在学术理论中，我们可以看到这一阶段出现了种种进步的儿童观的先声。[④] 有不少思想家、教育家对儿童的生活、教育和成长表示了关注。

柏拉图认识到了游戏在儿童生活中的意义，他在《理想国》中，谈到童年与儿童时清楚地表明了目的：确立一个由"善"引导所有个人和行为的完美国家，国家执政者的培养要利用优生优育的方法对儿童进行选择，对选出的儿童进行"教化"以保证城邦拥有完美的公民。[⑤]

针对杀婴的习俗，亚里士多德要求制定法规，禁止遗弃婴儿（畸形或残疾者例外）。他在教育史上首次对儿童生长发育的年龄进行了分期，要求遵循自然施教。他提出教给儿童的东西应是"真正必需的有用的东西"，而不是"一切有用的东西"。

昆体良认识到了童年期的重要性，继承了柏拉图、亚里士多德重视人的天性差异的观点。他认为人人可通过教育而培养成人，但人的心性各不相同，因此要研究儿童的天赋、倾向、才能，根据其倾向和才能进行教育和教学。同时，教育必须遵循儿童的年龄特点。[⑥]

（三）中世纪时期：儿童生而有罪

公元 476 年，西罗马帝国灭亡，西欧进入中世纪，这是西方封建制度产生、形成的时期。中世纪早期的文化教育完全由基督教会控制，推行蒙昧主义和文化专制主义。中世纪的儿童观也深受宗教神学的浸染，社会上流行着"原罪说"和"预成论"的儿童观。

"原罪说"的儿童观认为，人类的祖先亚当和夏娃不听上帝的话，偷吃了伊甸园的禁果，因此染上"原罪"，并遗传给子子孙孙，儿童生来本性倾向邪恶，故须严加管束。"预成论"的儿童观则与古代自然科学（特别是与人体有关的自然科学）的落后以及成人中心主义有关，它认为儿童与成人仅有身材大小、知识多寡的区别，而否认二者在身心特征上的重大差异，因此主张

---

① [意] 艾格勒·贝奇、[法] 多米尼克·朱利亚：《西方儿童史·上卷》，申华明译，37 页，北京，商务印书馆，2016。
② 吴式颖：《外国教育史教程：缩编本》，34 页，北京，人民教育出版社，2003。
③ 杨汉麟：《外国幼儿教育史》，663 页，北京，人民教育出版社，2011。
④ 杨佳、周红安、杨汉麟：《西方儿童观的历史演进》，载《合肥师范学院学报》，2011，29（4）。
⑤ [意] 艾格勒·贝奇、[法] 多米尼克·朱利亚：《西方儿童史·上卷》，申华明译，52、113 页，北京，商务印书馆，2016。
⑥ 吴式颖：《外国教育史教程：缩编本》，97 页，北京，人民教育出版社，2003。

像对待成人一样对待儿童，不承认儿童的世界，认识不到儿童有自己独特的需要。①

教会认为儿童是带着"原罪"来到人世的，要想控制儿童邪恶的本性并使他们成为高尚的人，就要惩罚他们。戒尺、棍棒是教育儿童所必需的，因为教会认为只有通过"畏神"的教育才能消除所谓的罪恶。②

（四）文艺复兴时期：儿童是人

14—17世纪欧洲的文艺复兴运动，是在意识形态领域向封建主义和天主教神学体系发起的一场伟大的文化革命运动。在这场波澜壮阔的精神变革运动中，对人的价值的重新审视、人文主义的应运而生给世人的观念包括儿童观带来了巨大的震撼。

文艺复兴时期的儿童观是从当时新的人类观引申出来的，这种人类观认为：经验思维带来人的"自然"认识的转变，人是完全可以认识的、自由的、有规律的活动体。新的人类观使儿童观从传统社会的从属关系中解放了出来，从确信人类的进步引申出了儿童是自由而具有发展可能性的存在的儿童观。这种儿童观的基础尽管局限于自由城邦的商人阶层，但它在考察近代的儿童观时是引人注目的，在伊拉斯谟、蒙田、夸美纽斯等杰出人物的思想中得到了充分体现。

当时的教育思想代表人物伊拉斯谟和拉伯雷都主张以儿童的自然天性为基础革新教育内容与教学方法，而不能以成人的标准去判断儿童。伊拉斯谟提出要研究儿童，不要指望儿童像"小大人"一样，对儿童施教时要考虑儿童的身心特征、照顾儿童的个别差异。他在《幼儿教育论》中提到："'儿童'这个词在拉丁语中意味着'自由者'。因此，自由的教育是符合儿童的，用教育的手段把本来是自由的儿童奴隶化，是何等的荒谬。"③

夸美纽斯是教育史上从"人的发现"走向"儿童的发现"的第一人，他提出"儿童是无价之宝"，"儿童们给予我们的正像一面镜子，在它里面我们就可以注视谦虚、有礼、亲切、和谐以及其他基督徒的品德"。他认为儿童是实现自己成长的主人，而教师只是帮助者，"好些人通过自己教育自己……较之受过导师的令人厌倦的教导的人的进步还要大。"④他提出要依据人的自然本性和儿童年龄特征进行教育，教育要适应自然原则。⑤从这一原则出发，他提出"任何人在幼年时代播下什么样的种子，那他老年就要收获那样的果实"⑥。他呼吁父母要担当教育的责任，不仅要关注儿童身心，还要注意保护儿童灵魂，要用教育把儿童在人生中需要的一切种子播到他们的身上。

尽管人文主义者承认了儿童的自由与兴趣，但他们是从理想的人的形象推导出来这些的，并未发现儿童是或把儿童本身看作有个性价值的存在。所以，"儿童是成人的'雏形'，处于附属地位"的观念仍占统治地位。

① 杨佳、周红安、杨汉麟：《西方儿童观的历史演进》，载《合肥师范学院学报》，2011，29（4）。
② 刘晓东：《儿童教育新论（第二版）》，7页，南京，江苏教育出版社，2008。
③ 日本筑波大学教育学研究会：《现代教育学基础》，钟启泉译，5页，上海，上海教育出版社，1986。
④ [捷克]夸美纽斯：《大教学论》，傅任敢译，31页，北京，教育科学出版社，1999。
⑤ 吴式颖：《外国教育史教程：缩编本》，195页，北京，人民教育出版社，2003。
⑥ [捷克]夸美纽斯：《大教学论》，傅任敢译，22页，北京，教育科学出版社，1999。

二、西方近代儿童观的历史演进

（一）启蒙运动时期的儿童观：把儿童看作儿童

西方进入近代以后，在 17 世纪产生了新的儿童观，表现为洛克倡导的"白板说"。他声称儿童的心灵好比"一张白纸或一块蜡"，后天的一切观念都是经验在心灵上刻下的印记。"白板说"否定了基督教的"原罪说"，是一种外铄论的观点。

18 世纪，出现了反对封建教育、注重儿童身心自然发展的自然主义教育思潮。同时，在法国兴起了启蒙运动。以卢梭为代表的自然主义教育家批判压制人性、忽视儿童特点，要求人们树立正确的儿童观，尊重儿童的权利，遵循儿童发展的自然规律，将儿童作为人，认识到儿童具有人的根本特性，明确儿童有其自身的发展规律和价值。

卢梭第一次系统地提出了新的儿童观，从而完成了教育史上"哥白尼式的革命"。在他那里，儿童是从社会和双亲的束缚下解放出来的，被作为人来看待。他认为，儿童不是"小大人"，也不是"白板"。"出自造物主之手的东西都是好的"，因此儿童生来就是性善的。儿童是自由的，自由是儿童的权利。他认为，应当把成人看作成人、把儿童看作儿童，既不能把儿童当成待管教的奴仆，也不能把儿童作为成人的玩物。同时，要给儿童充分的自由，对儿童不压制、不强迫、不灌输，让儿童遵循自然率性发展。他还认为，儿童不仅与成人不同，而且本身也因年龄阶段的不同而有不同的特点。同时，他也注意到了儿童天性个体之间的差异和性别之间的差异，倡导尊重儿童和儿童期的价值，倾听儿童的表达，珍视儿童短暂的童年生活，承认儿童的发展由内在机制控制，必须让儿童按"自然"进程去发展。这是卢梭儿童观的独特内涵，从此吹响了儿童天性解放的历史号角，康德、裴斯泰洛齐、杜威、皮亚杰、霍尔等人都受到了卢梭的启发。

总之，自然主义教育提高了对儿童的认识，儿童从被成人忽视到重新被成人发现。

（二）19 世纪教育心理学化的儿童观：遵循儿童心理

19 世纪，随着教育心理学化运动的兴起，儿童观进一步走上科学化的道路。教育心理学化的内容如下：首先，要将教育目的和教育理论指导置于儿童本性发展的自然法则基础上，要探索和遵循儿童的心理活动和心理发展的规律性；其次，教学内容的选择和编制要适合儿童学习的心理规律，教学原则和教学方法应心理学化；最后，要让儿童成为自己的教育者。教育者不仅要让儿童接受教育，还要使儿童成为教育中的动因，适应儿童的心理时机，调动儿童的自我能动性和积极性，培养儿童的独立思考能力，使他们懂得自己教育自己。[①]

裴斯泰洛齐最早提出教育心理学化，主张要以儿童心理学作为儿童教育的依据，教育的前提是认识和研究儿童。反对违背儿童本性的教育，用一堆无用的知识充塞儿童的头脑。要将教育和教学工作置于儿童的心理活动规律的基础上，实现教育心理学化，建立符合儿童心理规律的"教学机制"。主张使儿童各个方面均衡发展，"依据自然法则发展儿童道德、智慧和身体各方面能力"[②]。

---

① 吴式颖：《外国教育史教程：缩编本》，295～297、324 页，北京，人民教育出版社，2003。
② 张焕庭：《西方资产阶级教育论著选》，206 页，北京，人民教育出版社，1996。

　　赫尔巴特是教育心理学化运动的重要代表，他最先提出教育的首要科学是心理学。他把儿童教育的整个过程划分为儿童的管理、教学和训育三个部分，认为管理的主要任务是使身体发展和形成"一种守秩序的精神"，从而为教学和道德教育创造必要的条件，而训育是为了美德的形成。课程内容的选择要与儿童的经验和兴趣相一致，因为只有与儿童的经验相联系的内容才能引起儿童的兴趣。①

　　福禄贝尔接受了裴斯泰洛齐的主张，认为人具有天赋的力量，教育要遵循儿童的内在生长法则，使儿童获得自然的、自由的发展。同时，他认为教育者和父母要研究、了解儿童，应当从儿童各项必要的联系中和从过去、现在、未来人类发展的生存关系中认识儿童，从而使儿童的教育同过去、现在、未来人类发展的需要相协调。②

　　裴斯泰洛齐、赫尔巴特、福禄贝尔都主张，教育的前提是认识和研究儿童。教育心理学化运动要求科学地认识儿童，对儿童观的演进具有重要贡献，在教育领域为科学的儿童观的出现打好了基础。③

三、西方现代、当代儿童观的历史演进

（一）欧洲新教育运动的儿童观：儿童中心

　　19世纪末、20世纪初，新教育运动在欧洲兴起，它重视研究儿童的特性，注重将儿童生活与社会生活紧密联系。

　　新教育运动的著名代表人物瑞典教育家爱伦·凯在《儿童的世纪》中指出"20世纪是儿童的世纪"，她主张依据卢梭的自然教育原则改革旧教育，建立以儿童为中心的理想学校，将儿童按照不同的性格和兴趣组成小组进行自学。强调教育者应了解儿童、保护儿童淳朴天真的个性，倡导自由教育。

　　蒙台梭利认为"儿童是成人之父"，因为"儿童创造了成人，不经历童年，不经过儿童的创造，就不存在成人"④。她还认为，人生来就具有内在生命潜力，它是儿童自我成长、发展并形成独特心理的内在源泉的基本动力。她批判旧学校抑制儿童个性发展，"在这样的学校里，儿童像被钉子固定的蝴蝶标本，每人被束缚在一个地方——桌子边"⑤。她指出儿童具有"吸收性心理"，提倡在不受约束的环境中让儿童自然地发展，"在一个适宜儿童年龄的环境中，儿童的精神生命会自然地得到发展并解释它的内在秘密"⑥。同时，她提出了儿童心理发展敏感期的概念，并认为敏感期的出现具有一定的顺序性，儿童是通过经历一个又一个敏感期而不断得到发展的。教育要给儿童提供有准备的环境，"我们的教育体系的最根本特征是对环境的强调"⑦。在蒙台梭利的"儿童之家"里，布置和设计都是符合儿童身心发展特点的。总之，蒙台梭利反对以教师为中心的教

①　吴式颖：《外国教育史教程：缩编本》，324页，北京，人民教育出版社，2003。
②　刘晓东：《儿童教育新论（第二版）》，13～14页，南京，江苏教育出版社，2008。
③　刘晓东：《儿童教育新论（第二版）》，14页，南京，江苏教育出版社，2008。
④　[意]玛利亚·蒙台梭利：《童年的秘密》，马荣根译，334页，北京，人民教育出版社，1990。
⑤　[意]玛利亚·蒙台梭利：《童年的秘密》，马荣根译，61页，北京，人民教育出版社，1990。
⑥　[意]玛利亚·蒙台梭利：《童年的秘密》，马荣根译，116页，北京，人民教育出版社，1990。
⑦　[意]玛利亚·蒙台梭利：《童年的秘密》，马荣根译，113页，北京，人民教育出版社，1990。

育，关注并尊重儿童的内在需求，主张通过"有准备的环境"的创设和儿童的"工作"促进儿童内在潜力的实现。

（二）美国进步教育的儿童观：儿童中心

19世纪末至20世纪50年代，在美国兴起了进步教育思潮，强调儿童中心的教育。

"进步主义之父"帕克强调"儿童处于学校教育的中心"，他将以儿童为中心的思想与学校改革结合在一起，主张在制订学校计划时应当从儿童的需要、兴趣、能力出发，尽量通过儿童的活动使儿童获得丰富的经验；学校课程应尽可能与实践活动相联系。他还强调培养儿童自我探索和创造的精神。

克伯屈阐述了进步教育的学习理论，提出了设计教学法。他强调有目的的活动是设计教学法的核心，儿童自动的、自发的学习是设计教学法的本质。因此，设计教学法充分发挥了儿童的主动性和积极性，使儿童成为学习的主人，加强了教学与儿童实际生活的联系。

霍尔是美国儿童心理学的创始人和美国教育心理学的开拓者，他对儿童心理和教育问题进行了广泛调查，引发了这一时期社会对儿童研究的热情，形成了儿童研究运动。霍尔提出了复演说，认为儿童心理发展反映着人类发展历史，真正的教育须遵循复演的顺序，适应儿童在不同发展阶段的不同需要，创造使这种遗传素质充分展现的条件。同时，霍尔也十分重视儿童游戏的作用，认为它是儿童对祖先生活的复演。复演说作为一种儿童发展理论，对美国的进步主义教育运动产生了重要影响。

杜威认为儿童是未成熟的、发展中的人，他提出"常态的儿童和常态的成人都在不断生长，他们之间的区别不是生长和不生长的区别，而是各有适合于不同情况的不同的生长方式"[1]。同时，杜威认为，儿童本能的生长、发展及经验改造过程就是儿童的生活，因为"生活就是发展，而不断发展，不断生长就是生活"。他从机能主义心理学理论出发，认为儿童的心理内容基本上是以本能活动为核心的习惯、情绪、冲动、智慧等的不断发展，不断生长的过程，教育的本质和作用就是促进这种本能的生长。[2] 因为人的本能和冲动是潜藏于身体内部的与生俱来的能力，并一代又一代原封不动地传递下去。儿童的能力、兴趣、需要和习惯都是建立在自己的原始本能基础之上的，儿童心理活动的实质就是其本能的发展。杜威提出："每一兴趣都产生于某一本能或某一习惯，而习惯最后仍然是以某一本能为基础。""儿童的世界是一个具有他们个人兴趣的人的世界，而不是一个事实和规律的世界，儿童的生活是一个整体，一个总体。"由于儿童的生活所带来的个人的和社会的兴趣的统一性，他们所关心的事物是结合在一起的。[3]

（三）20世纪后期的欧美儿童观："儿童中心"综合化

20世纪50年代后，以皮亚杰、弗洛伊德、斯金纳、马斯洛为代表的众多心理学家的加盟及其儿童研究成果的推广、应用，使得人们对儿童的认识进一步加深，也在一定程度上影响着现代儿童观的走向。人们对儿童的特性、发展潜能的认识不断深入，有关方法的运用不断趋向多元化

---

① ［美］杜威：《民主主义与教育》，王承绪译，54页，北京，人民教育出版社，1990。
② 姚伟：《儿童观及其时代性转换》，101页，长春，东北师范大学出版社，2007。
③ 赵祥麟、王承绪：《杜威教育名篇》，65页，北京，教育科学出版社，2006。

及科学化。

　　皮亚杰通过对儿童问题解决过程的观察，得出了一些有关儿童认知发展性质的概念和原理。儿童是主动的、受内在动机驱动的学习者，不只是被动地观察和记住他们看见和听见的事物。他们对周围的世界有着与生俱来的好奇心，并积极寻找信息帮助自己的行为具有效果。儿童可以组织从经历中所学的东西，即他们不是只把学到的东西作为一系列孤立的事件罗列出来，而是会逐渐建构一个关于世界是怎样的整体观念。儿童通过同化和顺应过程适应环境，思维方式在不同年龄阶段有质的不同。儿童的四个认知发展阶段的每一个都是建立在前一个阶段完成的基础上，所以儿童是以相同的、不变的顺序经历这四个阶段的。[①] 可见，皮亚杰的阶段论为儿童获得新能力的时间提供了一般性观点。在他的理论中，认知发展主要是个体的任务，因为随着时间的推移，通过同化和顺应新的经验，儿童发展了日益高级和综合的图式。

　　此后，艾克森的情感发展理论、杜威的游戏理论、班杜拉的社会学习理论、加德纳的多种智能理论和维果茨基的语言及文化理论等也在不同方面得到了重视和运用。由于这些理论都强调儿童与环境的相互作用，也统称为相互作用理论（Interaction Philosophy）。正是这些心理与教育理论为早期教育课程改革奠定了理论基础，从而出现了基于不同理论的课程改革方案，幼儿教育一时间呈现一片繁荣的局面。此时，儿童依然是课程的中心，只是对儿童中心的理解走向了综合化和多样化。

（四）网络时代、后现代的儿童观：儿童的自我建构

　　后现代社会强调世界的流动性、不确定性和未完成性，认为对象是在不断变化的社会关系中相互建构的，否认静态的本质论。因此，站在后现代视野重新审视，儿童是在具体关系和具体历史背景中存在、生成和发展的，儿童在认识世界的同时也在建构着自己的身份。由于社会关系的变化和历史背景的改变，"后现代的儿童身份具有多元性和重叠性，在这种身份建构中，儿童是积极的参与者"[②]。也就是说，儿童身份不是被预先设定的，而是在发展过程中自我建构的，是一个相对概念和关系概念，儿童在其中起主导作用。

　　后现代教育观认为，社会发展不是成人的专利，儿童社会自身就是社会的重要组成部分。社会发展的机制不是由成人的价值、模式垄断的，社会中的每个人包括儿童都是社会发展的平等的参与者、建构者。儿童和成人是一对关系词，没有儿童也就没有成人，强调儿童和成人的相互尊重、平等共生的关系。因此，其更重视儿童的权利、自我建构和对儿童个体的关注。[③]

　　网络社会对于儿童存在两种截然相反的观点：一种观点认为，儿童处于危险当中，成人的主要任务是对儿童进行保护；另一种观点则认为儿童是自主的，能够脱离成人的控制，成人的角色微不足道。

---

　　① ［美］麦克德维特、奥姆罗德：《儿童发展与教育》，沃建中等译，165～168 页，北京，教育科学出版社，2008。
　　② 于忠海：《教师教育的机理——与学生共生》，38 页，成都，电子科技大学出版社，2014。
　　③ 于忠海：《儿童教育观的演变：从现代到后现代》，载《幼儿教育》，2009（15）。

第三章　儿童天性：儿童生命之根

儿童天性是儿童生长的动力，理解儿童天性是促进儿童健康成长的前提。小学儿童教育工作者要顺应儿童天性和成长规律，帮助儿童获得幸福。本章从理解儿童天性、中外教育家对儿童天性研究枚举以及儿童天性的显现入手，探究儿童生命之根。

第一节　理解儿童天性

一、何谓天性

（一）天性的含义

天性主要有两个基本含义。一是指天命，古人说"不虞天性"[1]"所秉自天性，贫富岂相讥"[2]。可见，这里说的人的天性是不可改变的。二是指人先天具有的品质或性情，孟子说"形色，天性也"[3]，司马迁言"始皇为人，天性刚戾自用"[4]。

中国人对天性的研究，通常都是从古文中关于"性"与"习"即天性与习性的对比研究中开始的。天性指自然对人的发展的规定性，是与生俱来的，也是人身上的自然属性，其发展有自身的特点。[5] 习性则是基于先天基础的天性与后天环境相互作用后形成的品性，具体说来即由环境主导的经后天熏陶、教养以及模仿、修炼而获得的心理品质。[6] 天性和习性最终都归属于人性。

《三字经》中说："人之初，性本善。性相近，习相远。"即人刚出生时（天）性是善的、相近的，而后天的习惯相差很大。孟子谓教育"求其放心而已矣"。荀子则认为"人之生也固小人"，即人生下来就是恶的，保有食色、喜怒、好恶、利欲等情绪欲望，仁义则是由后天所学、所行和所为而得来的。

西方人理解的天性，就是人的自然本性。阿米蒂奇（Armitage）认为人天生是自然主义者、是自然研究者、是有森林生存技巧的印第安人，并且遵循复演说理论。儿童期的社会性发展复演

---

[1]　《书·西伯戡黎》。
[2]　《君子有所思行》。
[3]　《孟子·尽心上》。
[4]　《史记·始皇本纪》。
[5]　毕有余、赵晓杰：《葆有天性：真谛、特点与途径》，载《东北师大学报（哲学社会科学版）》，2012（6）。
[6]　孙杰远：《浅谈儿童的文化习性及其获得》，载《学前教育研究》，2007（2）。

人类祖先的发展历史，儿童拥有与生俱来的好奇心、求知欲，有发展的可能性和潜能。[①]

古希腊时期的柏拉图曾说"人类的求知性是智识之母"，近代的脑科学相关研究也证实人类的大脑是热爱学习的。我们的大脑永远渴望吸收、整合、理解和记忆信息，并在适当的时候应用。[②] 求知也是儿童的天性之一。

目前，对天性的研究依据基因工程和心理学研究的新成果而不断发展。例如，有学者认为天性指的是由基因引导的与生俱来的心理品质，它是人身上的自然性、宇宙性，是自然意志、世界意志、宇宙意志。它的内容是本能的、无意识的和有意识的先天形式以及部分意识，这部分意识也是作为本能与无意识之镜的，是对本能与无意识的意识。[③]

（二）天性与本能

本能是指人和动物本身固有的能力。它可以指不学就能会的行为，如婴儿吮乳、蜜蜂酿蜜等，也可以指天性，如"民族主义，自太古原人之世，其根性固已潜在，远至今日，乃始发达，此生民之良知本能也"[④]，还可以指下意识的举动或反应，就如会"忽然，我感觉到有一个东西，轻到无以再轻地落到我的脚边。我本能地一下把它踏在脚下，心怦怦地跳了起来"[⑤]。

西方许多心理学家从不同角度对本能作出了多种解释，其中两个代表人物是弗洛伊德和麦独孤。弗洛伊德认为，人有两种本能：一是生的本能（力比多），它代表爱和建设的力量，指向生命的生长和增进；二是死的本能（达那多斯），它代表恨和破坏的力量，表现为求死的欲望。死的本能有内向与外向之分：当冲动指向内部时，人会通过惩罚自己、折磨自己、毁灭自己等方式实现死的欲望；当冲动指向外部时，人会表现出伤害、破坏、侵犯的行为。麦独孤认为："本能是天生的倾向性，是人的一切活动的主要动力，每种身体活动都借这种力量，从创始时起持续不止。我们如果没有这些本能倾向，以及其强有力的冲动，其有关的机体就不复能进行任何种活动。这些冲动是保持和形成个体和社会生命的精神势力，在它们那里，就存在着生命、心灵和意志的奥秘。"[⑥] 他于 1908 年在《社会心理学导论》一书中列举了 12 种本能：求食、拒绝（排斥）、求新、逃避、斗争、性、母爱、群居、支配（统治）、服从、创造、收集。每一种本能都包含着三个先天因素，即认知、情感、意志。1932 年，他将 12 种本能修改为 18 种倾向：求食的倾向、嫌恶的倾向、性的倾向、恐怖的倾向、好奇的倾向、养育的倾向、群居的倾向、自我主张的倾向、服从的倾向、愤怒的倾向、诉说的倾向、建设的倾向、获得利益的倾向、笑的倾向、安乐的倾向、休息或睡眠的倾向、移动的倾向、体态各种需要的倾向。

弗洛姆提出，本能是一种以生理需要为根源的驱使力（官能的驱使力）。[⑦] 詹姆斯·怀特认

---

① Kevin C. Armitage, "'The Child is Born a Naturalist': Nature Study, Woodcraft Indians, and the Theory of Recapitulation," *Journal of the Gilded and Progressive Era*, 2007(1), pp.43-70.

② [美]E.詹森：《基于脑的学习》，梁平译，215 页，上海，华东师范大学出版社，2007。

③ 刘晓东：《论教育与天性》，载《南京师范大学学报（社会科学版）》，2003（4）。

④ 章炳麟：《驳康有为论革命书》，176 页，金华，浙江师范学院政史系，1979。

⑤ 丁玲：《"牛棚"小品》，见王景科：《新中国散文典藏·第 1 卷》，273 页，济南，山东友谊出版社，2015。

⑥ 转引自[美]爱德华·C.托尔曼：《动物和人的目的性行为》，李维译，52 页，杭州，浙江教育出版社，1999。

⑦ [德]E.弗洛姆：《人类的破坏性剖析》，孟祥林译，16 页，北京，中央民族大学出版社，2000。

为，本能是人生存的原动力和先天的能力，主要存在于人的右脑。人的右脑储存着在祖先的经验基础上积累起来的生存所必需的最佳信息。① 人本心理学认为，本能在其没有实现之时表现为潜能。潜能不仅仅是"将要是"或者"可能是"，它们现在就存在着，是本性的。②

杜威提出："教育的天然的基础是儿童的本能，而本能又是一切学习和训练的依据。利用儿童的自动能力发展他们原有的天性，才是新教育的宗旨。"③ 在杜威看来，教育不是强迫儿童去吸收外面的东西，而是使儿童与生俱来的能力得以生长，是发展儿童的本能的工具。他把儿童的本能分为四种：社交的本能、制作的本能、研究和探索的本能、艺术的本能。教育要以这四种本能及其活动为中心。

我国有学者认为，本能"是生物全部进化史的生存经验打在遗传物质上的印痕，是世世代代的行为留在遗传上的记忆，本能是一种遗传意识、自然意识"④。生命智慧通过本能显现。首先，直觉是与本能相连的，它是人与生俱来的一种能力，并且忠实于生命利益，闪耀着生命智慧之光。其次，人的身体本能也显现生命智慧，它通过生物钟控制生命节律，进而支配生命活动效率，与人的内心相连，反映人的真实状态，甚至比人的意识、愿望更能真实地反映彼此之间的关系状态。最后，人的与生俱来的情感也反映了本能的智慧。⑤

综上，天性与本能的关系可以概括为：首先，天性区别于本能，但是与本能有着天然的联系。其次，天性仅指向人，而本能可以指向人和动物，包括人的本能和动物的本能。最后，天性包含人的自然性和社会性，或者说处于二者的中间地带，因为天性往往被用来说明人所具有的品质；而本能只包含人的自然性，限于对人身上的自然特征的描述，比如人与生俱来的性本能。天性不可能脱离本能，本能是天性向人的社会性延展或发展的基础。

二、有关儿童天性与教育的关系研究

（一）教育必须适应人的自然发展原则

这一观点最早可追溯至亚里士多德，他认为应遵循事物运行的法则和人的天性来进行教育。夸美纽斯系统论述了教育遵循自然和人的发展普遍法则（儿童天性的稳定发展趋向），即自然适应性原则。卢梭从天性、环境和教育角度论证教育适应自然的必要性，自然就是儿童的天性。裴斯泰洛齐将教育者比作园丁，养花草要遵循花草自然生长规律，教育者也要遵循儿童天性。福禄贝尔也以园丁种植花木打比方：花木的种植不可拔苗助长，对人的教育也要遵循适度原则，尊重儿童的活动本能、认识本能、艺术本能和宗教本能。教育需要开始于儿童的自发活动和本能兴趣，终止于儿童通过教学对知识的创造运用。

---

① [美]詹姆斯·怀特：《破译人脑之谜》，张庆文译，26页，北京，中国物资出版社，1999。
② 林方：《人的潜能和价值》，82页，北京，华夏出版社，1987。
③ 杜威：《学校与社会·明日之学校》，赵祥麟、任钟印、吴志宏译，43～44页，北京，人民教育出版社，1994。
④ 刘骁纯：《从动物快感到人的美感》，40页，济南，山东文艺出版社，1986。
⑤ 刘慧：《陶养生命智慧：社会转型期教育的一种价值追求》，108～117页，北京，教育科学出版社，2008。

（二）教育必须适应儿童"内在自然"的发展水平

卢梭认为，人生来是软弱的、愚昧的，我们在出生的时候所没有的东西、在长大的时候所需要的东西，全都要由教育赐予我们。"这种教育，我们或是受之于自然，或是受之于人，或是受之于事物。我们的才能和器官的内在的发展，是自然的教育；别人教我们如何利用这种发展，是人的教育；我们对影响我们的事物获得良好的经验，是事物的教育。"① 可见，"自然的教育"在于顺应，"人的教育"在于激活，"事物的教育"在于提供条件。

卢梭基于性善论提出了自然教育的原则，他认为人的天性或"内在自然"的发展是有秩序的，教育必须适应不同时期的儿童"内在自然"的发展水平。不仅如此，教育还要适应儿童的个性差异，这也是"内在自然"的发展表现。所谓自然教育，就是以遵循这种自然发展作为确定其原则、内容和方法的基础。

（三）教育应把儿童的天性看作他们得以生长的动力

杜威主张基于活动的教育和民主主义教育，反对依靠外部权威对儿童实施教育，认为教育应把儿童的天性看作他们得以生长的动力。他十分赞成卢梭的观点，并引用卢梭在《爱弥儿》中的话来阐述其《明日之学校》一书之宗旨："我们全不懂得儿童，只用我们错误的见解去办教育，愈办愈错了。那些最聪明的著作家专门去讨论一个成年的人所应知道的是什么，全不问一个儿童所能学习的是什么。"我们现在努力追求教育进步，其精彩之点已被卢梭一语道破，那就是："教育不是把外面的东西强迫儿童或青年去吸收，须要使人类'与生俱来'的能力得以生长。"②

"如果教育就是人生能力及天性适当的生长，则我们应当知道人类生长的程序一天有一天的特殊式样，要想一个人到了成年时期可以有种种成就，只有在他的儿童时期内注意他的一举一动所应经过的生长程序。人的长成是各种能力慢慢生长的结果。"③ "只顾成人生活的造诣，而不管幼年人的能力及需要，是一种自杀的政策……重视幼年就是重视生长的需要及时机。"④ 由此可见，教育必须要顺应儿童"内在自然"的发展需要。

李贽提出"童心说"，他认为儿童的天性和本心是追求"真"的。儿童的世界是丰富、温暖、阳光的世界，在这个世界中充满着哲学的根本问题。我们需要遵循自然，尊重儿童生命的自然、关注儿童生命的本真，力求使教育吻合儿童生命自然的轨迹与内在要求，让儿童的哲学慢慢生根发芽、枝繁叶茂。

除此之外，近年来其他学科也有关于儿童天性的相关论述。例如，在心理学家看来，儿童发展具有原发性，即其中内在的、自发的方面，相当于弗洛伊德所说的无意识、潜意识部分。在儿童心理和创造力研究中，心理学家阿瑞提则提出了原发过程、继发过程和三级过程的概念，三个过程依次逐步包含。并且阿瑞提认为，正是继发过程的作用使得那种产生奇思异想的创造性变得不那么容易具有了，因为继发过程的概念思维或逻辑思维获得了长足发展，从而规约了原发过

① ［法］卢梭：《爱弥儿（上卷）》，李平沤译，7页，北京，商务印书馆，1978。
② ［美］杜威：《明日之学校》，朱经农、潘梓年译，1页，上海，商务印书馆，1926。
③ ［美］杜威：《明日之学校》，朱经农、潘梓年译，5页，上海，商务印书馆，1926。
④ ［美］杜威：《明日之学校》，朱经农、潘梓年译，6页，上海，商务印书馆，1926。

程即原始的冲动与活力。① 所以，教育需遵循儿童原发性、尊重儿童天性，促成儿童创造性完整发展。

第二节　中外教育家对儿童天性研究枚举

中外许多教育家对儿童天性有独特的贡献，如陈鹤琴提出儿童有"好奇""好游戏""好模仿""喜欢合群""喜欢野外生活"的天性。在此着重介绍两位教育家对儿童天性的研究，一位是凌冰，他的《儿童学概论》对儿童天性作了非社会性和社会性的划分；另一位是沛西·能，他的《教育原理》论述了人类天性的两个根深蒂固的趋势——模仿和本能。下面分别择其要点以作介绍。

一、凌冰在《儿童学概论》中对儿童天性的论述

凌冰（1891—1993），字庆藻，号冀东，河南固始郭陆滩樟柏岭人，我国著名教育家、学者、政要。自幼聪明，十三岁入私立南开学校，后毕业于清华留美预备学校，赴美留学，先入斯坦福大学、哥伦比亚大学，后入克拉克大学，获教育心理学博士学位。他是儿童运动在中国的传播者。

在1921年出版的《儿童学概论》中，凌冰将儿童天性分为非社会性和社会性两类，共九种。

（一）非社会性的儿童天性

非社会性的儿童天性，主要包括儿童的食性、求知性、恐惧性和奋斗性。

1. 儿童的食性

儿童的食性在一二岁时不会完全发展，到了三四岁时便渐渐发展起来，五六岁以后发展最快。普通儿童虽然在出生后即喜欢吃东西，但他们此时并不是因为心里要吃而去吃，而是因为看到了食物的颜色鲜明等而去吃。因此，儿童的食性不是在出生时就发展完备的，和教育是有关系的。② 对于看似简单的儿童食性，也需要教育工作者做些引导工作。

2. 儿童的求知性

儿童两三岁时，求知性已经很发达了。他见了某种新奇的事物，比如一个新球，就要用手去摇摇，看它里面有没有什么东西，或者用嘴去尝尝，看它有没有什么味道。这就是儿童的求知性的表现。儿童合理的求知性大概要到三四岁时才有，这可以从儿童的三个提问中看出：这是什么东西？这东西是干什么的？为什么必定要用这东西？这是一种正常的求知性，在教育中要正确地引导和培养，使其渐渐发展起来。③

3. 儿童的恐惧性

有些心理学家认为恐惧性是儿童的天性，不是感情；也有些心理学家认为恐惧性是儿童的感情，不是天性。比如，刚出生的小孩听到外面的某种大声音，便会受惊吓。又如，儿童恐惧黑

---

① 杨宁：《幼态持续、发展的原发性和早期教育》，载《西北师大学报（社会科学版）》，2002（4）。
② 凌冰：《儿童学概论》，110~111页，上海，商务印书馆，1921。
③ 凌冰：《儿童学概论》，115~116页，上海，商务印书馆，1921。

暗并不是因为见了黑暗而恐惧，是因为在黑暗中常常会想象到各种奇怪的事物而恐惧。儿童恐惧黑暗大概在三四岁时最明显，在出生时倒没有什么惧怕。原因一方面是由于儿童的想象力在出生时还没有发展，而从出生到三四岁期间便渐渐发展得很丰富，儿童在这一时期就很容易想象到各种奇怪、可怕的事物。另一方面是由于母亲在儿童三四岁时常常对儿童说各种奇怪、可怕的事物，借以止住儿童的哭或禁止儿童做某种事情。人的恐惧性是终身有的，但随着年龄的增长，恐惧性便不如以前强。①

4.儿童的奋斗性

奋斗性不是儿童大时才有，是在儿童小时就有的。比如儿童想要拿东西但拿不着时，或儿童想到外面玩但被父母阻止时，往往要向父母哭泣并且做出愤怒的样子，这就是儿童的奋斗性。当儿童受欺负时，他们会想方设法取得胜利。儿童的奋斗性在八九岁时最发达。人类的奋斗性不是一种坏天性，如果能够因势利导，似乎能够借以做出种种好事来。比如，儿童因不肯受人欺负而与人打架是一件不要紧的事，只要别太过就是了，借以养成儿童将来的勇敢、独立、冒险等美德。②

（二）社会性的儿童天性

社会性的儿童天性，主要包括儿童的游戏性、同情性、模仿性、好群性和竞争性。

1.儿童的游戏性

儿童的时代除了游戏、吃饭、睡觉以外，几乎没有别的事情可做，完全是一个游戏时代。儿童为什么要做游戏呢？这个问题的答案大概有四种学说，即精力过多说、为将来职业预备说、进化重复说和生活必需说。

斯宾塞主张精力过多说，认为儿童之所以喜欢游戏，因为精力缺少发泄的地方，所以只好借游戏发泄出去；为将来职业预备说认为，儿童之所以喜欢游戏是由于要为将来的职业作预备；进化重复说是根据人类进化史得来的，霍尔认为儿童发展过程中各种不同的表现是几千万年中人类事业的重新复现，例如儿童游泳就是因为在几百万年以前的人类要靠游泳才能生存的缘故；生活必需说是以身体发展的情形作标准，较其他学说更完备些。在儿童游戏发展的程序上，1～3岁的游戏是无意义的游戏，其内容是生活上必需的动作。3～7岁是个体游戏期，7～12岁是团体游戏期，12岁到青春期便是运动游戏和思想游戏兼备的时期了。游戏可以发展儿童的身体、智识和道德心，喜欢游戏的儿童最有通力合作的精神。③

2.儿童的同情性

儿童的同情性要在五六岁才能渐渐发展起来，因为其发展要具备两个条件，一是对各种事物的经验，二是丰富的想象力。举例来说，两三岁的儿童看到自己家里有丧事或喜事，不知道悲痛，也不知道高兴，这是因为他们自己缺少这种经验。假使我们看见了一个没有手臂的小孩，就要对他产生一种可怜的心思，这种心思大概是自己设身处地想象出来的。而两三岁的儿童没有这样的想象力，即使见到了这种可怜的小孩，他们仍旧是"莫然无所动于衷"的。人类有同情性的

---

① 凌冰：《儿童学概论》，111～112页，上海，商务印书馆，1921。
② 凌冰：《儿童学概论》，113～114页，上海，商务印书馆，1921。
③ 凌冰：《儿童学概论》，104～109页，上海，商务印书馆，1921。

好处，便是能够救济人家的患难，帮助人家做事情。①

3. 儿童的模仿性

模仿性包括以下几种，都是随着年龄的增长而发展的。一是反射模仿。反射模仿是在出生后一两年内产生的，如婴儿见母亲笑了，自己也笑。反射模仿是神经上的反射作用，所以不具有意义。二是无意义模仿。无意义模仿就是看见别人做什么就模仿做什么，模仿的目的在于寻求快乐。这种模仿在心理学上是很重要的，因为看见了儿童的外显行为，就知道了儿童有怎样的心理。无意义模仿到两三岁时即有，而五六岁时发展最甚。三是有意义模仿。有意义模仿是有目的的模仿，从六七岁产生后一直存在到死亡。人类的学问大概有十分之九都是从这种模仿得来的。四是理想的模仿，这种模仿到了青年时代有了智识后才有。如因崇拜孔子而模仿他。②

4. 儿童的好群性

好群性是人类的一种共性，因年龄而异，儿童总喜欢和自己的同龄人玩。德国心理学家奥古斯特·麦哲（August Mager）发现，一群儿童一起做数学题，效果比儿童独自做数学题更好，所以好群性有助于儿童的发展。因此，教育者应让同龄学生在一起游戏，这样一方面可以激发他们的竞争心理，使他们做的事情更有效果；另一方面可以养成他们齐心合作的精神，使他们有良好道德习惯。学生真正的道德是从事实中训练得来的，不是在学理上教授得来的。③

5. 儿童的竞争性

两三岁的儿童不喜欢与人来往，所以没有竞争的事和竞争的心。当儿童到了十二三岁，有了小朋友与之来往，竞争性也就渐渐发展起来了。这个时期无论做什么事都要和人家比一比，比如考试、运动等。然而竞争性最容易叫人生出互相嫉妒的心来，如考乙的学生往往会对考甲的学生产生嫉妒心。因此，教育者最好让团体和团体比赛，这样才能利用儿童的竞争性的优点。④

二、沛西·能在《教育原理》中有关天性的论述

托马斯·沛西·能（1870—1944）是英国著名的教育家、哲学家和科学家。诞生于英国布里斯托尔一个教师世家。他于1920年出版的《教育原理》一书成为英国进步主义教育运动的圣经，是两次世界大战期间英国中小学教师的必读书。

沛西·能对儿童天性的相关看法多从生物学视角给出解释，代表了自然主义研究者一派的观点。他认为人类天性有两个根深蒂固的趋势，一个是模仿的一般趋势，另一个是跟随某些特殊的活动路线的趋势即本能。

（一）模仿

模仿趋势可以理解为一个人对接受别人的行动、情感和思想的方式所表现出来的一般趋势。它遍布动物界，其影响和特殊遗传的影响微妙地交织着，以致两者很难分开。目前的倾向是比过去更加注意模仿。例如，人类学家对于在相互隔绝的社会之间经常发现的物质上和社会文化上的

---

①　凌冰：《儿童学概论》，100～101页，上海，商务印书馆，1921。
②　凌冰：《儿童学概论》，102～103页，上海，商务印书馆，1921。
③　凌冰：《儿童学概论》，98～99页，上海，商务印书馆，1921。
④　凌冰：《儿童学概论》，101～102页，上海，商务印书馆，1921。

相似之处总是用"文化扩散"来解释，而不是用建筑在禀赋的相似上的"演进"来解释。甚至动物对无意识模仿的作用似乎也估计不足：幼小的鸡往往学它们的前辈或比较有冒险精神的伙伴为榜样，开始啄食和饮水；而幼小的雏和鸵鸟由于缺乏啄食的天然刺激或者缺乏对实验者用铅笔轻轻地敲这种模仿啄食的行为的样子的观察，据说常因饥饿而死亡。①

模仿可以分为有意模仿和模仿趋势。这里有三对词组需要明晰，即有意模仿和模仿趋势、模仿趋势和禀赋、模仿趋势和"原始"行为。有意模仿行为的发生有思考的因素；而模仿趋势行为是纯粹的和简单的，没有或者只有很少思考的痕迹，是模仿的低一级水平。禀赋是人与生俱来的天资和能力；而模仿趋势是有机体后天通过行为强化形成的行为模式，是依靠一次次印迹复合的实践形成的行为趋向。"原始"行为和模仿趋势的形成时间后之别。②

模仿和创造并不是一组对立的词，模仿是创造的第一个阶段。"最有独创性的人们，发现他们自己对于那些沿着相同的自我表现的道路走在他们前面的人来说，仅仅是孜孜不倦地模仿而已。在莎士比亚早年的作品中，我们甚至不能把他和与他同时代人的语言区别开来。"③

模仿趋势表现在思想、情感和行为三个方面。意识生活的这些因素是那么密切地相互结合在一起，以致在一个方面开始的模仿通常都会扩散到其他方面。所以，在女孩子中间，对一个崇敬的女教师的模仿可能开始于仿效她的笔迹、口吻和头饰，最后往往全盘认同她的情操和意见。崇拜者倾向于彻底像自己模仿的人。凡是阻碍对这三个方面之一的模仿的任何东西，亦倾向于阻碍对其他方面的模仿。④

就模仿影响情感而论，它导致"同志感"或者真正的同情。在这里，模仿有其极重要的贡献。情感是深深地牵连着思想和行动的，一个明显的结论是：要是师生之间缺乏共同的情感，没有一所学校的集体道德情况会是健康的。若要有共同情感，教师必须在精神中保持着对年轻人的爱好和热情的纯真的同情心。假装有同情心是不够的，因为没有一种弱点会比情感的不真诚更容易被发觉，也没有一种东西会那样肯定地导致不信任和嫌恶。⑤

（二）本能

行为主义学者早先认为本能是一种复杂的神经和肌肉的机制，当它被某一种刺激触发后，就以其结构所决定的方式行动。但是，不受行为主义的教条约束的心理学家却认为，本能的本质是一种策动的"驱力"。一只动物的全部力量中，智力和可能是遗传得来或后天获得的任何动作机能都会为它服务。这种意见可概括为一句话，即本能是一种先天的决定趋势。⑥

麦克杜格尔把本能区分为相对独立而又相连的两个部分：①一种感知外界事物或特殊情境的先天的认知倾向；②一种先天的情感倾向，它在外界事物或特殊情境面前体验到"某种情绪的兴奋和与此有关的特殊行为中表现出来的一种行动的冲动"。这个理论最早的提法认为，本能包括三部分，即一个特殊的事物或情境作为一种刺激在有机体内唤起一种特殊的情绪，这种情绪又

① ［英］沛西·能：《教育原理》，王承绪、赵瑞瑛译，156～157页，北京，人民教育出版社，2005。
② ［英］沛西·能：《教育原理》，王承绪、赵瑞瑛译，157～158页，北京，人民教育出版社，2005。
③ ［英］沛西·能：《教育原理》，王承绪、赵瑞瑛译，160页，北京，人民教育出版社，2005。
④ ［英］沛西·能：《教育原理》，王承绪、赵瑞瑛译，161页，北京，人民教育出版社，2005。
⑤ ［英］沛西·能：《教育原理》，王承绪、赵瑞瑛译，162、165页，北京，人民教育出版社，2005。
⑥ ［英］沛西·能：《教育原理》，王承绪、赵瑞瑛译，174页，北京，人民教育出版社，2005。

跟着发动一种特殊的行为。根据此观点，各种原始的情绪不仅跟一个特定的本能相关联，而且是那些本能的中心要素和它们所发出的力量的源泉。①

母亲的行为的中心因素是"慈爱情绪"，这种情绪为无依无靠的幼儿的出现所引起，并且发展成为保护和全神贯注的行动。所以，当我们从前人类阶段提升到人类阶段时，在我们的禀赋中必然保留了这种情绪的无意识记忆的基础，具有被相关事物所唤起并发展成为相关行为的趋势。②

先有有机体，后有本能，而各种本能只是自我表现的特殊形式，它们主要是在有机体种族的历史发展过程中由于对个体和种族长期有用而发展起来和被"纳入轨道"的。本能无疑标出了认识能力和自然能动力量前进的路线，但是，有机体在自己创造的时刻可以为了任何特殊本能范围以外的目的利用前进的结果。例如在游戏中，生活的欲望这种创造性自我表现的欲望可能运用全部本能。在"不带私利"的科学和艺术活动中也发生这种情况。在科学中，人的自我表现在寻找一种对于自然的纯粹理智的控制，如果还没能深入从星系至电子的自然奥秘、找到已经消失的事物的开端并且预见"许多年以后世界的面貌"，这种控制自然的努力是不会停止的。在艺术和技艺中，则是通过不带私利的自我表现与熟练的动作，认识周围生活中的美的"有意义的形式"。③

第三节　儿童天性的显现

儿童是哲学性的，在追问中不断增加内涵；儿童是浪漫性的，在浪漫幻想中随心畅想；儿童是童话性的，在童话世界中舞动着多彩的梦想；儿童是明天性的，在快乐中承载着火红的希望。正如刘晓东在《儿童精神哲学》中所言，"儿童的生命宛若史诗"，"儿童不只是诗意地栖居于大地之上，还诗意地鱼游于历史的长河之中，儿童的游戏、儿童的梦想、儿童的艺术、儿童的思想、儿童的全部生活，都是史诗，都是描绘生命历史、描绘精神历史的诗篇"。

一、"这是为什么，那是为什么"：儿童的哲学性展露

苏霍姆林斯基曾说过，人的内心里有一种根深蒂固的需要——总想感到自己是发现者、研究者、探寻者。在儿童的精神世界中，这种需求特别强烈。雅斯贝尔斯在《智慧之路》一书中也指出，儿童是天生的哲学家。在儿童的本性中，就有一种形而上学的冲动、一种追究人生根底的欲望。可见，儿童具有哲学性，即对事物本原的好奇和对智慧的热爱和追求。

① ［英］沛西·能：《教育原理》，王承绪、赵瑞瑛译，176 页，北京，人民教育出版社，2005。
② ［英］沛西·能：《教育原理》，王承绪、赵瑞瑛译，177 页，北京，人民教育出版社，2005。
③ ［英］沛西·能：《教育原理》，王承绪、赵瑞瑛译，181~182 页，北京，人民教育出版社，2005。

（一）对事物本原的好奇

【故事1】老师，为什么①

作为一名小学教师，我经常会被孩子问到很多问题，而且问题常常都是"老师，为什么"。孩子会因为教学内容而问："老师，为什么这道题这么做啊？""老师，为什么这个字这么写啊？"会因为教学行为而问："老师，您为什么总提问他，不提问我啊？""老师，您为什么喜欢我啊？"也会针对日常生活提出问题："老师，为什么春天花会开啊？""老师，您为什么穿这件衣服啊？"……

"我从哪里来？我到哪里去？我是谁？"是哲学永恒的主题，而儿童经常关心这样的问题。儿童好像有"十万个为什么"，在儿童眼中，世界充满了无限的问题，他们每天甚至每时每刻都会产生很多的疑问。在这种似乎不经意的疑问中，表现出了他们对事物本原不断探索的精神，蕴含着一种哲学的精神。在这种不断追求与探寻中，儿童的哲学性得以显现。在很多时候，随着岁月的冲刷，成人的思想已经渐渐远离这些哲学的基本问题。相反，在儿童生活世界中，他们关心着世界最本真的问题。

（二）对智慧的热爱和追求

*爱是什么？*②

国外有一组专业人士向一些4~8岁的小朋友提出这个问题，答案超乎一般人的想象！

"当我的奶奶得了关节炎，她不能弯下腰剪脚指甲了。于是我爷爷总是帮她剪，甚至当他自己也得了关节炎时仍继续着。这就是爱。"——Rebecca，8岁

"当有人爱上你，他叫你的名字时很不一样。你会很放心地让他叫你的名字。"——Billy，4岁

"爱就是当你出去吃东西时，你把大部分的薯条给他们，而没有叫他们把他们的给你。"——Chrissy，6岁

"爱就是当你累了仍能让你笑的东西。"——Terri，4岁

"爱是当我妈妈为爸爸煮咖啡时，她在给爸爸之前都先尝一口，以确保味道是好的。"——Danny，7岁

"爱就是你常常接吻。然后当你吻累了，你们仍希望待在一起，而且你们聊得更多。妈咪和爹地就是这样的，他们接吻时很恶心！"——Emily，8岁

"当你停止拆圣诞礼物，而去聆听时，爱就在。"——Bobby，7岁

"如果你想爱得更好，你应该由你讨厌的朋友开始去爱。"——Nikka，6岁

"爱就是当你告诉一个男孩你喜欢他的衬衫，他就天天穿着它。"——Noelle，7岁

"爱就像……一对小老太婆和小老头儿对彼此认识得十分透彻，但他们仍能做好朋友。"——Tommy，6岁

---

① 来自曲悦的教育实习学校——北京经济技术开发区实验学校的观察。
② 佚名：《爱是什么……》，载《视野》，2013（15）。

"在我的钢琴独奏会上，我看着所有的人都看着我，我被吓坏了。当看到爹地向我挥手微笑，我就不害怕了。他是唯一一个这样做的。"——Cindy，8 岁

"我的妈妈爱我比任何人都多。你不会看到其他人晚上临睡前亲吻我。"——Clare，6 岁

"妈咪会挑最好的鸡块给爹地，这就是爱。"——Elaine，5 岁

"爱就是妈咪看到爹地一身臭汗的样子仍然说他比罗伯特·雷德福还帅。"——Chris，7 岁

"爱就是当你的小狗舔你的脸的时候。纵使你独留它一整天，它还会兴奋地舔你的脸。"——Mary Ann，4 岁

"我知道我姐姐爱我，因为她把她所有的旧衣服给我，所以她不得不出去买新的。"——Lauren，4 岁

"当你爱一个人时，你的睫毛会上下闪动，小星星从里面蹦出来。"——Karen，7 岁

"爱就是当妈妈看到爸爸上厕所时仍不觉得恶心。"——Mark，6 岁

"你真的不应该说'我爱你'，除非你清楚你真的这样。如果你是真的这样想，你应该说多点。人们有时忘记了。"——Jessica，8 岁

最后，大会选出了一个最能感动所有评委的回答，回答者只是一个 4 岁的小男孩！他的邻居是一位老爷爷，刚刚失去了妻子。看到老爷爷哭了，小男孩走进老爷爷的院子，爬到老爷爷的膝上，然后就坐在那儿。他的妈妈问他跟老爷爷说了什么，他说："没什么，我只是让他哭……"

爱是世界的永恒主题，是哲学的永恒话题。在大人的眼中，爱包含了太多外在的东西，本质的东西被裹在不可见的地方，也许无法触及。而在这个调查中，我们读到了儿童对爱的本真思考。在儿童的世界中，爱是纯粹的，没有丝毫的杂质，让人感到清澈、纯洁。

"爱是什么"对成人来讲是难以表达的，但在儿童那里体现的是最本真的感受，是回归事实本身、回归生活本身的体验。

儿童身上有着一种不断追求智慧的精神，他们不断追求对人生重大问题的理解和把握，比如对爱的理解与表达。关于智慧，《辞海》中的描述是：对事物能认识、辨析、判断、处理和发明创造的能力，才智、智谋。《现代汉语词典》中解释为：辨析判断、发明创造的能力。在社会生活中，智慧是个体生命活力的象征，是个体在一定的社会文化心理背景下，在知识、经验习得的基础上，在知性、理性、情感、实践等多个层面生发，在教育过程和人生历练中形成的应对社会、自然和人生的一种综合能力系统。[①]

二、浪漫与奇妙支配一切：儿童的浪漫性显现

英国哲学家怀特海曾将人的发展分为三个阶段：浪漫阶段、精确阶段、综合运用阶段。他指出，浪漫阶段覆盖了儿童生活最初的 12 年，其间所讨论的题目具有新奇的活力。它自身包含未经探索的因果逻辑关系，也以丰富的内容为探索者提供了若隐若现的机会。在这个阶段，知识不受系统的程序支配。必须永远侧重于自由，让儿童独自去领会，独自去行动。在浪漫阶段奇妙

---

① 刁培萼、吴也显等：《智慧型教师素质探新》，2 页，北京，教育科学出版社，2005。

支配一切，破坏奇妙的人应该受到诅咒。[1] 小学儿童正处于浪漫阶段，他们喜欢自由行动，充满幻想。

（一）充满新奇活力

【故事2】我是奥特曼[2]

这节课的任务是让孩子们画出自己喜欢的卡通人物，孩子们展开了丰富的想象，有的画白雪公主，有的画米老鼠，有的画机器人，有的画蝙蝠侠，等等。其中，有个小男孩很认真地画出了很受广大孩子喜欢的奥特曼。这个孩子画得很认真，还边画边写自己的解释。我轻轻地走到孩子旁边，他拉住我的手，认真地对我讲解起了他的画，"老师，你看，这是奥特曼。奥特曼特别厉害，我希望自己能够成为奥特曼，这样我就能解决很多问题了，我就什么都不用怕了！"

案例中，孩子沉浸在自己编织的童话世界中。在这里，孩子有自己的英雄，有自己的追求，他的"纯真""神奇""自由""美妙"均展现于此。

儿童喜欢幻想，想象力是他们的活力和生命。儿童丰富无比的想象力，是带领他们进入成人难以进入的幻想世界的飞船。儿童如果失去了想象力，也就失去了生存的能力和他们的特征。

儿童的生活是丰富奇特、夸张动人的。在人的生命周期中，只有童年时期才有如此纯真、美丽、自由的幻想世界。在这个世界中，儿童是自由的，无拘无束，他们可以把自己想象成国王、公主或最勇敢的英雄。他们不会为自己的"不自量力"而脸红，也不会为自己的"野心暴露"而羞涩惊慌，更不会为自己的"瞎编乱造"而内疚。

儿童对好事物都会感到新奇，成人司空见惯的事情在儿童那里会显得充满无限的神秘感和新奇色彩，他们会沉浸在很多自己眼里的新奇之中。哲学家里尔克（Rilke）巧妙地分析了儿童所经历的那个世界的复杂性，认为在那个世界里，儿童对自己的存在、身份和定位产生了一种迷惑和好奇，把一切都置于一个开放的、不确定的未来。那个世界向他们提供一种体验存在、体验白日梦、体验情感、体验好奇、体验感悟的机会。[3] 儿童在其中充满无限新奇活力。

（二）富有诗性逻辑

【故事3】花为什么会开[4]

一天，幼儿园的老师问她面前的小朋友："花为什么会开？"

第一个小朋友说，她睡醒了，她想看看太阳。第二个小朋友说，她一伸懒腰，就把花骨朵顶开了！第三个小朋友说，她想和小朋友比一比，看谁穿得最漂亮。第四个小朋友说，她想看一看小朋友会不会把她摘走。第五个小朋友说："老师，您说呢？"

老师想了想说："花特别懂事，她知道小朋友都喜欢她，就仰起她的小脸，笑了！"听到这儿，小朋友们全都看着老师笑了。只有老师知道，她原来的答案是："花开了，是因为春天来了。"

"浪漫"是一个很诗意的词语，给人以美、幻想。在儿童的世界里，他们的奇思妙想与对

---

[1]　[英]怀特海：《教育的目的》，徐汝舟译，59页，北京，生活·读书·新知三联书店，2002。
[2]　来自曲悦教育实习时的故事——北京经济技术开发区实验学校中的一个故事。
[3]　[加]马克斯·范梅南、[荷]巴斯·莱维林：《儿童的秘密——秘密、隐私和自我的重新认识》，陈慧黠、曹赛先译，30～31页，北京，教育科学出版社，2004。
[4]　刘慧：《生命德育论》，100页，北京，人民教育出版社，2005。

美的追求会随时把我们带进一个浪漫的世界中。这个世界是五颜六色、多姿多彩的，所有的思想会在美丽的天空中翩翩起舞。正如案例中所展现出的那样，儿童不会按照常规的逻辑去思考问题，他们会用自己的浪漫来表达。

儿童世界的逻辑关系是未经探索的，儿童的逻辑是诗性的、浪漫的。在面对外物时，儿童不是按照成人的逻辑以及人类建构好的知识体系和逻辑去思考，而是按照事物所体现的情感表现性来分类、按照自己内心自由的逻辑来思考，用生命的经验去想象、去看待和解释世界。

儿童喜欢幻想，这种幻想随时都可以发生。他们不仅可以在想象世界内部自由实现各种神奇的转换，而且能够与现实时刻保持联系，在想象世界和现实之间轻松地转换视点，自如地化入化出。这种幻想使儿童超越时空的限制，展现了丰富、鲜活、充满力量的最浪漫的生命状态。

（三）喜欢自由行动

【故事4】 我要这么画 [1]

英语课上，老师让每个班的孩子们都为自己班级画上一幅画，表达出自己班级的精神面貌。在开始画之前，老师给出好多建议，比如画一个小房子，画几个小朋友，等等。可是，在画的过程中，老师发现孩子们展开了丰富的想象，没有一个是按照老师的建议去做的。有的孩子说："老师，我得这么画，我觉得老师说得不好，因为我觉得用房子表示班级不好，应该用大树……"有的孩子说："老师，我们自己想怎么画就怎么画，行吗？我们想那么画……"

在这个故事中，呈现了一幅自由的画面。在画画的过程中，儿童无拘无束、自由自在，不喜欢按照成人的逻辑去做事情，而喜欢按照自己的感受、想法自由地展现。这种自由让成人感到儿童是如此浪漫。

在儿童的世界中，没有固定的金科玉律，没有不变的做事准则，有的是奇思妙想与变幻多端。与成人不同，儿童充满着天真烂漫，有时可能"带一些憨愚的性质"以及"带点野性而没有经过修饰"。[2] 正是这些赋予了儿童特有的童话世界，在这个世界里充满了阳光、绿茵、希望、欢乐……

三、"快乐地向未来敞开大门"：儿童的"明天性"追求

哲学家尼采曾说过，人是一种可以理解为还"不确定的"即未定型的、其本质还处在发展中的动物。动物还处在子宫保护之下时，小孩就已暴露在不同的环境影响面前[3]，从而显示了人在极大程度上的可塑性与开放性。

博尔诺夫指出，儿童具有"明天性"。"虽然儿童很少对明天的活动有所安排，而且在某种程度上似乎只在现在中成长，但如果没有外界的压力，他们在生活中已具有了愉快地面向未来的感觉。这种"明天性"就是快乐地向人类美好的、吉祥的未来敞开大门。[4]

儿童对其生活中所有新事物的急切期望都源于"明天性"的心境，从中可见儿童对未来具

---

① 来自曲悦的教育实习学校——北京经济技术开发区实验学校的观察。
② 詹栋梁：《儿童哲学》，89页，广州，广东教育出版社，2005。
③ [德]O. F. 博尔诺夫：《教育人类学》，李其龙等译，37页，上海，华东师范大学出版社，1999。
④ [德]O. F. 博尔诺夫：《教育人类学》，李其龙等译，45～46页，上海，华东师范大学出版社，1999。

有很大的开放性，"明天性"意味着发展性、不确定性、多种可能性、自然成长性与成长快乐性。

（一）多种可能性

【故事5】东仔的故事 [1]

在新加坡流传着一则家喻户晓的故事：东仔是个有过偷窃行为的男孩子，在大人眼里，他是个不良少年。东仔也不争气，每日里逃学捣蛋，动不动就和别人打架，一旦同学们丢了支笔或是别的东西，都会不约而同地认为是他干的。他于是又会暴跳如雷地和同学打架，结果差点被勒令退学。

就在东仔自暴自弃、一蹶不振时，有一天，他有了一位新班主任。在班主任的帮助下，东仔改掉了包括小偷小摸在内的所有不良习惯，各方面都变得优秀起来，长大后还当选过新加坡的副总理。

儿童是有很多不确定性的，我们无法预测儿童的未来。可以说，儿童是一种自然的存在，自由的存在，开放性的存在。儿童的本质不是预成的，而是生成的。现实是儿童成为儿童的基础，但不规定儿童的本质。儿童的本质就在于不断地创造，不断地生成。

（二）自然成长性

【故事6】小孩子的发展是特别快的 [2]

小孩子的发展是特别快的，我从一年级带到六年级的学生有很多，我就发现这些孩子的发展变化很快。昔日的小不点，当年还有很多不成熟、不懂事的地方，但是到了高年级，就会发生很多很大的变化，比如在身体上、思维上等。小孩子的变化是最大的……

儿童是不断成长、不断变化的，每一天都会有新的发展、新的进步。总的来说，对儿童的自然成长可以从成长中的具体改变与改变历程两个方面去认识。就前者而言，儿童思想发展的趋势是从简单到复杂，从具体到抽象，从直觉到知觉。就后者而言，又分如下几个方面：从概括的性质来看，是从动作概括迈向感觉概括，再向概念概括发展；从反映内容的演变来看，是从反映事物的外在关联与现象到反映事物的内在关联与本质的发展；从反映时间的演变来看，是从反映当前事物到反映未来事物的发展。[3]

具体来说，小学儿童的自然成长性主要体现在生理和心理两方面（如表3-1所示）。在生理发展上，主要表现在"身高和体重""大脑""骨骼和肌肉"以及"呼吸和循环系统"等方面。这几个方面均表现出逐步上升趋势，但都还比较脆弱，未达到完全成熟状态。在心理发展上，主要表现在"认知""情感和意志""气质和性格"以及"自我意识"等方面。总的来说，这几方面的发展呈上升趋势，但具有关键期。如"情感和意志"，低年级表现为"迅速发展"，中年级表现为"平稳发展"，高年级表现为"明显发展"；又如"气质和性格"，低年级表现为"发展较慢"，中年级表现为"发展较快"，高年级表现为"发生巨变"；再如"自我意识"，在低年级和高年级表现出明显的上升趋势，而在中年级发展则较为平稳。

① 吴勇：《阳光下的塑造——师生关系的理想追求》，69页，南京，江苏教育出版社，2003。
② 来自曲悦对小学教师的访谈所得。
③ 詹栋梁：《儿童哲学》，37~40页，广州，广东教育出版社，2005。

表3-1　小学儿童自然成长性特点

表现方面		低年级 （1~2年级）	中年级 （3~4年级）	高年级 （5~6年级）
生理	身高和体重	平稳发展		
	大脑	快速发育，逐步趋于成熟		
	骨骼和肌肉	迅速发展，但未达到成人水平，还比较脆弱		
	呼吸和循环系统	不断发展，已达到成人水平，但还比较脆弱		
心理	认知	不断发展，趋于成熟		
	情感和意志	迅速发展	平稳发展	明显发展
	气质和性格	发展较慢	发展较快	发生巨变
	自我意识	上升	平稳发展	上升

（三）成长快乐性

【故事7】老师，我长大了①

小明是我从一年级一直带到六年级的一个小男孩，他是那种很聪明、很有想法的孩子，在低年级的时候就经常带着自豪感跟我说："老师，我长大了，这个事情我可以做了，那个事情我也可以做了……"他也真的是在不断地体验与尝试新事物，并且取得了属于他的一个个小成就。

记得他读到五年级的一天，我们聊天，他和我交流了很多很好的想法，我很欣慰，也很感动。我对他说："这回你真的长大了。"小明听后，略带羞涩但很自信地对我说："老师，我觉得长大挺好的！在这个过程中，我做了很多事情，而且能做的事情也越来越多，我真的觉得挺开心、挺有成就感的！"孩子的话虽很朴实，但我们能感受到他的成长是快乐的。成长会带给孩子们很多快乐，愿每个孩子都能享受这份快乐！

儿童的惯用语"我长大了"蕴含着儿童对长大的渴望，成长本身具有快乐的感觉。儿童的成长并不会屈从于成人所给定的生活，他们不仅在观察、在创造，而且在改变自己的生活。儿童有来自天性的健康和乐观，这种天性的内核就是快乐，他们能用自己的力量不断地美化每一天。儿童从一年级到六年级会发生很多变化，会不断经历、体验、探索很多新鲜事物，他们在这个过程中会体会到成长带来的很多快乐。

在成长的过程中，儿童不是一个"理性者"，也不是一个"制作者"，而是一个"游戏者"。作为儿童生活的自然而重要的组成部分，游戏并不仅仅意味着"玩"，甚至也不只是儿童用以理解自己生活于其中的世界的手段。它实际上是儿童存在的一种形式，是儿童生存的一种状态。这种状态让游戏在儿童的生活中随时随地都可以发生。对于儿童来说，游戏让藏在身心内部的能量向外释放，使他们通过扮演各种社会角色体验他们以外的生活，满足了他们对成人生活的追求和向往以及自身对快乐的追求。

---

① 来自曲悦的教育故事——北京经济技术开发区实验学校。

第四章 儿童需要：儿童生命的动力

《国家中长期教育改革和发展规划纲要（2010—2020 年）》中提到"要以学生为主体""为每个学生提供适合的教育""把促进学生健康成长作为学校一切工作的出发点和落脚点"。[1] 英国学者迈·凯梅·普林格尔在《儿童的需要》一书的开篇写道："只有满足儿童在物质、情感、社会意识及智力发育方面的需要，才能使他们尽情享受生活、充分挖掘潜力、成长为积极参与社会并为之做出贡献的人。"[2] 需要是个体生命成长的动力，满足儿童的普遍性需要和差异性需要能够为儿童一生的健康成长提供良好的基础和保障。

第一节 需要的意涵

一、理解需要

可以说，"需要"一词在日常生活中有多种用法，也很复杂。

（一）"需要"的含义

在《辞海》中，"需要"被定义为"有机体对一定客观事物需求的表现。人类在种族发展过程中，为维持生命和延续种族，形成对某些事物的必然需要，如营养、自卫、繁殖后代等的需要。在社会生活中，为了提高物质和精神生活水平，形成对社交、劳动、文化、科学、艺术、政治生活等的需要"。

凯特琳·勒德雷尔主编的《人的需要》一书指出，对需要概念的理解主要有两大流派。一种流派认为，需要在很大程度上是客观的，即是预先设定的，它是以下定义为特征的。"需要可以被抽象地理解为人们在某一社会中为了使自己的生存和发展成为可能而要予以满足的要求""它是某种必要条件，是至少要在某种程度上得到满足的东西，只有这样才能使需要的主体作为人的存在而起作用"。另一种流派认为，需要的历史特征和主观特征是决定性的，它是以非定义为特征的。"需要因社会而异，因此不可能预先确定需要，也不可能谈论什么普遍的需要"。[3]

---

[1] 《国家中长期教育改革和发展规划纲要（2010—2020 年）》，13 页，北京，人民出版社，2010。
[2] [英]迈·凯梅·普林格尔：《儿童的需要》，禹春云等译，1 页，北京，春秋出版社，1989。
[3] [民主德国]凯特琳·勒德雷尔：《人的需要》，邵晓光等译，3~4、6、247 页，沈阳，辽宁大学出版社，1988。

莱恩·多亚尔和伊恩·高夫在《人的需要理论》一书中也对需要的概念进行了解释:一是把需要当作驱动力,二是把需要当作目标。书中指出,对于前者,我们别无选择,只能顺从;对于后者,由于这样或那样的原因,每一个人都要么实现,要么应努力实现这些目标。①

可见,对需要的解释分别从主观与客观或生物学与社会学的角度构成了两种貌似相互排斥的需要观。它们其实是一个问题的两个方面,即从人的内在规定性和外在环境因素两个维度探讨和描述人的需要。需要"是人的本性,是人作为人的目的与生活目的的展开"②,正如奥托·克兰伯格所言:"人的所有活动(包括需要)百分之百源于环境,百分之百源于(生物)遗传。这意味着确实存在着有机体需要,这些需要得到满足后,才能维持肉体组织的健康和生存。但是,社会的和文化的因素,在有机体的需要的表现上起着重要的作用。"③

概言之,需要是个体生命多种可能之生成动力所在。它既是个体生命内在遗传规定性的显现,又是个体生命适应生存环境的反映,是遗传与环境"共同运作"的产物。人的生命需要是其生存的直接反映,具有多个多元的层次和种类。人的哪一种需要在什么时候以什么样的方式显现,既具有一定的内在秩序,又受其外在生存环境的制约。而个体生命生成为哪一种可能,在很大程度上取决于环境对他的怎样之需要的契合、激活或生成,以及对这种需要满足与否及满足的程度。④

需要是有机体维持其自身能量系统内外平衡状态"必需"的。普雷斯科特、默里等心理学家将人看成一种能动的有机体、一种能量系统,该系统通常处于由食物氧化产生的内部力量与外部条件相作用的平衡状态。要维持这个系统的平衡,就有必要满足某些"需要"。也就是说,某种张力的产生会导致系统的不平衡,除非它被缓解了。从这个意义上讲,每个有机体都在不断地满足自己的需要,并以这种方式的反应缓解带来不平衡状态的张力。⑤

(二)需要与欲望、似本能

在理解需要时,还要明晰需要与欲望、似本能的关系。本能是人生存的原动力和先天的能力,需要是本能的有条件的显现,欲望是基于需要却超出需要之上的想要⑥,不能将需要混同于本能、欲望或想要。

1. 需要与欲望

若需要的产生源于人的生存和发展,需要即是合理的、有价值的。而一个人想要的可能是他的需要,也可能超出他的需要,便为欲望。人的欲望可能符合他的需要,也可能偏离或越过他的需要而"误入歧途",故应将需要和欲望划清界限。

需要比较容易满足,欲望相对来说比较难满足。需要的满足关系到人是否幸福,是人的基本权利,是人类价值实现的基础。需要是应该得到满足的。

---

① [英]多亚尔、高夫:《人的需要理论》,汪淳波、张宝莹译,46页,北京,商务印书馆,2008。
② 孙伟平:《事实与价值:休谟问题及其解决尝试》,93页,北京,中国社会科学出版社,2000。
③ [民主德国]凯特琳·勒德雷尔:《人的需要》,邵晓光等译,6页,沈阳,辽宁大学出版社,1988。
④ 刘慧、朱小蔓:《多元社会中学校道德教育:关注学生个体的生命世界》,载《教育研究》,2001(9)。
⑤ [美]拉尔夫·泰勒:《课程与教学的基本原理:英汉对照版》,罗康、张阅译,6~7页,北京,中国轻工业出版社,2014。
⑥ 刘慧:《关注小学儿童的需要:教育学的视角》,载《湖南师范大学教育科学学报》,2013,12(5)。

欲望可以分为合理的欲望和不合理的欲望。从物质需要的方面来说，吃饱穿暖就已经满足了人的需要，在此基础上适当追求高品质的食物和穿着是合理的欲望。但如果过度甚至无穷尽地追求这些物欲，永远没有满足的时候，人的欲望就越来越远离人的真实需要，表现为一种贪欲。同样，交往需要的满足是以平等相处为适当的标准。而有些人占有并运用某些特权来发展自己的势力，满足自己的不当利益，导致病态的社会关系。故人的欲望必须要受到理性的支配，理性可以对不合理的欲望起到调节和遏制的作用。

2. 需要与似本能

在对传统心理学的本能理论的批判性审视过程中，马斯洛提出了"似本能"的概念。他认为，本能理论过分强调人与动物的连续性，忽略了人自身的特点。人有一种内在的或先天的趋向与自我实现的成长倾向。由此，他进一步提出基本需要似本能的假设，这是在达尔文物种进化论的基础上提出的。他认为："在物种阶梯中上升时，我们可能发现新的、更高层次的欲望，发现另一种本能，它在本质上是似本能的，即在强弱程度上是由机体结构和作用所决定的。"[1] 人比动物更强烈的需要是对信息、理解和美的需要。物种等级越高，似本能的需要或冲动就越明显。

由上述内容可见，本能与似本能之间有共性也有区别。共性是两者均由机体的生物学本性所决定。区别在于：似本能不像动物本能那样强烈；似本能认为本能不是恶的，而是中性的或者好的；似本能的需要与理性不是对立的；似本能的需要在发展层次上是相互联系而非相互排斥的。

（三）需要的分类

不同的学者站在不同的立场、具有不同的视角，对需要的分类也不同。

马克思认为，人的行为活动的动力就是人的需要。他将人的需要分为三个层级——生存需要、享受需要和发展需要，三者密切联系，构成人性的实质内容。

马斯洛在1943年出版的《调动人的积极性的理论》一书中，将人的需要分为五个层次：生理需要、安全需要、归属和爱的需要、尊重需要和自我实现需要。在1954年出版的《动机与人格》一书中，他又对此理论作了进一步的阐述，在尊重需要与自我实现需要之间增加了认识和理解的需要、审美需要。这样，人的需要共有七层。

弗洛姆把需要分为联系的需要、超越的需要、寻根的需要和定向的需要。人的健全在于追求整体的需要，改变片面的人。

马尔库塞将人的需要分为真实需要和虚假需要，真实需要又包括基本需要和剩余需要。基本需要是人的生存发展所必需的，是性命攸关的需要；虚假需要是没有客观根据的需要，如娱乐、按广告处事和消费等。

奥尔德弗在马斯洛需要层次理论的基础上提出了一种新的人本主义需要理论，他把人的需要分为生存（existence）、相互关系（relatedness）和成长（growth）三大类，称为ERG理论。在这套理论中，需要的结构不是刚性的，多种需要是可以共存的。

普雷斯科特将需要分为三种类型：①生理性需要，如对食物、水、身体活动和性之类的需要；

---

① 刘烨：《马斯洛的智慧》，25页，北京，中国电影出版社，2005。

②社会性需要，如对情感、归属感、从社会群体中获得地位与尊重之类的需要；③整体性需要，如个体对将自身与更大的超越自身的世界相联系的需要，也就是对人生哲学的需要。[①]

诺丁斯在论述幸福与需要的关系时指出，幸福就是需要的满足，尤其是重要需要的满足。她认为重要需要包括认同、认可或归属的需要，并提出了明示的需要与推断的需要。所谓明示的需要，就是指那些在需要者内心产生的需要，其特征是可以用孩子的语言来表达；所谓推断的需要，就是指那些从外部引发的需要，是他人强加给那些说有这种需要的人的。对孩子而言，推断的需要一般是成人推想出来的，是成人强加给孩子的需要，它的存在为我们对孩子采取某种强制性措施提供了辩护。由于表达主体不同，两类需要之间常常会发生矛盾。成人应该通过管理需要，限制那些不当的明示的需要、鼓励将推断的需要转换为明示的需要等方式来帮助孩子获得幸福。[②]

二、古今中外关于需要的论述

（一）需要在中国文化中的含义

古代中国没有"需要"这个词，但"需要"的概念最早出现在《易经》中。《易经·需卦》中说："需，须也。"需即是必须的意思，作为名词讲，就是所必需的东西。"需，君子以饮食宴乐。"即饮食和宴乐是君子之为君子所必需的条件。可见，"需"的意思同今日的"需要"基本相同。

而后，古代学者对需要的阐释均以欲望论的形式出现，多倡导"无欲"和"寡欲"。从老子的"罪莫大于可欲"，孔子的"欲而不贪"，孟子的"养心莫善于寡欲"，到朱熹的"存天理，灭人欲"，王阳明的"去得人欲，便识天理"，都肯定基本需求的客观性。认为欲望是人的自然属性，但一定要节制，使人的行为受理性和意识的支配。

"需要"一词的正式出现是在孙中山的《三民主义》和《建国方略》中，他提出"人民之衣食住行四大需要"[③]。

李德顺在《价值论》一书中指出，需要是人的生存发展对外部世界及自身活动依赖性的表现。袁贵仁在《价值学引论》中阐明，需要是人们对自身的生存、享受和发展的客观条件的依赖和需求，因此需要反映了人们在现实生活中的"匮乏状态"，这种状态是人们进行"积极行动的内在动因"[④]。

（二）西方学者关于需要的论述

亚里士多德在讨论需要时用"necessary"一词，而不是"need"，指必需的东西。他说："所谓需要，包括三种情况。第一种是事物生存的条件；第二种是推动事物发展的原因；第三种是事物为什么只能这样而不能那样的原因。"[⑤]

① ［美］拉尔夫·泰勒：《课程与教学的基本原理：英汉对照版》，罗康、张阅译，7 页，北京，中国轻工业出版社，2014。
② ［美］内尔·诺丁斯：《幸福与教育》，龙宝新译，52 页，北京，教育科学出版社，2009。
③ 转引自张檀琴、李敏：《需要、欲望和自我》，52～63 页，北京，经济科学出版社，2012。
④ 董晓飞：《哲学视野中的需要理论研究》，博士学位论文，中共中央党校，2013。
⑤ 张檀琴、李敏：《需要、欲望和自我》，66 页，北京，经济科学出版社，2012。

伊壁鸠鲁第一次正式提出了需要的概念，他是为了说明人追求快乐和幸福的终极原因是人的需要。①

爱尔维修提出需要是生产的动力及目的，物质需要是第一性的，且需要具有不平等性。

黑格尔在《法哲学原理》中用专门的篇章来论述需要的体系，他肯定了需要的重要意义，"人有权把他的需要作为他的目的。生活不是什么可鄙的事，除了生命以外，再也没有人们可以在其中生存的更高的精神生活了。"②

马克思认为"人的需要"基本内涵有三：首先，它生成于后天，是人的实践活动，因而也是历史文化的产物。其次，它由人的本质所派生，且符合人的本性。最后，它有助于发展人的本质，增进人的本质力量。③

马林诺夫斯基把需要定义为"生物生存的必要条件"，他的需要理论把人的需要分为三个等级，即生物需要、社会需要、心理需要。④

萨特认为，需要是人的生存境况（human condition）的一个基本要素；人生存于一个匮乏的境域中，需要就是生存于人的内在性之中的匮乏，即每个人都把匮乏这种结构加以内在化，使自己成为一个匮乏的人，而人的这种匮乏感就是人的需要。但需要又绝不仅仅是对于某客观物质的一种苍白无力的缺乏，它首先被有机体体验为一种刻不容缓的紧急迫切性、一种获得满足的要求。需要的体验充当了个人和周围的物质环境之间的一个关键中介，人的需要只有在实践中才能得到满足和丰富。需要是个体生命意义的源泉，对于他人的爱的需要才能赋予个体生命的意义。他将人的需要内容分为五大类，即人对于物质的需要、人对于文化的需要、人对于自由的需要、人对于他人的需要、人对于"完善的人"的需要。⑤

马斯洛提出了需要层次论。他认为，需要是指有机体内部的一种不平衡状态，是个体和社会生活中所必需的事物在人脑中的反映。需要在主观上通常被体验为一种不满足感，并成为个体活动积极性的源泉。在《动机与人格》中，他提出"似本能是一种固有的趋势、一种内在本质、一种内部天性"，"似本能是人性的内核和集中表现，是使人产生需要的根本因素。"1969年，他修改了此书，根据遗传科学取得的巨大进展——基因的巨大决定作用，对基本需要的似本能性质的宗旨作出了相当大的改变，提出了一个假设："从某种意义说，基本需要在某种可以观察的程度上是由体质或遗传决定的"。⑥可见，人的基本需要与人的生命密切相关，似本能从某种意义上讲是由遗传决定的。

三、儿童需要与教育

许多心理学家都认为，意识生活的所有方面在童年时期受到的影响不可低估。童年时期的

① 转引自肖虹：《激进需要及基本需要的革命——对阿格妮丝·赫勒人类需要理论的解释》，博士学位论文，北京大学，2007。
② [德]黑格尔：《法哲学原理》，范扬、张企泰译，144页，北京，商务印书馆，2011。
③ 转引自朱志勇：《"人的需要"与需要异化——马克思<巴黎手稿>需要理论探析》，载《河北学刊》，2008（6）。
④ 转引自叶龙娜：《从马克思的需要理论看以人为本》，硕士学位论文，曲阜师范大学，2012。
⑤ 钟新：《萨特的需要学说探析》，硕士学位论文，山东师范大学，2007。
⑥ [美]马斯洛：《动机与人格》，许金声、程朝翔译，101页，北京，华夏出版社，1987。

压抑和情感自我保护的过程连接了生活中的生物、情感和认知等各个方面，建立了无意识的动机结构，这些结构在以后的日子里将会以隐秘的方式影响个人的日常活动和思维过程。[①]

（一）满足儿童需要是促进儿童生命健康成长的保障

需要及其满足与否对个体生命的成长意味着什么？首先，个体生命的成长具有多种可能性，成长为哪一种可能，在一定程度上取决于他自身的遗传特性与环境是否契合或环境激活了他生命内在的什么样的需要，以及这种需要满足与否、满足程度如何。简言之，需要是个体生命成长的动力、原理。其次，一个人的需要在他的儿童时期满足与否，直接影响他的生命成长状态与生命质量。

马斯洛指出，基本需要是类似本能的，因为它们必须得到满足，不然病态（人性萎缩）就会出现。基本需要的满足是健康的一个必需条件。[②] 他认为，需要的满足会带来兴趣的变化和人的价值观的变化，随之变化的是注意力、感觉、学习、记忆、遗忘、思维等认识能力，将机体从较低级和自私的需要的束缚中解放出来的最容易的办法就是满足这些需要。任何基本需要的满足都不但有助于决定性格的形成，而且有助于个人的改进、巩固和健康发展。

一个人成年后，在经历磨难与挫折之后是否还是健康的状态，也与他儿童期的基本需要的满足状况密切相关。对此，马斯洛这样论述：高级基本需要经过长期的满足后，可能变得既独立于它们的更强有力的先决条件，又独立于它们本身的满足。也就是说，一个爱的需要在其生命早期得到满足的成年人，在安全、归属以及爱的满足方面比一般人更加独立。正是那些坚强、健康、自主的人，最能经受住爱和声望的损失。然而，在我们的社会中，这种坚强和健康通常是安全、爱、归属和自尊的需要在早期长期得到满足的结果。也就是说，此人的这些方面在功能上已经具有自主性，即独立于曾产生这些方面的满足本身。[③] 列维关于爱的需要的实验提出了童年的满足与成年的性格形成之间的完整关系。健康成年人的许多典型品质是童年的爱的需要得到满足的积极结果，这点是很明确的。这些品质包括宽容被爱者的独立的能力，忍受爱的匮乏的能力，爱但又不放弃自主性的能力等。[④]

（二）教育是满足儿童需要的重要因素

马斯洛认为，驱动人类行为的是始终不变的、遗传的、本能的生理及心理的需要。为了达到自我实现和促进人的潜能充分发挥的目的，教育者应充分满足儿童的基本需要。

个体生命的健康成长离不开教育，因为需要的产生是复杂的，是人的内在规定性与外在环境共同作用的产物。各种需要本身具有显性与隐性、强势与弱势之别，随着自身满足与否而不断变化。而且，由于人对自身生命活动的复杂性的认识的有限性、人对自身生存环境的复杂性的把握与选择的有限性以及对两者的相互关系的认识与利用的有限性，人对自身需要状况并不都能清楚地意识到。即便意识到了，对如何才能得到恰当的满足也并不非常清楚。因此，个体生命对自

①　[英] 多亚尔、高夫：《人的需要理论》，汪淳波、张宝莹译，49 页，北京，商务印书馆，2008。
②　[美] 马斯洛：《人性能达的境界》，林方译，3 页，昆明，云南人民出版社，1987。
③　[美] 马斯洛：《动机与人格》，许金声、程朝翔译，68 页，北京，华夏出版社，1987。
④　[美] 马斯洛：《动机与人格》，许金声、程朝翔译，74 页，北京，华夏出版社，1987。

身需要的认识、理解满足程度都离不开教育的帮助，教育是影响人的需要的一个重要环境因素。

从阿德勒所提出的个体生存无可回避的三个基本问题看，个体也离不开教育的帮助。这三个基本问题是：人与他人的关系、人与职业的关系、人与异性的关系。第一个问题涉及社会关系，具体体现为如何赢得朋友和与人相处，其中包含着对友谊、信任和忠诚等抽象观念的理解；第二个问题涉及个体如何投入和运用自己的一生，是个人的职业问题，涉及人和世界的关系问题，而非单纯的个体单方面的问题；第三个问题的解决同样不是个人的，而是要与两性关系的内在客观的逻辑一致。这三个问题在儿童早期就开始出现，是个体生命成长的需要。处理好它们并非能自然而然地实现，而是需要教育的帮助。

（三）教育应激活人应意识到而未意识到的需要

尽管"教育只能根据人的天分和可能性来促进人的发展，教育不能改变人生而具有的本质。但是，没有人能认识到自己天分中沉睡的可能性，因此需要教育开始唤醒人所未能意识到的一切"①。而教育"要帮助一个人向丰满人性运动，必不可免地要通过他对自身同一性等的认识。这一工作极重要的一部分是要意识到自己是什么，在生物学上、气质上、体质上，作为人类的一员是怎样的，意识到自己的能力、愿望、需要，也意识到自己的使命，自己适合做什么，什么是自己的命运。一个人这种自我知觉的绝对必需的方面是关于个人自己内部的生物学的现象性的认识，关于我称为'似本能'、关于个人动物本性和种性的认识"②。

再有，"人类中类似本能的驱力一般是较弱的，很容易受到文化、学习、防御过程的克服和压抑。它们需要帮助才能出现"③。而"人出于保护自己的完整性和内在本质而对抗文化习俗……教育、文明、理性、宗教、法律、政府统统被大多数人解释为本质上的束缚本能的压制力量。但是，假如本能惧怕文明比文明惧怕本能更甚，这一论点是正确的，但是假如我们仍希望产生更完善的人、更美好的社会，我们就应从相反的角度看待这一问题：教育、法律、宗教等至少应起到保护、促进、鼓励安全、爱、自尊、自我实现等似本能需要的表达和满足作用"④。所以，教育必须承担起激活个体生命的规定性中的沉睡的可能性的任务，使之成为人可以意识到的需要。

第二节　儿童需要的内容

卢梭曾说："有了生命，接着也就有了需要。"⑤ 从生命个体的角度来说，儿童具有与成人一样的需要，无论马斯洛所提出的七层基本需要还是普雷斯科特所提出的三种类型的需要都是如此。但是，生命个体的儿童期是否有更为凸显的或更有其阶段性特点的需要？

在儿童需要的内容方面，国内外均有许多研究。我国研究者有几种观点：一是儿童需要内

---

①　[德] 雅斯贝尔斯：《什么是教育》，邹进译，65页，北京，生活·读书·新知三联书店，1991。
②③　[美] 马斯洛：《人性能达的境界》，林方译，38页，昆明，云南人民出版社，1987。
④　[美] 马斯洛：《动机与人格》，许金声、程朝翔译，110页，北京，华夏出版社，1987。
⑤　[法] 卢梭：《爱弥儿（上卷）》，李平沤译，38页，北京，商务印书馆，1978。

容有模仿与创造需要、秩序与自由需要、成长与快乐需要。[①] 二是将儿童需要的内容层级概括为心理安全的需要、生活和发展的需要、超越的需要。[②] 三是将学生需要内容分为五大类：生理需要、安全与尊重需要、爱与归属需要、自我效能需要和学习需要。[③] 四是强调儿童有被关注的需要、常规与游戏的需要以及追求人生意义的需要。[④] 五是综合各方面提出儿童需要内容有生存需要、生活需要、发展需要和超越需要。[⑤] 在此介绍几种研究观点。

一、普林格尔对儿童需要的内容研究

英国学者迈·凯梅·普林格尔所著《儿童的需要》一书于 1975 年首版、1980 年再版，在她 1983 年辞世后发行第三版。1989 年，我国春秋出版社出版此书译著。书中将儿童的需要分为四类，在此简介其中一些要点。

（一）对爱与安全的需要

所谓满足爱的需要，就是要让儿童一出生就体会到自己与父母之间的爱的联系，并体会到这种稳定而持久的联系是完全可以信赖的。只有基于幼儿时期的这种联系，儿童的个性才能得以健康发展，才会感觉到爱并对之作出积极反应，将来才能成为一个充满爱心、细致入微的父亲或母亲。

父母之爱的本质特征是无条件地珍视孩子，仅仅因为孩子的存在，而不考虑孩子的性别、长相、能力或性格。这种无条件的爱并不希望更不要求得到感激，父母通过与孩子的各种联系表达了这种爱。

一个儿童在将来对自己以及其他人采取的态度是积极的还是消极的，首先取决于父母对其的态度。母爱连接着儿童的内心主观世界与外部客观世界，塑造了儿童的人格与个性。

要满足儿童对于安全感的需要，第一得给予儿童家庭的安全感，即使儿童在稳定的家庭关系中感到父母言行一致、值得信赖；第二得给予儿童环境的安全感，即让儿童生活在熟悉的环境中；第三还得给予儿童日程的安全感，即保证日常生活有规律。只有给予上述三种安全感，才能保证儿童所在的这个世界具有连续性，使儿童可以找出其中的规律。良好的家庭关系对于儿童心理发育最为重要。

儿童对于安全感的需要与父母为其规定的行为标准关系密切，一旦儿童能够知道并理解对其的希望以及为何这样希望，儿童的成长将完全有别于此前。

（二）对新体验的需要

新体验是儿童智力发育的先决条件，它对于智力发育犹如食物对于身体发育那么重要。一旦儿童对新奇事物感兴趣，这种兴趣就会成为儿童进行新探索的动力，因此也是儿童开始学习的

① 曾冬梅、熊炜：《正确理解儿童的需要》，载《教育导刊（幼儿教育）》，2008（7）。
② 吕武、张博：《"儿童需要"：结构解析与理论建构》，载《教育导刊（下半月）》，2010（12）。
③ 季婷婷：《基于学生需要的课堂管理——以上海 W 中学为例》，硕士学位论文，华东师范大学，2011。
④ 刘慧：《关注小学儿童的需要：教育学的视角》，载《湖南师范大学教育科学学报》，2013，12（5）。
⑤ 郭鑫：《儿童需要在小学教师与学生家长交往中的忽略与回归》，硕士学位论文，首都师范大学，2014。

动力。

新体验使儿童能够学会生活中最基本、最重要的一课即学会怎样学习，并学会感受不断征服所带来的喜悦感和成就感。

对于智力发育来说，玩耍和运用语言至关重要。儿童正是通过玩耍和运用语言来探索世界，并学会了对付世界。这个世界既包括现实的客观外部世界，也包括思想上的主观内心世界。儿童也正是通过玩耍和运用语言学会了运动技巧，具备了理解力，形成了世界观。

（三）对赞扬与认可的需要

从一个幼小无助的婴儿成长为一个自立的成人，需要进行大量学习，包括情绪、社会意识和智力等方面。在漫长的学习过程中，不可避免地会困难重重，遇到许多矛盾和挫折，所以需要鼓励。这些鼓励除了成功后儿童自身的喜悦，还有成人对儿童进步的赞扬，因为儿童爱着那些成人，愿意让他们高兴。鼓励以及恰当的期望能鞭策儿童坚持到底。

儿童对自己的看法是随着别人对其的看法而形成的。除了儿童的学习能力将影响其学习效果，儿童对自己的看法以及对学习对其的态度也起着同样的作用。儿童的年龄越大，越需要老师和同学的认可，这种需要在青春期最为强烈。

（四）对责任感的需要

要满足儿童的这种需要，就必须让儿童学会自力更生，也就是从照料自己的日常生活做起。随着儿童渐渐长大，增强独立性就意味着允许——其实是鼓励——给予儿童更多的自由，包括行动的自由和选择食物、游戏、衣服的自由，还有最重要的选择朋友、学习内容、爱好、职业和配偶的自由。

青少年的负责和其他的技能一样，也需要在成人的指导下加以练习。首先，训练他们承担责任是一项非常复杂的工作，得帮助他们判断问题、解决问题，为他们提供必要的信息（或指出在哪儿能找到这些信息），并帮助他们预测各种选择可能导致的结果。其次，必须由他们自己来作最后决定，也必然由他们自己来承担最终结果。

儿童的这四类需要之间关系如何？是否有先后、高低之分？对此，普林格尔指出，人类的所有需要都有着内在联系，总是相辅相成、相互作用，其关系既微妙又复杂。[①] 也就是说，儿童的发展需要同人类的所有需要一样。

二、儿童需要内容的三层次

吕武和张博在《"儿童需要"：结构解析与理论建构》一文中提出，心理安全的需要、生活和发展的需要、超越的需要构成了个体儿童需要的理论体系。其中，心理安全的需要是前提，生活和发展的需要是主体，超越的需要是儿童可持续发展的纽带。

---

① ［英］迈·凯梅·普林格尔：《儿童的需要》，禹春云等译，22页，北京，春秋出版社，1989。

（一）心理安全的需要

心理安全的需要主要指对稳定、有序、安全、充满信任与爱意的环境以及能够通过得到满足而产生的安全感的需要。

（二）生活和发展的需要

生活的需要指儿童为了生存和提高生存质量而产生的直接需要，包括生活基础（生理发展）、参与经历和体验生活的需要。具体分为：①机体发展的需要；②获得关注的需要；③认同、接纳、交流、被需要的需要；④同情、尊重、被理解和爱的需要；⑤满足需要的需要。

发展的需要指儿童为了获得主体自觉性推动主体发展的需要，包括直接需要和间接需要。发展的需要的各个层次都包括自我认同和他人认同两方面，具体分为：①儿童基本外显能力发展以及获得认同的需要（一般从儿童出生开始）；②儿童初步社会性能力发展以及获得认同的需要（一般从儿童半岁左右开始）；③儿童整体素质全面发展以及获得认同的需要；④儿童探索创造能力的发展以及获得认同的需要；⑤儿童创造及其认同的需要（一般从儿童五六岁开始）。

（三）超越的需要

超越的需要包括自己对自己的超越的需要和自己对他人的超越的需要，这种需要产生一种心理上的自我认同和社会认同，是儿童发展的终极需要。超越的需要并不是满足之后就完结，在一种超越的需要满足后就会产生新的超越的需要。

三、儿童的常规与游戏的需要

一个小朋友第一天放学回家后，妈妈问上学好不好，小朋友说不好，妈妈问为什么，孩子的回答是老师什么都没讲，不知道学校有什么要求。

另一个小朋友第一天放学回家后，对妈妈说再也不想上学了，妈妈问为什么，孩子说，老师提了十几个要求，太可怕了。

为什么会产生这样两种截然不同的结果？是否应该对儿童提要求？当时的讨论并没有结果，从儿童需要的角度就可以得出答案：儿童既有常规的需要，也有游戏的需要。

（一）常规可使儿童有安全感

对此，沛西·能指出，常规和游戏分别是人类保守性活动和创造性活动的表现形式。儿童喜欢伴随有节奏的动作的游戏和具有反复节奏的舞蹈和歌曲，这种现象表现了儿童具有的常规趋势。在儿童期，常规趋势是过多的活动的表现，儿童渴望运用其成长着的身心的力量，但是其才艺宝库却有限。所以，儿童喜爱重复熟悉的东西，因为其从中得到了最充分的有效的自我表现。儿童为着正当的生物学的理由而喜爱重复熟悉的东西，这是其控制自己的小天地所不可或缺的手段。①

---

① ［英］沛西·能：《教育原理》，王承绪、赵瑞瑛译，73～74页，北京，人民教育出版社，2005。

（二）儿童天生就是一个"游戏者"

荷兰哲学家胡伊青加认为，人在本质上是一个"游戏者"，游戏是"生活的一个最基本范畴"，人的生活、人类的文明便是"在游戏中，并作为游戏而产生和发展起来的"①。儿童天生就是一个"游戏者"，游戏是儿童存在的一种形式、儿童生存的一种状态。儿童在他们的世界里能把想象与现实很好地结合起来，他们生活在一个想象的世界中，但又时刻同现实保持联系。在这里，理性和神话合二为一，儿童自己控制着这种角色的转换，在角色转换中体会成长带来的快乐。

沛西·能指出，游戏出现在儿童的各种活动中，通常被解释为"剩余精力"的表现。也就是说，在儿童和青少年时期，有机体所能使用的身体的和心理的精力多于它的单纯自我保存或身体发育的需要，并且大都以游戏的学术来消耗这种剩余的精力。②普林格尔指出，游戏（即玩耍）从两个主要方面满足儿童对新体验的需要：使儿童认识他所生活的世界，使儿童认识并且能正确处理矛盾的复杂情感，即用可以允许的想象来压倒现实和逻辑。③

可见，常规与游戏都是儿童生命健康成长不可或缺的需要。教育既要满足儿童常规的需要，也要满足儿童游戏的需要。

四、追求人生意义的需要

儿童同样有追求人生意义、追求优越性的需要，这一点也许从儿童生活的现实中不易直接得出结论，但从人性的角度、人的生命成长特点以及小学儿童对生命问题的思考中可以得到证实。

追求意义是人的生命的本性，即人是追求意义的动物。对意义的追求并不是从成人期才开始的，而是在童年期就开始了。阿德勒的研究表明，我们所有人在童年期都无意识地发展了一种关于生活的信念，即虚构目的论，儿童和成人都无意识地受到它的牵引。这个虚构目的就是追求人生的意义，追求优越性、超越、完美，即追求优越感。④

笔者曾对三年级至五年级小学生进行有关生命问题的问卷调查，结果表明，小学儿童对生命问题的思考丰富而根本，主要可以概括为三个方面。

一是有关生命的问题。例如，人的生命是怎样产生的？人是怎么形成的？我是从哪来的？我是怎么来的？我为什么会从妈妈的身体里出来？生命是什么样的东西？它到底有多神奇？人的生命为什么那么珍贵？生命有那么重要吗？我为什么有生命？没有生命不行吗？如果人没有了生命，是什么样的感觉？

二是有关死亡的问题。例如，人为什么会死？死了会有感觉吗？死了便什么都不知道了吗？为什么生命只有一条？我会有生命危险吗？我能活多久？

① ［荷］胡伊青加：《人：游戏者——对文化中游戏因素的研究》，成穷译，11页，贵阳，贵州人民出版社，1998。
② ［英］沛西·能：《教育原理》，王承绪、赵瑞瑛译，82页，北京，人民教育出版社，2005。
③ ［英］迈·凯梅·普林格尔：《儿童的需要》，禹春云等译，37页，北京，春秋出版社，1989。
④ ［奥］阿尔弗雷德·阿德勒：《儿童的人格教育》，彭正梅、彭莉莉译，7页，上海，上海人民出版社，2011。

三是有关爱与生命的问题。例如，如果世界上第一个人不爱生命，还会有这个世界吗？回答对此问卷有何感受一题时，有这样一些表达：今天，我感到非常温暖，终于有人可以和我说知心话，感到欣慰。要珍惜生命、觉得这个话题很有趣、喜欢这个话题，等等。①

可见，小学儿童对生命本身的思考已超出成人的一般预期。他们的年龄虽然仅有 6～12 岁，但对生死问题的追问、追求人生意义的追求并不因此而不缺失，而且还非常渴望。

第三节　儿童被关注的需要

对儿童而言，被关注的需要是最为重要的需要之一。被关注的需要是多种需要的综合性表现，对儿童生命成长有着重要意义，它的满足能够为儿童成长注入能量，促进儿童走向自我实现。

一、关注的意涵

（一）何谓关注

从表面意义来看，关注解释为关心、注意。关注是指心理活动对一定对象的指向和集中，也是一种"投注或全身心投入"的状态，即在精神上有某种责任感，对某事或某人抱有担心和牵挂感。在另一个层面，关注更侧重于注重、重视，强调人或事物的重要性以及存在的价值和意义。这一层面更强调情感性、前瞻性和主动性。

对于关注的理解，从心理学方面可以解释为"投射"，是以情感性为基础的。对一个人的感情可能主要起源于一种投射问题，荣格心理学这样解释："对另一个人的强烈感情可能会表面化，这只有当你感受到其行为或人格的某些方面时才会出现，它要么为你的反应提供依据，要么只是一个使你能轻易地悬挂你的投射的挂钩。这种投射无论你自己的或相互之间的，都是以无意识知觉或统觉为基础的。爱是一种自然的投射，是个人力量与原型力量的一种混合"②。关注也可以理解为一种移情，是在接近中突然激增的。它变成一种工具，是使交往的人能借以理解人际关系的一个基本要素。关注者和被关注者之间的关系会随着情感在无意识中的产生而有所发展和改善。

从人格动力观的角度来理解，关注是提供给他人生命有效能量的刺激来源，以关系性存在为基础。关注他人意味着关注者已经与被关注者"在一起"，关注者的动机能量已经流向了被关注者。荣格认为，人的整个人格或心灵是一个相对封闭的、切实不断变化的系统，其动力源泉则是心理能量。他用力比多代表的是包含性本能在内的具有广泛意义的生命能。关注是一种外部世界的能量，这种能量会对个体产生刺激，而这些刺激会变化成心理能；关注使得人的精神系统总是处在不断变化的状态之中，永远也不能达到绝对平衡的状态，而只能获得相对的稳定。新增的一点点能量，就可以对一个人的行为、态度、情绪等造成极大的影响。例如，一句无关紧要、微

---

① 刘慧：《生命教育为健康成长奠基》，载《博览群书》，2011（6）。
② ［美］哈里·A. 威尔默：《可理解的荣格：荣格心理学的个人方面》，，杨韶刚译，260 页，北京，东方出版社，1998。

不足道的问候或评语，往往可能在它所针对的那个人身上引起极其强烈的情绪反应。[①]

根据荣格的心理动力学中提出的心理能守恒原则和均衡原则，我们将关注理解为一种心理能。心理能不会凭空消失，它只能从一种心理结构、心理要素转移到另一种心理结构、心理要素。关注所增加的精神能量会增加原有的行为或者将其转变为其他行为。

（二）注意、关心：与关注相关的概念

关注在词语本义上兼具了对注意和关心的解释。

1. 注意

注意是指"心理活动对一定对象的指向和集中。注意本身并不是一种独立的心理过程，而是感觉、知觉、记忆、思维等心理过程的一种共同特性，是心理活动的一种积极状态。注意从其发生来说是机体的一种定向反射。引起定向反射，产生注意的原因，有时是事物本身的特点，更重要的是人的主观因素，如对当前任务的态度、当时的精神状态、兴趣、需要、知识经验、世界观等"[②]。注意可按其产生和保持是否出于自觉的目的和主观努力而分为无意注意和有意注意。

2. 关心

关心的概念在一般字典中的解释是一种"投注或全身心投入"的状态，即在精神上有某种责任感，对某事或某人抱有担心和牵挂感。关心意味着处于一种负重的心理状态，例如焦急、恐惧或者对某人或某事感到焦虑。[③] 由此，诺丁斯引出了关心的两种基本含义：其一，关心与责任感相似，如果一个人操心某事或感到自己应该为之做点什么，就是在关心这件事；其二，如果一个人对某人有期望或关注就是在关心这个人。米尔顿·梅洛夫（Milton Mayeroff）从关心者的角度描述关心，认为"关心他人在最重要的意义上是帮助他人成长和实现他人自己"[④]。

关心一般是通过行为来表达的，关心行为就是根据具体情境中的特定个体及其特定需要做出的旨在增进其福祉、有益于其发展的行为。关心意味着对某事负责，保护其利益、促进其发展。可见，什么样的行为是关心行为既有一些明确的判断标准，又要取决于具体的情境、具体的人与事、具体的需要和关心者具体的能力。

由此，关心存在几种不同的用法。一是在某种意义上，关心与负担画等号，比如对现在或未来的职业、个性发展等感到焦虑；二是如果感到对某人有感情上的渴望、喜欢或兴趣，就是在关心他；三是如果对某人负有责任，通常会通过行为去关心他。由此看来，关心本身包含着情感和行为两个层面的意涵。

诺丁斯区分了关心（caring-for）和关注（care-about），她认为关心太过狭隘，只关注家和小共同体，意味着面对面直接回应被关心者的需要。为了满足这种需要，关心者需要参考被关心者的回应来监控和调整自己的行为。与关心相反，关注以一定距离为特点，它使得面对面直接回应的世界转向范围更广的公共领域。我们不可能关心每一个人，但是我们有可能关注更广

---

① 魏广东：《心灵深处的秘密——荣格分析心理学》，114 页，北京，北京师范大学出版社，2012。

② 李燕杰：《德育辞典》，351 页，武汉，湖北辞书出版社，1987。

③ ［美］奈尔·诺丁斯：《关心：伦理和道德教育的女性路径》，武云斐译，2 页，北京，北京大学出版社，2014。

④ Milton Mayeroff: *On Caring*, New York, Harper and Row, 1972, p.1.

泛的人群。[①]

（三）关注的分类

关注通常由于关系类型和环境条件的不同而存在强度、内容、性质的不同。

1. 按强度划分

关注分为注意、重视和关心三个强度递增的层级，在这三个层级中，关注对象的范围逐渐缩小。从注意走向关心的过程中，关注者是以远离自我为特点的。作为表达关注的主动一方，关注者时刻保持自己的内在准备状态，准备关注任何一个出现在他们面前的人。关注者有一个从非理性到理性的过程。

首先，从注意开始，是关注者的一种心理状态和态度。此时，关注者已经开始和被关注者"在一起"，其动机能量已经流向被关注者。其次，从重视开始，是关注者的一种情感的表达。此时，关注者投注期望、喜爱和兴趣等情感，开始考虑被关注者的需要和本质等。最后，关注达到关心的程度时，常与负担和责任相关，关注者的注意力聚焦在被关注者身上，以对被关注者的保护、提升和确保其幸福为责任。此时，关注者期待被关注者积极地给予回应，但是这个程度不可避免地伴随着内疚和冲突，因为关注者常常感到自己的关心不被理解。这种不理解来自关注者不会完全遵循被关注者所想的去关心他们。

2. 按内容划分

关注分为有条件积极关注和无条件积极关注。无条件积极关注指一个人即便有缺点、有一些自己不能接受的行为，也能接纳、赞赏这个人。如果只是在这个人改正了缺点、做出符合期望的行为后才接纳他，就是有条件积极关注。[②]当个体为了获得积极关注而不顾自己真实的感受和想法，要求自己按照别人的要求行动时，就容易阻碍其自我实现倾向的发挥、阻碍其健康成长，甚至个体的人格也会受到损害。

3. 按性质划分

其一，关注以关系为基础，是关注者将有效能量传递给被关注者的过程。这可以用哲学家（劳伦斯和布莱姆）提出的"联系感"加以概括："我"作为一个完整生命的个体，期待"你"成为"我"心灵真实投射的载体。通常表现为"控制—接受"模式、"主体间性"模式、"互惠性"模式等。

其二，关注以情感为基础，是关注者对被关注者的情感投射。关注者即使在物理上缺席，也充分表现出在场的迹象：专注于他人、尊重他人、渴望他人获得幸福。马丁·布伯说："爱是我对你的责任，无法存在于其他感觉中。"被关注者会对关注者的在场作出回应，能够感受到被接受与被疏远或忽视的不同。关注者实际投射的情感会传递给被关注者。被关注者如果爱和信任关注者，通常会通过语言、行为、情感等方式回应关注者，表达对关注者的爱与渴望，期望获得他人关注。

[①]　[美]奈尔·诺丁斯：《关心：伦理和道德教育的女性路径》，武云斐译，3页，北京，北京大学出版社，2014。

[②]　吴艳、李碧：《无条件积极关注与教学》，载《科教文汇（上旬刊）》，2012（2）。

二、何谓被关注的需要

（一）被关注的含义

根据上述对于关注的界定，被关注从表面来看为被注意、被重视、被关心。被关注者成为被关注表达的主动一方，是获得关注者的情感投射及生命有效能量之人。

根据被关注者的状态，被关注可分为消极被关注和积极被关注。在消极被关注状态下，被关注者处于"控制—接受"模式中的接受状态。关注者以监视、命令的方式控制被关注者，使得两个主体在关注关系中处于不平等地位。在积极被关注状态下，被关注者处于"主体间性"模式中的回应状态。被关注者通过各种表达方式传递出被关注的需要，并且由于感受到关注者的态度而有所回应，表现为其努力被激发。当被关注者处于"互惠性"模式中的互惠状态时，双方达到了最理想的境界，即马丁·布伯所提出的"我—你"平等相遇的关系，这种关系被马丁·布伯认为是"双向互惠的"。获得积极关注促进被关注者的成长与绽放，同时促进被关注者自我意识的提升。

（二）被关注的需要

被关注的需要是指被关注者渴望被注意、被重视、被关心的机体状态，是个体生命存在与发展的动力。被关注的需要是人们在某一社会中为了使自己的生存和发展成为可能而予以满足的要求，是满足其他基本需要的必要和刺激条件，是至少要在某种程度上予以满足的东西。它由于受到关注的关系的类型和环境条件的不同而存在时间跨度、强度、种类的不同，是主客观共同作用的产物，主要是情感需要与关系需要。

1. 情感需要

被关注的需要是一种情感需要，就是要清楚地阐释和表明关注者和被关注者之间最初所发生的无意识的联系的内容。这种联系是人类的一种基本的情感需要，就如同生命成长需要各种维生素一样。根据马斯洛提出的人类需要层次理论，归属与爱的需要、尊重的需要等都是情感需要的具体表现形式。

2. 关系需要

被关注的需要是一种关系需要，是被关注者的主观期待与关注者给予关注共同作用的产物。关注者的能量逐渐流向被关注者，被关注者通过回应将能量返还给关注者。人是社会性动物，以关系方式生存在社会之中，关系需求是人类追求与适应新的生活方式、体验新的生活、获得新的知识和改变自身周围的世界、建构新的理想世界的需要。

三、儿童为什么有被关注的需要

（一）儿童有积极关注的需要

儿童有积极关注的需要，这一结论来自人本主义心理学家罗杰斯。他指出，人都有积极关注的需要。

1. 积极关注的需要的含义

积极关注的需要（need for positive regard）是指在生活中得到周围的人的关心、同情、尊敬、认可等的情感需求。通常来说，积极关注源于重要他人，如父母、老师等的接纳、赞赏，然后再转为自己对的接纳、喜欢。①

2. 积极关注的需要的两种形态

积极关注的需要包括两种形态，一种是无条件积极关注的需要，另一种是有条件积极关注的需要。无条件积极关注和有条件积极关注是两种不同的关注态度，将导致自我逐渐走向不同的方向。无条件积极关注促进自我积极发展，向着"机能充分发挥的人"迈进。

按照罗杰斯的假定，每个有机体、每个人身上都存在着自我实现趋向，使人朝着成熟壮大、发挥个体全部潜力的方向移动。获得无条件积极关注需要的人将赋予有机体强大的生存动力，使其顽强地追求发展。一株树苗迫切要求成长为一棵参天大树，一只狮子正在向着万兽之王的样子推进，一个婴儿尽管一次次摔倒仍然不停地要尝试走路，正是由于自我实现趋向的基本驱动作用。②

3. 无条件积极关注需要满足之意义

获得无条件积极关注需要的人能够真实、全面地接受任何来自内部或外部的信息，不需要防御机制，不会拒绝和歪曲经验，不是让经验去适合自己已经挖好的萝卜坑，而是活在当下，成为自己体验过程的参与者和观赏者。因此，久而久之，他们就会跟着自己的内在反应与自觉产生令人满意的行为。

4. 有条件积极关注需要满足之意义

受到有条件积极关注的个体自我慢慢异化，甚至走向人格解体。每一个儿童都有从重要他人那里获得积极关注的需要，但是这些来得并非如想象中那样一帆风顺。重要他人总是有选择地对待儿童的行为——关注一些行为，忽视或惩罚另一些行为。因此，有条件积极关注就使得儿童开始有区别地对待自我经验：他们会认为一些自我经验引起他人关注，从而倾向于追求这些经验；认为另一些有经验没有引起他人关注，从而倾向于回避这些经验。他们从行为背后的被关注的程度慢慢懂得怎么想和做是好孩子、怎么想和做是坏孩子，这实际是大人的标准。这样，一些发生于有机体的经验不再被他们看作自己的经验，或者被他们歪曲地符号化而不能进入自我结构。与之相对应，一些外界强加的经验却被他们歪曲地看作自己的经验而进入自我。③

（二）儿童天性中有自卑感

儿童有被关注的需要，还因为儿童天性中有自卑感。

1. 儿童的自卑感及其发展趋势

阿德勒将自卑感、优越性、虚构目标和社会兴趣作为人类行为的动力因素。他认为人类天生就具有自卑感，这种普遍存在的自卑感是个体行为产生与发展的最原始力量。③ 儿童由于身体

---

① 吴艳、李碧：《无条件积极关注与教学》，载《科教文汇（上旬刊）》，2012（2）。
②③ 肖君政：《自我：当事人中心治疗的一个核心概念》，载《牡丹江教育学院学报》，2007（1）。
③ [奥]阿尔弗雷德·阿德勒：《自卑与超越》，吴杰、郭本禹译，14页，北京，中国人民大学出版社，2013。

和力量的柔弱而相对处于弱势地位，因此他们的自卑感更容易被强化。儿童会尝试通过改善自身的处境来缓解自卑感。

一般情况下，自卑儿童有两种发展趋势：一种是因自卑而封闭自己，远离群体，不敢出门；另一种是越觉得自己弱小就越想摆脱被轻视和忽视的境地，证明自己足够优秀，在获得成就的同时也超越了自己，并从大多数儿童中脱颖而出。可见，适度地保持儿童的自卑感是成就个体追求卓越的动力。

2. 自卑感的程度取决于社会情感的发展程度

个体心理学家认为，自卑感的程度取决于社会情感的发展程度。对于社会情感，阿德勒这样定义："在许多儿童和成人身上会发现一种把自己和他人联系起来、与他人合作完成任务并使自己成为对社会有用的人的愿望，对于这种现象，我们用社会情感这个概念加以概括"。

人类学研究认为，同情、怜悯、羞耻、敬畏等情感在个体成长中最早出现。在此基础上，移情、分享、同感共受、依恋、信赖、利他、责任、奉献、爱国等情感才会产生，这些都属于社会情感。

3. 小学阶段是儿童发展社会情感的关键期

小学阶段是儿童发展社会情感的关键期，而此时儿童又是柔弱无力的。为了缓解紧张感和自卑感，他们需要成人的关注和认可以获得安全感，从而促进自身的健康成长。

埃里克森提出，小学阶段处于自卑—勤奋的矛盾期。如果儿童获得积极关注，将会走向积极的结果，能够主动高效地完成任务，因胜任工作而自豪；如果儿童未获得积极关注，将会走向消极的结果，产生不适合感和自卑感，不能胜任工作和完成任务。

4. 他人的关注和认可是改善儿童处境的"能量"

个体追求优越感和渴望社会情感都建立在人的本性基础上，这两种心理拥有相同的内核，都是渴望获得肯定和认可的根本表现。正是自卑感和追求优越的存在，使得每一个儿童都有被他人关注的需要。

他人的关注和认可作为环境中的"能量"，能够改善儿童处境，成为儿童成长过程中的一份额外动力。尤其是学龄期的儿童，他们的人格发展处于"自卑—勤奋"阶段，自卑心理的转化成为这一时期的关键。教育者应正确地积极关注儿童心理变化中的各种现象和问题，引导儿童向追求优越感的方向发展。

（三）儿童的道德认知发展离不开外在关注

1. 小学儿童道德认知发展的阶段决定了他们有被关注的需要

儿童的道德认知发展包括道德判断能力的发展和道德观念的发展。小学儿童道德认知发展处在由习俗水平向原则水平的过渡与由表面、外在向复杂、内在的转变，即从简单地依附于源自权威或社会的规则逐渐转向由自己内心的道德原则支配。

我国心理学界的研究表明，5~7岁儿童在进行道德判断时就同时受到行为后果和行为动机两方面的影响。从三年级起，绝大多数儿童都能够根据行为的原因或行为的因果关系进行道德判断，注重考虑行为者的主观原因；从五年级起，一些儿童开始把"经教育后改正错误"看作"思想好"的重要标志，并以此作为判断行为好坏的理由。[①]

处于"他律—自律"的道德发展阶段的小学儿童尤为需要他人的关注，作为周围环境中的爱的表达方式的关注会增加儿童应对环境的勇气，通过对他们友善补偿其无力感。

2. 重要他人的关注促进儿童自律等行为养成

儿童的道德认知发展是一个从他律走向自律的过程。8 岁以前的儿童处于道德发展的第一阶段——他律阶段，表现为非常尊重成人或权威的命令，认为规则神圣不可侵犯。这个阶段的儿童从行为的物质后果角度而不是行为的动机角度来判断一种行为的好坏，此时他们常说的话是"这是老师说的""这是爸爸妈妈说的"，教师和父母的关注就是对于他们的行为的肯定或否定。因此，在小学低年级阶段，教师等重要他人的关注促进儿童养成自律等行为。

到了小学中期，儿童已养成了一定的自制能力，这一阶段被皮亚杰称为道德发展的第二阶段——自律阶段，表现为不再盲目顺从权威，而与权威和同伴处于相互尊敬的地位，并且不再将规则仅仅视为一种外在强加，而视为一种主观自愿承担的责任。这个阶段的儿童不仅期望获得教师和父母的关注，也期望获得同伴之间的相互关注。

四、儿童被关注的需要的表达

儿童被关注的需要究竟如何表达呢？

（一）儿童被关注的需要在行为、情绪、语言方面的表达

1. 儿童被关注的需要的行为表达

行为是儿童被关注的需要最常见的表达方式之一。儿童引起老师关注的行为中，既有积极的也有消极的，主要表现为：上课积极举手回答问题，做小动作、窃窃私语；在作业本中夹小纸条；一直以来脾气和表现都很好的儿童忽然学会了吸烟、打牌；主动邀请老师一起游戏；与老师抗衡；在作文中写出自己的真心话等。

2. 儿童被关注的需要的情绪表达

儿童天性的特点决定了这个阶段他们被关注的需要多数通过情绪表达出来，主要包括：课堂上遇到问题，会用渴望的眼神求得帮助；如果对课堂上的知识没有掌握，就会表现出对上课的恐惧，平时在校园遇到老师，脸上也没有笑容；如果身体不舒服，就会哭或愁眉不展；与同学闹别扭，老师问话也不回答；不开心时会一直低着头或者发呆等。

3. 儿童被关注的需要的语言表达

外向型的儿童多通过语言表达被关注的需要：会主动问老师好；遇到不会的问题会主动提出来，请求老师给予解答；课堂上遇到拿手的问题，总是积极举手表达自己的观点；身体不舒服时会直接表达"老师，我今天头疼恶心"等。

---

① 李伯黍等：《儿童对行为原因和后果的道德判断的初步研究》，载《山西教育科研通讯》，1984（3～4）。

（二）不同性格与生活处境的儿童被关注的需要的表达

由于儿童天性中的自卑感和优越感，每一个儿童都有被关注的需要，他人的关注和认可是儿童追求优越的动力。但是由于个体性格、家庭背景、生活处境等的差异，儿童被关注需要的表达也存在一定的差异。

1. 不同性格的儿童被关注的需要的表达

儿童的性格形式是遗传和环境共同作用的结果。受欢迎的儿童往往具有健康的体质，富有朝气、沉着积极、适应性强、体谅别人，因此更容易得到他人的青睐和关注。被忽视的儿童常表现为冷淡、懒怠和易怒，他们在身体和智力上低于正常儿童，并经常摆出绝望、好斗的姿态，既不相信别人又缺乏自信。

有自卑胆小性格倾向的儿童的自信心，可能由于家庭环境、学校表现或在考试中屡遭失败招致教师的惩罚和失望而大打折扣。这样的儿童通常喜欢逃离教师的视线，独自躲在教室的角落，或者偏离学校的要求，表现为与教师对抗、捣蛋戏谑、招惹同学、旷课逃学，以此来获得教师的关注。

有懒惰怯懦性格倾向的儿童在学校中不积极、不主动，通常表现平平，不容易得到关注。懒惰的儿童表现为要小聪明，期望无须通过努力就能赢得别人的尊重；怯懦的儿童表现为恐惧、紧张，受制于别人的意见和环境的影响。教师应意识到他们缺乏的是自信和勇气，而非通常所认为的能力和天赋，应通过鼓励使他们重获信心。

有争强好胜性格倾向的儿童经常过度表现自己，追求他人的赞赏和自我肯定，喜欢竞争而非合作，有时也会采取贬损同伴或造谣中伤的方式来抬高自己的价值，特别是当有他人在场的时候。对于这样的儿童，成人不应只是聚焦他们争强好胜的行为，还要注重培养他们的勇敢、坚忍、自信的品格。儿童真正需要的是教师关注他们在哪个领域经过努力是有希望获得成功的，是有天赋和潜能的。[①]

2. 不同生活处境的儿童被关注的需要的表达

生活的背景、经历、氛围将直接影响儿童的性格形成、处事方式、生活状态，儿童的生活处境包括家庭背景、家庭氛围、前期经验等都会影响他们被关注的需要的表达。

处在良好的生活环境中的儿童，具有较强的自尊心和自信心。他们与周围环境和谐相处，对自然和社会现象充满好奇和兴趣，这促使他们不断探究。他们通常会以积极方式表现自己，通过展示自己的才华来获得他人的赞赏和关注。他们的表达出于天性，自然容易获得他人的关注和认可。

处在多变而复杂的生活环境中的儿童，常常处于紧张和不安的状态。尤其是生活在父母争吵的环境中或单亲家庭中的儿童，会因为自己成了父母的"出气筒"而感到自卑。在学校中表现为情绪低落、厌学，不愿与同伴交流，甚至形成逃学、抽烟、作弊等不良习惯。或把学习作为竞争手段，获取他人关注是为了提高自己的地位，从而强化竞争需要，属于一种消极、扭曲的需要。

---

① [奥]阿尔弗雷德·阿德勒：《儿童的人格教育》，彭正梅、彭莉莉译，186页，上海，上海人民出版社，2014。

第五章　儿童游戏：儿童生命的存在方式

第一节　游戏构筑儿童的快乐童年

　　童年是人生的黄金时代，它闪烁着美丽、神奇的光芒。童年让人们感怀最多的就是无拘无束的生活，孩子们在游戏中快乐地成长。然而，现代教育却让童年的生命绿洲面临着沙化的危险，呈现出"失乐"的童年景观。

　　儿童果真是一块白板吗？马拉古奇的一首诗《其实有一百》（*No way. The hundred is there*）能够引起我们更多的思考：

儿童

是由一百种组成的，

儿童有

一百种语言

一百双手

一百个念头

一百种思考、游戏、说话的方式；

还有一百种倾听、惊奇和爱的方式

有一百种欢乐，去歌唱去理解

一百个世界，去探索去发现

一百个世界，去发明

一百个世界，去梦想。

儿童有一百种语言

（这一百是一百个一百的一百）

但被偷走了九十九种。

学校和文明，

使他的身心分离。

他们告诉儿童：

不需用手去想，

不需用头脑去做，

只需听不要说，

只要理解不要快乐，

爱和惊奇

只属于复活节圣诞节。

他们催促儿童

去发现早已存在的世界，

儿童的一百个世界

他们偷走了九十九个，

他们告诉孩子：

游戏与工作

现实与幻想

科学与想象

天空与大地

理智与梦想

它们是水火不容的。

他们就这样告诉儿童：

一百种并不存在。

儿童却说：

其实真的有一百。①

一、童年游戏之梦

"童年的历史是一个噩梦，我们不过是刚刚醒来。越往古代看，人们对儿童的照顾越少，儿童越容易被杀死、遗弃、虐待、恐吓和受到性侵犯。"② 随着近代以来儿童的发现，童年被幻化为"天堂"。③ 然而在人的成长过程中，童年天堂必然会经历坍塌。导致坍塌的既有从童年到成年的自然流程，也有外部力量的入侵。在这里，我们关注和批判的是由于外部力量的入侵所导致的童年天堂坍塌现象。人们往往在童年天堂坍塌之后才回味到它的滋味：童年应当无忧无虑，它的时间过得十分缓慢，是一段游戏的时光——

---

① 转引自刘晓东：《儿童文化与儿童教育》，203 页，北京，教育科学出版社，2006。

② 转引自俞金尧：《西方儿童史研究四十年》，载《中国学术》，2001（4）。

③ 近代以来，童年的概念在更多的情况下是在纯粹个人的层面上建立起来的，人们依据自己的经历来看待它，依据自己的观念来解释它。对于一些不幸的人而言，童年唤起的是阴暗的记忆——虐待、饥饿、贫穷和强烈的不幸福感，是灰暗的而非金色的时光。这种情形即使是在今天儿童生活条件大幅度提高的情形下也是存在的。所以需要指出，这里所描绘的童年天堂强调了儿童的发现这一历史事件，同时把儿童的物质生活水平普遍提高作为一般背景，排除了由生活条件不高导致的童年不幸的情况。

直到那时，他带着儿童的无忧无虑走在一条路上；童年时，这条路显得很长，没有尽头；在这条路上，时间慢慢地、悄悄地消逝，甚至没有人注意到它的逝去。他沉着地走着，带着好奇的目光，左顾右盼。在人生的路上，确实没有必要着急，身后没有人催促，也没有人等待，你的同伴也一样无忧无虑地走着，经常停下来游戏。大人们在家门口友好地向你招手，并且用会心的微笑向你展示未来的生活……①

二、儿童在游戏中获得本能需要的满足

历史和现实都表明：对于儿童而言，游戏确实如同吃饭、睡觉一样，是一种本能。自然法的逻辑证明，人类本性即是合理。游戏带给儿童的快乐、放松、自由等，是任何其他活动无法替代的。

在游戏研究中，霍尔和斯宾塞都坚持游戏本能论的观点。②霍尔在复演论的立场上表达他对游戏本能论的看法，而斯宾塞则在遗传意义上分析儿童游戏的本能倾向。尽管关于游戏本能的假设有所不同，但两位研究者都明确指出了游戏是一种无意识的活动。他们认为儿童进行游戏不需要理由，而且受本能驱使的游戏活动在大多数情况下会伴随着快乐的情绪和情感。游戏本能论者均受到达尔文进化论思想的影响，试图从人的本能中去寻找某些因素用以解释游戏的存在。皮亚杰曾举了一个十分生动的例子来证明人对游戏的本能趋向：一个儿童发明了一个动作——把头往后仰，起初利用这个动作来从一个新的角度看本已熟悉的事物，但随后就开始把这个动作本身当作玩耍的内容。皮亚杰描绘道："儿童一遍遍地重复着这个动作，似乎越来越高兴，同时对这一动作所能产生的外在结果（提供观察物体的新视角）却越来越不被重视了。他大声笑着，把头竖着、往后仰、再竖直、再往后仰"③。对此，凯瑟琳·贾维指出，皮亚杰所观察到的游戏行为与儿童后期的各种游戏行为有一个共同之处，即儿童做这些动作纯粹是为了动作本身所带来的乐趣，而与这些动作的常规作用无关。④

在本能的游戏活动中，儿童能够体验到简单、纯粹的自由和快乐。游戏之于儿童、之于人的本能意义和价值几乎可以消解一切外在的功利目标，例如"通过游戏去实现……"的工具性意愿。

三、儿童在游戏中彻底放松身心

在这个高速发展的世界，感到紧张和迷失的儿童越来越多，他们正经历着过快的生活速度，

---

① D.布扎提：《鞑靼人的沙漠》，转引自[法]让-皮埃尔·内罗杜：《古罗马的儿童》，3页，张鸿、向征译，桂林，广西师范大学出版社，2005。
② 斯宾塞认为，游戏是诸如生存、征服、统治等与生俱来的本能的一种无意识的产物。儿童不需要像成人一样去从事具有实际意义的本能活动，因此他们就在本能的驱使下去进行与成人的这种本能活动相似的但并不具有实际意义的活动，这种活动就是游戏。霍尔则是在将儿童游戏视为未来的成年生活的准备的意义上提出他的本能游戏观的，认为游戏中的每个词和每个动作都是遗传得到的本能，儿童游戏就是我们祖先的"工作"，原始人的打猎、追逐等构成了现代儿童游戏的基本结构和内容。如今这些活动已经成为人的本能，在出于本能的游戏活动中，儿童能够体验到简单、纯粹的快乐。
③ Jean Piaget, *Play, Dream and Imitation in Childhood*, New York, Norton, 1962, p.91.
④ [美]凯瑟琳·贾维：《游戏》，王蓓华译，28页，成都，四川教育出版社，2006。

那些离群、沮丧、不快乐的儿童很可能会成长为对社会不满的青少年。心理学家和社会评论家大卫·埃尔金德提出，儿童需要的"横向的丰富"远胜于"纵向的加速"。如果依照马克思将生活形态划分为生理、工作（学习）、休闲（游戏）三部分的观点，在当前被学习重重包围的教育生活中，拥有和享受游戏便成为儿童最为紧迫的需要。下面一则班级日志突出地反映出游戏的放松功能：

释放青春，释放能量[①]

体育课上，同学们尽情发泄自己的心情，呼吸新鲜空气。下午语文考试一结束，我们宛如出笼的鸟儿飞奔向大操场，奔跑着，追逐着。我们释放青春，释放能量，最开心的莫过于体育课了。篮球画出美丽的弧线落进篮筐，羽毛球借着风儿在天空中来回飞翔，排球打出了我们的活力，橡皮筋则跳出了我们的绚丽青春。

由这则班级日志可以看到，游戏放松了考试过后的紧张心情，起到了解除身心疲劳、恢复精力的作用。这种定位于放松功能的游戏类似于亚里士多德所说的游嬉，在人生中的作用实际上都同勤劳相关联。人们从事紧张而又辛苦的工作以后，就需要（弛懈）憩息，游嬉使勤劳的人们获得了憩息。[②] 杜威也认为："人类天性没有比恢复精力更迫切的要求，或者说没有比这更少要避免的。有人认为这种需要能够加以抑制，这是绝对错误的。清教徒的传统不承认这种需要，结果造成大量的恶果。如果教育并不提供健康的休闲活动的能力，那么被抑制的本能就要寻找各种不正当的出路，有时是公开的，有时局限于沉迷于想象。教育没有比适当提供休闲活动的享受更加严肃的责任，这不仅是为了眼前的健康，更重要的——如果可能——是为了对心灵习惯的永久的影响。"[③] 杜威所说的教育应提供休闲服务在小学教育阶段显得尤其重要，今天的儿童基本上已经达到衣食无忧的生活水平，他们所面临的困扰就是学习任务过重、学习压力过大，以及由此造成的生活世界的单调贫乏。丰富多彩的游戏活动可以调剂紧张的教育生活，恢复在学习中损耗的精力，同时让身心发展维持在一个相对平衡的状态中。

第二节　儿童在游戏中成长

游戏在生活中有没有位置、处在何种位置上，这对于儿童来说是一个本体论的问题。人们正在认识到：缺少游戏的儿童是不幸的，游戏不是儿童生活的奢侈品，更不是学习活动的陪衬，它在生活中的位置直接影响着儿童生活质量的高低。丰富的游戏生活能够更好地促进儿童的成长和发展。

---

① 转引自唐荣德：《学生学习生活研究》，博士学位论文，华东师范大学，2005。
② [古希腊] 亚里士多德：《政治学》，吴寿彭译，410页，北京，商务印书馆，1965。
③ [美] 杜威：《民主主义与教育》，王承绪译，222页，北京，人民教育出版社，1990。杜威所说的休闲活动在中小学阶段主要表现为儿童的游戏活动。

一、游戏中的儿童会自发地进行道德判断和选择

"友好"与"冲突"是游戏过程中常见的两种情形，儿童在经历这两种情形时会显著地运用自身的道德法则来推进游戏。儿童身处游戏过程的同时，也身处"社会关系"的网络之中，他们会细心地体察同伴的态度、情感、意志和行动，并在同伴合作或者同伴冲突的过程中积极作出反应和调整。在下面的一组调研数据中可以看到，游戏中的合作环节确实存在道德发生的极大可能性。

2012年，在我国6省市12区县开展的一项关于小学校园游戏的调查研究中，我们发现有一道选择题的填选情况很值得关注。这道选择题问："如果你和同学一起表演小品剧'白雪公主与七个小矮人'，你愿意扮演谁？请写出你的理由。"答案给出了白雪公主、七个小矮人、拥有魔镜的王后、让白雪公主逃到树林里去的猎人、王子五个选择。在1428个有效样本中，仅有40名小学生表示愿意扮演拥有魔镜的王后，其余1388名小学生选择了道德上可作真（猎人）、善（白雪公主、小矮人）、美（王子、白雪公主）的判断的几个角色。然而，在审阅选择扮演拥有魔镜的王后的小学生的理由后，我们深感道德在游戏中的重要位置。这40名小学生中有31名表示，如果自己不选择扮演这个角色，就可能让游戏无法进行下去，因为他们料想不会有人选择扮演"坏心眼"的王后。另外9名小学生认为王后拥有神奇的魔力，他们选择扮演王后是希望自己拥有超凡的力量。由此，我们可以得出结论：几乎所有的小学生都基于道德上的重要判断而作出了角色选择，即使是那9名小学生，也是出于要获得"力量感"而选择扮演王后，这仍然可以做道德上是真、善、美的判断。[1]

这组数据充分说明，即使在区别于真实情境的游戏活动中，游戏者也会表现出较强的道德性，并借助道德判断去推进游戏。而在游戏过程中，当需要作出配合或让步时，游戏者能够习得并发展合作的态度和行为。他们不断评估自己，不断通过与同伴的比较来进行自我探索，进而调整自己的认知、情感、行动。

二、儿童在游戏中收获无法取代的生活的意义感

当然，游戏并不只是为儿童提供放松身心的途径。对于儿童而言，游戏不只是活动，它也是意义。在游戏过程中，儿童可以获得个人意义、生活意义等，个人的发展得到了增值。游戏是儿童成长过程中不可或缺的一部分，它让儿童在不知不觉中积累许多人生经验，"有时，一个充满孩子气的双关语或肤浅的智力游戏距深刻的哲理仅一步之遥。"[2] 所以，游戏更可能成为激发想象力和创造精神的过程。儿童可以在游戏中看到自己的多个镜像，去感受生活的多姿多彩。这就要求我们不能仅仅看到游戏的放松功能，更应该认识到游戏提供了无法取代的生活的意义感。在富有创造性的游戏活动中，游戏既可能体现出瞬时的意义，也可能体现出持久的意义。

① 本数据取自李敏主持的教育部人文社科青年基金项目（2012年度）："游戏与德育——小学生校园游戏生活的道德审视"课题调研报告。
② ［荷］约翰·赫伊津哈：《游戏的人：关于文化的游戏成分的研究》，多人译，169页，杭州，中国美术学院出版社，1996。

一般来说，对于任何有意义的活动的积极投入都将是一个认识自我和创造自我的过程。尤其是在当前这个学习全面"大军压境"、压力不断递增、个体被孤立的时代，游戏活动更加得到儿童发自内心的认同。儿童在游戏群体中可以亲密无间地表达自己的情感，游戏的自由与开放使其成为发展与表达朋友间亲密关系的主要时空。儿童在不受目标约束的游戏时空内建立并表达种种关系，在交流和互动过程中打破学习的封闭时空，从中领会生活的意义。这种由游戏活动提供的生活的意义感是不能被学习活动或富足的物质生活取代的，程巍描述了 20 世纪 60 年代美国中产阶级孩子的一种生活状态：

富裕中产阶级家庭的孩子大多非常聪明，学习成绩优秀。……但他们承受着不该承受的压力，而一般下层阶级的孩子既没有这么好的学习成绩，也没有这么多的压力，却处于一种令中产阶级孩子羡慕不已的不被父母关注的自由状态。一位大学生回忆他小时候的生活时说，他家在郊区有一座干干净净的大房子，周围的玩伴是一些住在简陋房子里的贫穷的墨西哥裔男孩，穿得邋里邋遢，可他却羡慕他们：

我似乎非常明显地感到，这些孩子脑子比我聪明，动作更麻利，跑起来更快，身体更强壮，懂的东西也比我多。您知道，我是那个地方唯一住在有电扇而没有苍蝇的房子里的孩子，而他们的家里却到处有苍蝇。我注定要有所求，而他们却注定无所求。

这种压力，使本来可以因家庭社会地位和自身学业成绩而感到自豪的中产阶级学生奇特地染上了一种自卑感。他们不想有所求，反感有所求，沉湎在寂静主义的"逃离"中，以一场接一场的白日梦来打发日子。连高中生霍尔顿都开始考虑隐居了。①

这个案例以比较激进的观点和态度揭示出"金丝笼"里的孩子们是多么向往自由生活，今天的情形与之十分相似。学业压力和相对优裕的生活条件给中小学生编织了一个很难脱身的"金丝笼"，在这个"金丝笼"里有着过多的压力和约束，学生的生活处在一种失重和断裂的状态中。这种状况持续久了，就会引发学生普遍"退缩"的生活态度，一些学生会因此丧失生活的热情和意义感。

由此，我们看到了游戏对于儿童的意义和价值：一方面，紧张的教育生活需要游戏这种放松身心的方式；另一方面，游戏也给提供了无法取代的生活的意义感。福禄贝尔说，玩具是儿童的"恩物"。在我们看来，这一思想背后是想要表达游戏是儿童的"恩物"。

三、儿童可能遭遇不良游戏

"我给您一个东西，您千万别让别人看到。"二年级的小张把一张卡片塞进我的手里，憨憨地笑着。

手中的卡片上，"植物大战僵尸"里价值 200 阳光的阳桃也在对我笑。见习两周以来，我已经对这个风靡校园的收集游戏有一定了解。卡片形象和价值完全借鉴同名单机游戏，孩子们还制定了一系列严谨的交换规则。尽管玩得风生水起，他们也只敢偷偷地玩游戏，因为一旦被老师发现，卡片就会被没收。我竟被看作"自己人"，有机会得到价值不菲的"阳桃卡"。基于对游戏

① 程巍：《中产阶级的孩子们：60 年代与文化领导权》，93~94 页，北京，生活·读书·新知三联书店，2006。

的了解，我犯了难："老师没有卡片和你交换，怎么办？"

一声怒斥阻止了小张的回答："我的'无敌桃桃卡'丢了这么多天，原来是你偷的！"同桌小李的斥责引来更多同学的关注，"全班只有小李有'阳桃卡'！""小张把它偷来给见习老师啦！"

"我……"在同学们的声讨下，小张羞红了脸，眼泪吧嗒吧嗒地掉了下来……

游戏作为一个中性词，客观上不具有褒义和贬义。但是，当儿童游戏这一强调儿童内在动机的自然活动进入具有目的性和计划性的小学校园时，便受到时间、空间的限制以及教育理念、价值观的规范，再也无法以纯粹的"自然"面貌示人，其性质势必会发生变化。此外，既然游戏对于儿童身心发展等诸多方面具有重要影响，对儿童游戏就能够以此为标准加以判别。尽管从理论上来讲可以形成这样清晰的认知，现实情况却复杂得多。游戏具有四个基本构成元素：游戏者、游戏规则、游戏材料、游戏环境（其中包括校园物质环境以及人际关系等社会环境）。四个元素共同推动儿童的游戏生活平稳有序发展，任何一个元素出现问题，都可能导致游戏成为"不良游戏"。这里根据校园观察，整理出目前儿童在小学可能遭遇的三种"不良游戏"类型。

（一）危险游戏

危险游戏是指对儿童身心造成伤害的游戏，包括游戏构成元素客观上会对儿童身心健康造成损伤的前提性危险游戏，以及构成元素在游戏中被不当改动而产生隐患，对儿童身心造成意外伤害的过程性危险游戏。

前提性危险游戏的危险性主要有两种表现形式。一是游戏材料具有危险性。例如，儿童分享"带电的口香糖"互相"整蛊"，抽动"口香糖"的瞬间会产生电流，轻则手指发麻，重则耳朵和头皮发木。二是游戏规则具有危险性。例如，儿童模仿电视剧中上吊的情节，用红领巾勒紧脖子。另外，儿童身心发展还不完善，不具备主动鉴别和利用游戏的能力，使得含色情元素的游戏进入小学校园，围绕"性"等成人话题开展的"真心话大冒险"就是其中之一。这类让儿童过早体验成人世界的越轨游戏可能造成儿童早熟，有害其身心健康。

过程性危险游戏主要表现为两种。第一种，擅改游戏规则造成危险。例如，儿童在本应练习摆动的双杠上玩倒立游戏，一旦手臂力量不足或走神，后果不堪设想。第二种，游戏环境选择不当造成危险。追逐打闹是教师眼中主要的不良游戏。笔者认同习性学家布洛顿的观点：追逐打闹游戏是一种发生在同伴之间的既带有竞争意味也带有游戏精神的比较激烈的活动，它一般不会导致参加者受伤，也不会使同伴关系破裂。[①]但是，当它发生在狭窄的教室或走廊时，确实平添磕碰隐患，令其让人遗憾地"摇身一变"而成为不良游戏。

（二）孤独游戏

孤独游戏是指不利于儿童发起、形成以及维持与他人尤其是伙伴的令人满意的关系，阻碍儿童社会性发展的游戏，包括反社会性游戏和非社会性游戏。

反社会性游戏是指游戏者通过言辞性表达或关系性暴力等方式传递隐性攻击的游戏，朋友

---

① 张新立：《禁而难止的学生追逐打闹行为的实质和意义》，载《教学与管理》，2007（13）。

之间的善意嘲弄不属于此范畴。如果说追逐打闹等显性攻击游戏是"大多数的不愉快",因为几乎每对玩伴都会出现"闹着闹着就急了"的不和现象,那么反社会性游戏则是"集体的欢愉与个别的痛苦",因此更易被忽视。当儿童齐声喊出某同学的外号或嘲笑歌谣时,教师往往将其视作"童言童语",并未认识到个中危害。面对这些隐性攻击,儿童在无所适从的同时为了维系同伴关系,只会逆来顺受。没有人觉察到儿童受到的伤害,甚至其自身都是如此压抑的自我防御机制又在一定程度上构成隐患。

　　非社会性游戏是指游戏者在自己与周围的人之间人为制造某种隔阂,使自己封闭起来的游戏。① 现今儿童大多是独生子女,极尽宠溺又望子成龙的父母让他们的游戏时间被学习任务侵占,然而应有尽有的玩具无法替代同龄人的陪伴,生活在水泥森林中的儿童成为一个个"孤岛"。有些儿童在课余时间佝偻着背,专注地玩手中的数码设备。科技进步使物质生活更为丰富,可今天的儿童并没有因此拥有更多的游戏②,还有许多儿童(以女孩为主)会在座位上独自把玩文具,静态的非社会性游戏开始霸占儿童的校园时光。通过观察儿童的游戏表情,我们不难发现,部分儿童确实沉醉于这类游戏中,他们从浮躁的社会大环境和芜杂的校园小环境中抽身,营造独处的游戏空间,有助于独立性及人格健全发展。但是,还有一部分儿童因不懂如何加入集体游戏而被动地独自游戏。更有甚者,几乎每个班都有长期行为不当的儿童,他们无论何时何地都"孤军奋战",利用滑稽的言行"哗众取宠"。虽然没有永远行为端正的儿童,偶然为之的不当言行能让师生感到趣味性,但是这些缺乏社会认知及交往能力的儿童误认为把大家逗笑就是被爱的标志,才会越孤独越堕入孤独游戏的深渊,打造出自己的"游戏真空地带"。我们不免担忧,他们是否会成长为社会生活中的"空心人"?

(三)反道德游戏

　　游戏的经历对儿童道德发展水平也具有深刻影响,不利于儿童形成良好品德、损害儿童道德发展的游戏就是反道德游戏,包括实然性反道德游戏和偶发性反道德游戏。

　　实然性反道德游戏的价值起点和逻辑架构就有违社会道德规范。例如,"死亡笔记""巫毒娃娃""棺材娃娃"等带有诅咒性质的游戏材料使儿童不仅找不到适当途径宣泄负面情绪、解决自己的问题,还会养成睚眦必报等不良品德,造成价值观扭曲。

　　"出自造物主之手的东西,都是好的,而一到了人的手里,就全变坏了。"③ 在良性游戏推进过程中,游戏者可能出于某些目的采取不道德行为。例如,在儿童不断发展其道德感的时候,收藏同时给好游戏与坏游戏带来发展的机会,游戏者可能为了得到其他人的收藏品而哄骗、欺诈甚至偷窃。此外,"三个字"是校园中常见的追逐游戏,但不少儿童在为了获救的关头情急之下脱口而出的却是骂人的话,在游戏中养成不文明的语言习惯。游戏与儿童身心发展阶段不符也使游戏涉及的不良品德进入现实。例如,一些小学生会玩"狼人杀"等通过欺骗与背叛帮助自己胜利的桌游,尽管它们有助于儿童提高逻辑思维及表达能力、促进其去自我中心化,但也可能扭曲低年级儿童对现实世界的判断,使其将不良品德带入日常交往中。

　　① 侯春在:《非社会性行为:儿童社会化研究的新视角》,载《南京师大学报(社会科学版)》,2001(4)。
　　② 孟海鹰:《孩子成长呼唤多元化健康游戏》,载《中国医药指南》,2006(5)。
　　③ [法]卢梭:《爱弥儿》,李平沤译,15页,北京,商务印书馆,1978。

第三节　儿童的游戏生活需要引导和丰富

教师需要发展合适的态度和能力，去引导小学儿童的游戏活动。

一、关注小学儿童的游戏行为

（一）了解小学儿童的不同游戏需求

教师应该寻找机会和小学儿童一起合作，以一种具有发展性的、适宜的方式去组织小学儿童的游戏活动。教师应了解小学儿童的基本游戏需求，增进对小学儿童的理解，有选择地走进小学儿童的游戏活动之中。

英国有研究者对两所乡村小学进行研究，小学儿童的游戏活动可以分为五大类（见表5-1）。[①]

表5-1　游戏活动的主要类型

类型	举例
球类游戏	足球游戏、弹珠游戏、篮球游戏等
奔跑或追赶游戏	捉人游戏等
韵律游戏	跳跃游戏、拍手游戏
叙述性游戏	角色游戏
追逐打闹游戏	打架游戏、追逐游戏

发生在教室外的游戏一般需要游戏者投入较为旺盛的精力，身体运动是主要形式。在校园里能看到各种各样的活动，在角落和能坐的地方有成群的儿童进行交谈，玩叙述性游戏的儿童也把这些地方作为游戏基地。有遮挡的小块地方则被儿童用来玩拍手游戏，或被小的群体、个人用来玩跳跃游戏。

（二）思考小学儿童游戏活动的影响因素

教师在以作为教育者身份参与儿童游戏之前，需要作好足够充分的思想和心理准备。原因在于小学儿童已经具有较强的独立意识和交友需要，他们在游戏活动中首选的玩伴是同龄人而非成人。一般而言，我们可从个人、环境和文化的角度来思考影响小学儿童游戏活动的因素，由此开始寻找帮助儿童提升游戏质量的方法和途径（见表5-2）。[②]

表5-2　影响儿童选择游戏活动的因素

个人因素	环境因素	文化因素
年龄	可利用的空间	游戏区的文化氛围
性别	空间的类型	文化习俗

---

① ［英］莫伊蕾斯：《游戏的卓越性》，郑峰峰、宋芳译，53页，北京，北京师范大学出版社，2010。
② ［英］莫伊蕾斯：《游戏的卓越性》，郑峰峰、宋芳译，61页，北京，北京师范大学出版社，2010。

续表

个人因素	环境因素	文化因素
地位	设备	时尚
群体成员	天气	季节
知识和技能	监督	

在选择、创设和组织校园游戏时，以上这些影响因素通常都需要组织者通盘考虑。无论哪一个方面没有考虑到，都可能会影响游戏开展的质量。

二、教师介入儿童游戏的益处及其方式

（一）教师在儿童游戏中的作用

对于成人介入儿童游戏的影响，有两种截然相反的观点：一种观点认为成人介入可以给儿童游戏带来积极影响，另一种观点则认为成人介入会破坏儿童游戏。前面我们讨论了学校生活的组织化特征，了解到学校是一个高度组织化的机构，学生和教师是其中最重要的教育要素。因此，在许多校园游戏中，教师似乎是很难回避的参与者。若从小学阶段师生关系的特殊性来看，可以推论出一个积极的观点：小学儿童具有很强的向师性，在一些结构性游戏中，教师的适当介入可以在一定程度上提升游戏质量。

虽然成人能够指导甚至在某种程度上塑造儿童游戏，但游戏和行为本身是儿童自己的，必须出于儿童自己的想法，使用的语言必须能表达他们的思想。成人的参与本身就发挥着促进的作用，能够延伸和扩展儿童的兴趣，让儿童保持兴奋状态。成人的参与还使游戏合法化，使儿童认识到自己在做有价值的事情。同时，成人的参与可以创造出更为丰富的游戏机会。[①]

根据教师对游戏介入程度的高低，约翰逊将教师参与游戏的角色分为六种（见图5-1）。[①]①不参与者：成人对游戏不予关注。②旁观者：成人旁观游戏而不处于其中。③舞台管理者：成人帮助儿童为游戏作准备，并在游戏进行过程中给予支持。④共同游戏者：成人参与游戏，并成为游戏同伴。⑤游戏带头人：成人参与游戏，并积极地丰富和延伸游戏。⑥导演：成人控制游戏，并告诉儿童应该怎样做，或重新引导儿童关注教育性事宜。[②]

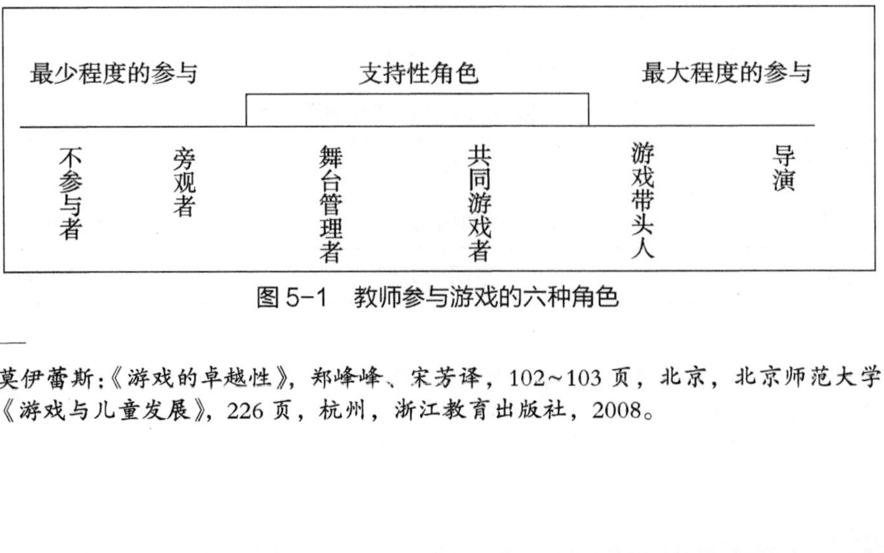

图 5-1　教师参与游戏的六种角色

① [英]莫伊蕾斯：《游戏的卓越性》，郑峰峰、宋芳译，102～103页，北京，北京师范大学出版社，2010。
② 李燕：《游戏与儿童发展》，226页，杭州，浙江教育出版社，2008。

教师要适时引导游戏中的学生，调整他们在游戏中的状态；要善于捕捉学生在游戏中细微的心理，必要时帮助他们调整游戏心态。例如，一个学生控制欲很强，在游戏中经常以"指挥"的身份出现。教师就可以建议另一个能力很强但是不太自信的学生作为本游戏的领导，让两个人在游戏中磨合性格、锻炼团队意识和能力，以此调整他们个性中的"瑕疵"。又如，有的学生总是跟着别人玩，就算被人指责也不轻易离开游戏。由此我们可以推断，这个学生缺乏一定的独立能力、依赖性强。教师可以建议其进行能独立完成的游戏，以此来训练其独立品质。

教师在介入校园游戏前其可以先思考以下几个问题：①学生需要怎样的帮助才能克服当前的困难？他（她）更容易接受哪种帮助？②怎样介入才不会影响学生的兴趣？③采用的干预方法会引起学生哪些可能的反应？④提供帮助之后，学生还有没有独立思考的空间和充分表达自己的机会？⑤这是最适合的干预时机吗？等一等会如何？

（二）教师影响儿童游戏的三种策略

游戏是儿童的基本活动，对于小学教育而言，游戏是一种有待开发的新型教育资源。教师不应对游戏采取无视的态度，更不能在游戏中处于无奈和无助的失能状态。筛选、改造、再造是教师对待和利用游戏的三种基本策略。

1. 筛选

对于儿童游戏，人们从来不是"兼收并蓄"地不加任何选择的。从古至今，人们也从来没有停止过关于什么是"好的"游戏、什么是"不好的"游戏的争论。筛选是在历史上最早出现的也是迄今为止依然普遍存在的对待儿童游戏的态度。

筛选策略既意味着"选择"，也意味着"规范"。一般来说，人们总是倡导那些能够使年青一代为生活或工作好准备的游戏，禁止那些有危险的或有害于社会秩序的游戏。对儿童游戏进行筛选的前提是承认"游戏期"存在的合理性，把游戏看作儿童的自然需要或"天性"。对儿童游戏应加以选择和引导，让儿童远离那些"无聊"或"有害"的游戏，引导他们玩"有益"的游戏，使他们能够在游戏中获得某种教益。

2. 改造

对儿童游戏的改造一般以儿童的自然游戏为基础，从中抽取若干被认为是"有价值"的游戏因素并结合教育者的期望，从而进一步提升游戏的趣味性和耐玩性。改造策略是筛选策略的深化与发展。事实上，经历了改造过程的校园游戏已逐渐由自由游戏转向结构性游戏。因为经由教育力量改造过的游戏通常会携带较为明显的教育要素，也更可能以校园活动的方式来自上而下地推进。比如一些小学开展的趣味游戏竞赛活动、"六一"欢乐谷活动等。另外，许多家长和教师一直对小学生沉迷网络游戏深感困扰，为此，可以通过设计、创新一些相似的游戏形式来转移小学生的兴趣。比如设计适合他们课余参与的桌游活动，适当调配其间的教育性和游戏性，从而既满足小学生对新型游戏的好奇心，又能让新型游戏适应校园生活所具有的组织性、教育性的特点。

3. 再造

再造策略反对对儿童游戏进行自上而下的改造，主张保持儿童的自然游戏的风格与特点。教师的主要任务是创设能够激发儿童游戏欲望的模拟或接近自然的游戏环境，让儿童在这种环境中自由自在地游戏，尽可能减少对儿童游戏不必要的直接干预。这是一种以儿童需要为中心的策略。

第六章　儿童秘密：儿童生命的成长标志

秘密在人们的生活中具有不可忽视的作用，它是人类共同的体验。秘密也是童年经历的一个重要内容，波兹曼在《童年的消逝》中说："秘密是童年的标志，没有秘密就没有儿童时代。"可见，秘密在儿童的成长中起着很重要的作用。

第一节　儿童的秘密

一、儿童有秘密

在一些成人看来是天真、琐碎的秘密，却非常有助于儿童的自我意识和道德人格的形成，能够丰富儿童的自我发展，造就儿童的内在能力和个性。儿童正是通过对秘密的体验来丰富其内心世界的，从而形成多层次的自我认知，同时在维护秘密和分享秘密的过程中促进了他们对责任和友谊的理解。所以我们可以说，儿童期是一个与秘密相连的时期。

儿童的生活世界是丰富多彩的，儿童的秘密自然也是千变万化的。了解儿童的秘密，有利于在日常生活中指导成人的行为，在教育中发挥积极的作用。现今，随着学校的不断发展以及家庭关系的不断变化，人们逐渐意识到儿童主要依赖父母开发道德情感和社会能力，依赖教师进行正规的教育和训练。因此，成人应当更敏感地意识到秘密在儿童的整个成长过程中、在他们与儿童的生活交往中所起到的重大教育意义。尽管秘密在儿童成长中意义重大，但无论是在我们的日常生活中还是在学术研究中，秘密都是一个普遍存在却很少为人关注的现象。秘密对儿童的教育学意义和价值还未被更多关心儿童健康成长的人所认识，这无疑禁锢了对儿童的秘密的深入研究。

二、什么是秘密

（一）秘密的概念

《克莱恩词源词典》对"秘密"一词的来源作如下解释：源于拉丁语中的 secretus，意为"分离、拆散、隐秘"。这一词源让我们意识到了秘密对人与人之间的关系所具有的意义，秘密本身所具有的相对性使它成为人与人之间交往的中介。荣格首次清晰地提出，秘密是个性化形成的必不可少的重要前提，在人的发展的任何阶段都无法逃脱地要去制造秘密，这也正是个性化形成及个体独立存在的原因、目的和重要性所在。马戈利斯提出，秘密的持有者在保守秘密的过程中需要自控力和个人的选择，这恰恰是自我和自主性发展的标志。波兹曼在《童年的消逝》中说，秘密是童年的标志，没有秘密就没有儿童时代。马克斯·范梅南和巴斯·莱维林提出，秘密的拥有和保守秘密是儿童走向成熟和独立的一个标志，能够与自己最亲近的人分享秘密更是儿童成长和成熟的表现。秘密是一份礼物，需要儿童愿意拿出来与人分享。秘密不仅指那些藏在我们内心深处的东西，也指那些我们只愿和某些人分享的东西。"我们不应该认为秘密只是某件'东西'或某种存在。更确切地说，秘密构成了人与人之间的关系。"①

国内的研究者中，周晓静、陈秀君从两个方面阐述了秘密的含义，指出秘密不仅是伴随人的生理成长而出现的一种正常心理现象，而且是与社会关系、社会制度有关联的一种社会现象，它在很大程度上是大人"教"给孩子的。② 王海英用社会学的视角总结出秘密的两种起源方式，认为就个体而言，秘密的产生多源于对人际互动的结果；就社会发展而言，秘密的产生总是源于专制主义和社会压迫。她以社会学的思维方式即个体和他者的关系来构建秘密的类型，根据儿童的秘密所持守的对象，将其划分为指向成年人的秘密、指向同辈人的秘密和指向亚群体的秘密。她基于社会学的研究视野作出解释：儿童的秘密的产生源于儿童自我意识的觉醒，它是儿童在社会交往中不断生成的。③ 边亚华强调，儿童的秘密不仅体现了儿童与其自我或内心世界之间的关系，也体现了儿童与其交往对象的一种人际关系。④ 事实上，作为一种个人的体验，秘密是十分复杂的，具有多层次性和多范畴性。秘密构成了人与人之间的关系，是人们的第二世界。

纵使不同的人对秘密的概念有不同的界定，但不可否认的是并不是永远不表达出来的才是秘密。秘密当中包含着两个同时进行的过程，即保守与泄露。比如，与某个人分享秘密就代表对其他人保守秘密。又如，儿童会和家长谈论在学校发生的开心的事，像交到了新朋友，而不会告诉家长考试成绩很糟糕。

（二）秘密的起源

对于秘密的起源，多从心理学和社会学两个角度分析。

马克斯·范梅南和巴斯·莱维林认为，从道德意义上说，人们保守秘密、保持缄默等体验都是缘起于隐私的存在。而从成长意义上说，儿童的秘密起源于自我意识。秘密伴随着自我的认知而产生，是在"我自己"意识的形成过程中逐渐出现的。⑤

从社会学角度来看，成人世界中的社会规则和惩罚制度同样会对儿童秘密的形成产生很大的客观影响，它是儿童在人际交往的过程中通过和社会的双向构建形成的。王海英则另辟蹊径，从关注"转向背后"的社会学研究旨趣出发，对儿童秘密的产生作出三点阐述：第一，儿童秘密

---

① ［加］马克斯·范梅南、［荷］巴斯·莱维林：《儿童的秘密——秘密、隐私和自我的重新认识》，陈慧黠、曹赛先译，13 页，北京，教育科学出版社，2004。

② 周晓静、陈秀君：《没有秘密长不大》，载《思想·理论·教育》，2006（2）。

③ 王海英：《走近儿童的秘密——儿童秘密引发的教育思考》，载《当代教育科学》，2005（21）。

④ 边亚华：《解读儿童的秘密——以儿童的秘密体验为例》，载《学前课程研究》，2009（5）。

⑤ ［加］马克斯·范梅南、［荷］巴斯·莱维林：《儿童的秘密——秘密、隐私和自我的重新认识》，陈慧黠、曹赛先译，91 页，北京，教育科学出版社，2004。

的起源来自儿童自我意识的觉醒。第二，儿童秘密的起源来自儿童与成人的斗争。第三，儿童秘密的起源来自儿童社会性的生存本能。[①]

总之，秘密的起源分析和自我的成长是分不开的。自我的成长源于生理和社会两个方面的结合，生理方面的自我意识和自我认知的发展是秘密的起源的前提条件，而伴随着儿童社会关系的形成，社会因素给秘密带来的客观影响同样不容忽视。

（三）儿童秘密的特点

马克斯·范梅南和巴斯·莱维林并未清晰地概括儿童在不同年龄阶段所拥有的秘密的特点，而国内学者对这一领域的研究却表现出了浓厚的兴趣。如在某些教育期刊中，可以看到一些学者对不同年龄阶段儿童秘密的特点进行的总结和反思。还有研究者在这一领域作出了崭新视角的探索。

对儿童秘密的特点的解析，一方面有助于我们了解秘密对儿童内心世界的成熟所具有的教育学意义，另一方面也为学校、家长正确看待不同年龄阶段儿童的秘密提供有价值的参考。国内对于儿童秘密的特点的研究主要集中在心理和文化两个方面。

其一，针对不同年龄阶段所展示的儿童秘密的特点进行分析比较。

王海英明确指出，儿童的秘密因其不同的年龄阶段而具有不同的含义：0~3岁的儿童对保守秘密或公开秘密往往毫无意识，他们最喜欢的游戏就是躲猫猫、寻宝藏；3~6岁的儿童开始隐约感觉到秘密的含义，但尚未具有保守秘密的能力。[②]边亚华通过分析幼儿园里的两则小案例指出，"5~6岁的幼儿在体验和分享秘密的过程中已经会选择分享的对象，并且已经会采取一些简单的策略来维护自己的秘密"；6~9岁的小学低中年级儿童开始在人际交往中建构起自己的秘密，这一时期的"秘密则和友谊、信任、责任、义务紧密联系在一起"。[③]

其二，站在成人世界和儿童世界两种文化视角的冲突上展现儿童秘密的特点。

相比成人来说，儿童秘密的内涵更具有单一性。《解读儿童的秘密——基于社会学的分析视角》就指出，儿童的秘密因生活世界的简单、纯真而与成人有很大的不同，这体现在秘密的内容和建构方式两个方面。儿童的秘密所涉及的内容常常是儿童生活中的一些无关紧要的事情，而其轻松随意的建构方式与成人在强大的社会约束下所建构的秘密也有很大的区别，"一种是社会契约，一种是暂时的游戏规则"，儿童秘密的泄露的危害性自然要比成人秘密的泄露小得多。

（四）儿童秘密的分类

马克斯·范梅南和巴斯·莱维林将秘密分为三种类型：生存的秘密、交际的秘密和个人隐私。生存的秘密指"任何个人对我们而言都是一个秘密。从人类关心的本质来看，他人完全是神秘的，是一种永远也无法完全敞开或被人理解的生存秘密"。交际的秘密"与某些藏于内心的或者无法表达的、无法触及的东西有关"。个人隐私与秘密很难分清，它们"在关系意义上不同——秘密

---

① 王海英：《走近儿童的秘密——儿童秘密引发的教育思考》，载《当代教育科学》，2005（21）。
② 王海英：《走近儿童的秘密——儿童秘密引发的教育思考》，载《当代教育科学》，2005（21）。
③ 边亚华：《解读儿童的秘密——以儿童的秘密体验为例》，载《学前课程研究》，2009（5）。

解释关系，隐私则拒绝关系"。①

　　周晓静、陈秀君认为，有因为犯错而形成的错误的秘密，有因为生理发育而形成的害羞的秘密，有因为成长的需求和社会的约束、限制之间的矛盾而形成的心理困难（或称为发展危机）的秘密，还有因为对自我的认知、体验而形成的秘密及承诺为他人保守秘密等。② 王海英也指出，从关系的角度出发，儿童的秘密可根据所持守的对象划分为三种类型。一是指向成年人的秘密，其在儿童的生活中可以列举出很多：不让成人看日记、周记，不和成人敞开自己的内心烦恼，不把自己的成绩单或学校的有关通知交给父母，不让老师知道某个群体计划等。二是指向同辈人的秘密，其持守有时表现为一种社会交换，即"你不告诉我你的秘密，我也就不告诉你我的秘密"；有时又表现为一种社会区隔，即"我不告诉那些和我关系较远的人我的秘密，我只把秘密和我最亲近的好朋友分享"。三是指向亚群体的秘密，其有两种情况：一是儿童作为亚群体的一员，拥有对外群体的人而言的群体秘密，即儿童持守群体的秘密，不让外群体的人知道；二是儿童拥有和亚群体的秘密相违背的个人秘密，如儿童可能在不经意间泄露亚群体的秘密或不赞成亚群体所共同持守的秘密，即个人信仰和群体规范之间产生了一定的冲突。③

第二节　儿童为何会有秘密

　　秘密对儿童的积极作用是不言而喻的，它对儿童的成长、内心世界的丰富、独立意识和自主能力的形成都有巨大的教育意义。

　　德国社会学家奥尔格·齐美尔认为："通过消极或积极的方式保守秘密是人类最伟大的成就之一，秘密极大地丰富了生活。"哈佛大学心理学教授丹尼尔·魏格纳说："除非你有一个秘密，否则你就不是你自己。"康德说："被告知一个秘密就像被赠予一份礼物。"波兹曼在《童年的消逝》中说"没有秘密就不能称其为儿童时代"，也表明了秘密对于儿童的特殊意义。马克斯·范梅南和巴斯·莱维林论述了秘密对于儿童成长的重要意义，"对秘密的体验有助于形成我们的自我认知和自我角色；我们可以通过体验秘密来体验别的世界、探索未知的意义、获得深层的自我意识和自我认知，可以通过与他人分享秘密建立亲密和委婉的人际关系。"④ "秘密的教育意义在于它们能够创造出自我的多个层次和内外空间，有助于个人性格和自我意识的形成以及人际关系的发展。""孩子们发现了自己的秘密，就意味着他们内心世界的诞生。"⑤

　　我国学者还用"营养品"来形容秘密对于儿童成长的意义，这对于儿童秘密的意义再一次作出了肯定。第一，秘密促进儿童自我意识的形成与发展，"我们可以通过体验秘密来体验别的

---

① ［加］马克斯·范梅南、［荷］巴斯·莱维林：《儿童的秘密——秘密、隐私和自我的重新认识》，陈慧黠、曹赛先译，120页，北京，教育科学出版社，2004。
② 周晓静、陈秀君：《没有秘密长不大》，载《思想·理论·教育》，2006（/2）。
③ 王海英：《走近儿童的秘密——儿童秘密引发的教育思考》，载《当代教育科学》，2005（21）。
④ ［加］马克斯·范梅南、［荷］巴斯·莱维林：《儿童的秘密——秘密、隐私和自我的重新认识》，陈慧黠、曹赛先译，91页，北京，教育科学出版社，2004。
⑤ ［加］马克斯·范梅南、［荷］巴斯·莱维林：《儿童的秘密——秘密、隐私和自我的重新认识》，陈慧黠、曹赛先译，140页，北京，教育科学出版社，2004。

世界、探索未知的意义、获得深层的自我意识和自我认同"，孙一兰认为"秘密在自我意识的形成中起着不可或缺的作用"[1]。第二，秘密促进儿童人际关系的发展。马磊指出，儿童通过与他人有选择地分享秘密建立亲密的人际关系，并且通过保守秘密获得信任感和独立。别人和你分享了一个秘密的时候，也就意味着信任和亲密的建立。[2] 第三，秘密促进儿童道德人格的形成。周晓静、陈秀君认为，秘密促进儿童责任意识的形成，并且有助于培养儿童的同情心和羞耻心。"拥有并保守秘密是儿童走向成熟和独立的一个标志"[3]，意识到并明白自己逐渐拥有内心世界和外部世界则会反过来帮助儿童形成自我感和责任感。

然而，秘密所带来的消极影响也不容忽视。秘密总是反映人与人之间的关系，因此持有秘密意味着对一些人的亲密与对另一些人的排斥。秘密的拥有会产生人际的疏离，比如青春期的儿童和父母有代沟问题，他们宁愿选择对日记本"说"也不寻求父母的帮助和意见，这值得我们深思。秘密的拥有还会导致过度焦虑，为了保守秘密，儿童的心理会承受巨大的压力。因为家长和老师总试图让儿童透明化，成为一个没有秘密的"水晶人"。尊重儿童的秘密不仅是对儿童自尊心的保护，而且有助于儿童健康的品德和人格的形成。

从严格的意义上来说，2~3岁的儿童因为心理和生理等多方面的原因不能很好地保守和交流秘密，所以并不拥有秘密。4岁以后，儿童对秘密的概念有了准确的理解，拥有和保守秘密的能力日趋加强，秘密涉及的范围也愈来愈广。如一名4岁儿童在与妈妈的对话中谈到对秘密的理解，从中我们可以发现儿童已经开始理解什么是秘密。

妈妈（故意地）："我知道你的秘密是喜欢吃糖。"

儿童："不对，不能让别人知道的东西叫秘密，我这个（指喜欢吃糖这件事）应该叫爱好。"

儿童之所以会拥有秘密，是基于儿童生命个体成长的需要，这种需要主要表现在以下几个方面。

（一）满足好奇的需要

自古以来，秘密就与奥秘、困惑、神秘有着千丝万缕的联系，人类文明的历史其实就是对自然、人类、社会的奥秘进行探究的历程。人类具有一种难以抗拒地去发现、探究秘密的欲望，也正是这种的欲望促使人类不断进步。这种欲望在儿童身上同样得以体现，这也是为什么儿童总是有无穷无尽的问题的原因。自然和社会中的一切对于儿童来说都是秘密，所以他们想通过提问来解决这些秘密。如一名儿童酷爱历史，妈妈问她为什么喜欢历史，下面是她们的对话。通过对话我们可以发现，儿童通过对秘密的探寻来满足好奇的需要。

妈妈：你为什么这么喜欢历史？

儿童：因为看历史书和听历史故事可以知道历史的秘密。比如，我想知道两国之间为什么会发生战争、为什么玛雅文化消失了。

儿童在认识自然、人类、社会的秘密的征途中，一般会顺利地从家长、媒体等方面获取答案，获取这些秘密的答案相对来说是轻松的、容易的。然而，在年幼儿童的生活中，某些秘密

① 孙一兰：《秘密与儿童的成长》，载《钦州学院学报》，2008，23（6）。
② 马磊：《关注那堵墙的背后——谈谈儿童秘密及其教育意义》，载《少年儿童研究》，2009（20）。
③ 周晓静、陈秀君：《没有秘密长不大》，载《思想·理论·教育》，2006（2）。

的答案不能轻易获取，他们会通过一些特殊的手段来帮助自己实现对于秘密的探究。这主要体现在儿童对于性的认识上，因为性可能是儿童随时能感受到的秘密，这一点在他们身上深深地得以体现。儿童从小就会对人的身体好奇，包括自己的身体和成人的身体。下面我们来看一则案例。

　　儿童 Z 经常和妈妈一起洗澡，会问一些关于小女孩和成年女性身体差异的问题。时间长了，Z 对成年女性的身体很熟悉，也不好奇了。Z 对成年男性的身体也充满了好奇，但是保守的爸爸一直不给她了解的机会。有一段时间，妈妈发现 Z 在爸爸上厕所的时候经常表现出特别急于上厕所的情形。妈妈刚开始没有在意，直到有一天，才最终明白原因。

　　那天，Z 一家三口回家后都急着上厕所。到了卫生间的门口，Z 说："我要大便，爸爸妈妈是小便，妈妈你先上，爸爸你排第二。"当妈妈从卫生间出来的时候，爸爸因为着急，没有关门就进去了，Z 马上也跟进去了。晚上，Z 不无得意地告诉妈妈："妈妈，我看见爸爸的小鸡鸡了，今天下午上厕所的时候看见的。"妈妈一惊，原来 Z 下午在爸爸上厕所的时候跟进卫生间去是有预谋的。

　　通过 Z 看见爸爸的生殖器官的案例可以发现，Z 为了探寻对于秘密的认识，不惜通过创设一些场景来帮助满足自己好奇的需要。Z 不仅对成年男性的身体好奇，对男厕所也好奇。

　　妈妈：Z，你有什么有趣的秘密故事可以告诉妈妈吗？

　　Z 想了一会儿说：我二年级的时候有一次不小心冲进了男厕所，这件事情我一直没有告诉你们，这是我的一个秘密。

　　妈妈：你为什么会冲进男厕所呢？

　　Z：我没有仔细看，然后就进去了。还好，厕所里没有人。

　　妈妈：有谁看见你进了男厕所吗？

　　Z：当时没有小朋友，但厕所外边好像有老师。

　　妈妈：老师说什么了吗？

　　Z：没有。我不知道老师是否发现我走错厕所了。

　　妈妈：你感到害羞吗？

　　Z：我不感到害羞，我不是故意进去的，是不小心走错了。但我觉得很值，我从那以后知道男厕所是什么样子的了。我很久以前就很想知道男厕所是什么样子的，以前在 L 学校（一所培训学校）的时候，我们女生的厕所非常漂亮，当时我就想男厕所是不是也这么漂亮呢？所以我一直很好奇男厕所是什么样的。那次以后，我终于知道了男厕所与女厕所的差别。

——摘自妈妈手记，2012 年 5 月 27 日

（二）满足自我成长的需要

　　儿童的秘密能满足儿童自我成长的需要。儿童可以通过体验秘密来获得深层的自我意识和自我认同，从而促进其自我意识的形成与发展。对于儿童而言，秘密通常与他们追求独立的愿望联系在一起。但现在成人越来越意识到当代社会对儿童身心健康造成的种种危险，从而加强了对于儿童的监管，以至于儿童越来越难以得到机会去体验离开大人的视线范围自由自在地玩耍，无

法冒险探索外面的世界。[①]

7 岁的 S 在大哭，因为妈妈出于安全的考虑，不答应让她参加一项夏令营活动。

S：你为什么不让我参加这个夏令营？很多小朋友都参加了，去年参加的小朋友说非常有趣。

妈妈：妈妈认为不安全，暑假带你去旅游不是也很有趣吗？

S：我喜欢和小朋友一起旅游。

妈妈：你可以和表姐一起啊，不是也有小朋友和你一起玩吗？

S：旅游跟夏令营是不一样的，夏令营是小朋友们睡一间房的，没有大人来管他们。

妈妈：你可以和表姐睡一间房啊。

S：可是你在我们中间啊，我们就没有什么秘密了，我要的是没有大人、只有小朋友的那种。

秘密是儿童对个人空间的独享，每一个人在自己的儿童期都有寻求秘密空间的经验。这些秘密空间可能是家庭里的某个小角落，也可能是家庭里的某些隐蔽的储物空间如箱子、抽屉等，还可能是位于家庭附近的花园、树林等隐秘的地方。儿童就是在日常生活的细节中寻找秘密、体会秘密，就是在体验秘密的过程中不断长大。

M 9 岁的一天，妈妈在她的书桌上看见一个胶囊，觉得好奇怪，这是什么药啊？妈妈拿起胶囊仔细一看，发现它与别的胶囊不一样，在一端画有一个笑脸。妈妈打开胶囊，发现胶囊里面装的不是药，而是一张卷起来的纸条，纸条上整整齐齐地写着一行字：我想成为科学家。后来，妈妈与 M 就这个装有秘密的胶囊有过一段对话。

妈妈：我在你的书桌上发现了一个装有秘密的胶囊。

M：那是秘密药丸，现在小孩很流行玩这个，把自己的秘密写在纸条上，然后装进胶囊里。

除了室内的秘密空间外，儿童还积极寻找室外的秘密空间，如秘密通道、秘密花园、秘密基地等。这些是儿童们共同的秘密，他们在学校里和小伙伴们也有秘密空间。Z 在 7 岁的时候写了这样一篇日记。

我们小区西边游乐场的小花园里有许多花，还有一些红叶子的小树。在这里还有一些秘密通道，我们很喜欢在这里玩。别人觉得好奇，我们怎么会喜欢在这里玩？可我们就喜欢，这是我们的秘密。

（三）满足建立稳定的社会关系的需要

秘密总是与某种关系相连的，它不仅体现了当事人与其自我或内心世界之间的关系，也体现了人与人之间的关系。儿童的秘密最初总是指向生活中最亲近的人，如父母、兄弟姐妹、同伴。儿童的秘密是满足其建立稳定的社会关系的需要，儿童对某人保守秘密或与某人分享秘密，则意味着儿童同某人之间有某种关系。当儿童与他人分享了一个秘密的时候，也就意味着信任和亲密的建立，他们会期望通过与他人分享自己的秘密而获得某些优势。[②] 秘密有时也会成为儿童的一个社会资本，儿童用它来建构亲密关系。无论与谁拥有秘密，都会使儿童在人际互动中的筹码得

---

① ［加］马克斯·范梅南、［荷］巴斯·莱维林：《儿童的秘密——秘密、隐私和自我的重新认识》，陈慧黠、曹赛先译，188 页，北京，教育科学出版社，2004。

② ［加］马克斯·范梅南、［荷］巴斯·莱维林：《儿童的秘密——秘密、隐私和自我的重新认识》，陈慧黠、曹赛先译，81 页，北京，教育科学出版社，2004。

到提升。儿童为自己建立的稳定的社会关系主要体现在以下三个方面。

1. 与父母的关系

与父母的关系是儿童早期社会生活中最主要的关系。为了建立与父母之间的牢固关系，儿童有时也会与父母分享自己的秘密。一般儿童在家庭中与父母分享学校、幼儿园的很多秘密，很多儿童会告诉父母一些悄悄话。儿童在日常生活中与妈妈的关系更为密切，因此会与妈妈分享更多的秘密。当然，儿童在一些特殊情况下也会与爸爸分享一些秘密。

2. 与老师的关系

儿童进入学校后，也会力求与老师建立良好的社会关系，分享秘密是一个很好的策略。Z在学校里与班主任老师关系密切，她把班主任老师称为"保密箱"，从这个称呼可以窥见她通过与班主任老师分享秘密来建立与其的关系。当然，儿童在与老师分享秘密的时候是有选择的。

8岁时，Z有一天神秘地对妈妈说：妈妈，你知道J老师是我的什么吗？

妈妈说：她是你的班主任老师啊。

Z说：她不仅是我的老师，还是我的保密箱，我有什么秘密都告诉J老师。今天，我告诉她我的网名是筋斗云。我还经常给她讲笑话，她能替我保守秘密。我相信她，以前的一些事情、秘密我都告诉她。

妈妈说：真高兴你有这样的保密箱，你是不是所有的秘密都会告诉她啊？

Z：那不一定，有些不能告诉她。

3. 与同伴的关系

随着儿童年龄的增长，同伴关系在儿童社会关系中开始占据越来越重要的地位。儿童开始在同伴之中分享秘密，并视同伴与自己的亲密程度来分享不同的秘密。一般来说，同伴与儿童关系越密切，儿童越愿意与其分享秘密。当同伴不能保守秘密时，儿童可能会感受到背叛与失望。

一天中午吃饭的时候，妈妈听见7岁的S在抱怨表姐。原来事情是这样的：以前S告诉过表姐她的一个好朋友的缺点，没想到今天表姐遇到了S的这个好朋友，就告诉了其S说的话，被S听见了。回家后，S埋怨表姐不能替她保守秘密。

（四）满足试图保护自己的需要

随着儿童年龄的增长，特别是上学以后，儿童拥有的秘密越来越多，涉及面也越来越广。产生秘密的原因也更多了，其中满足试图保护自己的需要是最主要的一种。在学龄儿童中，害怕来自家长和老师的惩罚可能是产生秘密最重要的原因。一些秘密可能隐藏在儿童心灵的最深处，他们不会向任何人倾诉。儿童之所以产生这些秘密，主要是因为外部的压力。一个儿童在提到对妈妈隐瞒自己在学校的学习情况时这样说："为了不让妈妈唠叨，有时候我只好骗她。因为我觉得她只愿意听好消息，我要是把心里话全对她说出来，她一定会很伤心。所以有很多事情我不会告诉她。"

Z与妈妈也有一些关于学习的秘密。放学回家时，妈妈喜欢向Z询问关于学习的一些情况，而Z总是不很情愿与妈妈谈起关于学习的事情。但如果在学校有一些值得高兴的事情，Z会主动给妈妈讲。儿童的秘密是在人际关系中不断斗争的结果，是儿童作为弱者的一种自我保护方式，是儿童为寻找自身的生存而采取的积极的应对措施。在当下的基础教育中，儿童在学习上背负了更多的压力，因此与父母也就产生了更多的秘密。

第三节 如何对待儿童的秘密

对儿童秘密的研究的最重要的部分，还在于唤起成人世界对儿童秘密的尊重和保护。徐萍等一些学者普遍认为，现代社会对儿童秘密的侵犯主要存在两种方式：一种是明显的方式，主要是家庭教育和学校教育；另一种是潜在的方式，主要是现代媒体如电视、广播节目和计算机网络等。

波兹曼在《童年的消逝》中说，尊重儿童的秘密，让他们保有自己的秘密，这是对成长的尊重，对生命的尊重，对儿童的尊重。保护和尊重儿童的秘密是一项重要的教育实践，蒙台梭利在《童年的秘密》中说："当我们与儿童打交道时，需要观察而不是打探，这种观察必须从心理的角度进行，以此来发现儿童与成人和社会之间的冲突。"教育不在控制而在尊重，要给孩子以时间和空间。空间包括心理空间和物理空间，并且由于秘密的某些消极作用，家长和老师要给儿童以恰当的关爱和帮助，引导儿童正确认识秘密的两面性，在尊重隐私与进行监督之间保持应有的平衡。因此，对于严重侵犯儿童秘密、抹杀儿童期的现代媒体，应加强监督。

生活中的每一次秘密体验都是我们对自身的一种多方面的认识，从中我们可以了解到自己的创造力和想象力、可以体会到自我角色的不确定性、可以感知到自己的内在性情、可以看到自己在别人心目中的形象。秘密的体验帮助儿童感知内心世界的变化，并逐渐走向成熟。马克斯·范梅南和巴斯·莱维林在《儿童的秘密——秘密、隐私和自我的重新认识》中列举了许多体验秘密的场所、物品、空间及想象，这些对秘密的体验对拥有者都具有特别的意义。但针对体验秘密对儿童自我的创造、个性的形成包括创造力、想象力的激发都有什么样的积极和消极影响这一问题的探讨并不丰富，也不够深刻。

一、真正地认识儿童的秘密和儿童秘密的保护

首先，这涉及保护对象的确认问题。只有真正地认识什么是儿童的秘密，才能对其作出正确的反馈、采取不同的应对措施。否则，那些与儿童最亲近的家长或者教师就不能对儿童的秘密进行有效的保护。这是对儿童的秘密进行保护的前提。其次，要了解儿童秘密的保护的真正含义。这里提出的不单单是在思想上对儿童秘密的保护的认识，还指能够将儿童秘密的保护落到实处的真正的认识。

秘密有助于促进儿童自我意识、道德人格、亲密人际关系的形成，对儿童具有十分重要的意义，能帮助儿童健康成长。儿童是社会中最容易受忽视和伤害的群体，作为儿童的守护者，教师和家长更应该从心底真正地认识儿童的秘密。只有对儿童的秘密有了真正的认识，才能更好地引导儿童。这样，在教育过程中，不仅儿童在成长，教师和家长也在成长。而对于秘密的保护，

我们也不应该仅仅停留在认识上面。我们不仅要在头脑里清晰地认识到儿童的秘密需要保护，而且需要意识到要将儿童秘密的保护落到实处。比如说，当儿童对我们诉说某个秘密的时候，我们不是单单作为倾听者，听完就不予理睬了，还要作出相应的回馈，为儿童提出一些自己的想法或者建议。那么，我们做了这些之后，是不是就算做到了儿童秘密的保护呢？其实，对于不同的秘密，我们还需要采取不同的应对措施，要依据秘密的不同情况对儿童进行分阶段的观察。有时候，儿童和我们分享秘密是需要我们帮助其解决问题，我们在为儿童提供了一些建议之后还应该继续观察困惑是否得到了解决，这样才能真正做到儿童秘密的保护。

和儿童接触最亲密的家长大都知道秘密对儿童具有的意义，也知道拥有秘密是儿童趋于成熟的一个重要标志。秘密是儿童不愿意与其他人分享的隐私，是儿童自己的小天地，也是儿童不愿意被他人轻易触碰和揭发的想法。大部分家长也了解儿童拥有秘密时的表现，儿童刻意隐藏或不想被别人看见某些东西的时候，在只有一个人的空间完成自己的事情并告诉家长不能进入的时候，还有刻意躲避家长提出的问题，不作出正面回答的时候，往往是他们有不想被别人发现的秘密的时候。当儿童和家长分享秘密的时候，大部分家长也会认真地倾听，尊重儿童的秘密，表扬儿童，并且会根据不同的秘密作出不同的反应。此外，大部分家长都知道儿童秘密的保护的意义。比如，有人会说儿童秘密的保护意味着保护儿童的自尊心，有人会说儿童秘密的保护意味着保护儿童的身体、心灵健康成长，还有人会说儿童秘密的保护意味着给儿童自由、尊重儿童、培养儿童的独立人格……诸如此类的言语还有很多，这里就不一一列举了。但是，大多数家长对于如何处理儿童未与分享的秘密以及如何恰当地保护儿童的秘密这一问题没有太多的认识。

在发现儿童未与自己分享的秘密后，大部分家长采取的态度都不太恰当。比如假装不知道自己这个秘密，让它随着时间慢慢淡化，或者不去深入了解和分析这个秘密会对儿童产生什么样的影响，甚至诱导儿童把自己严守的秘密说出来。而对于儿童秘密的保护方式，家长们的认识也太过简单。大部分家长处于被动的位置，等待儿童主动与他们分享自己的秘密。的确，在对待儿童的秘密上，我们需要给他们空间，但是这并不意味着全然放手，完全让儿童自己处理自己的秘密，这显然是不对的。所以，家长对于儿童秘密的保护的"真正"认识以及保护方式的了解还有待提升。

概言之，他们与儿童成长关系最紧密的教师和家长中的大多数的确知道和了解儿童秘密的意义，大多数情况下也了解儿童在有秘密时的表现，而且在儿童和他们分享秘密的时候会做到认真倾听，也清楚儿童秘密的保护的意义。但是，认识了这些、做到了这些，是否就真的对儿童的秘密起到了保护作用？显然，他们对于儿童秘密的保护的认识是不够的。这是他们在认识上唯一缺少的也是最关键的一点，也就是说他们对于如何处理所发现的儿童的秘密以及保护儿童的秘密的具体方法都显得很迷惑和不知所措，即对儿童秘密的保护的具体措施知之甚少。这值得我们每个人反思。

（一）允许秘密的存在，保护儿童的秘密

秘密促进儿童对自我的认识、促进儿童道德人格的形成、促进儿童责任意识的形成，并且有助于培养儿童的同情心和羞耻心。秘密是儿童成长的营养品，拥有并保守秘密是儿童走向成熟

和独立的一个标志。儿童意识到并逐渐明白自己拥有内心世界和外部世界，会反过来帮助他们形成自我感和责任感。但是长期以来，人们对秘密存在错误的认识。儿童拥有秘密是现实的存在，也是儿童的权利。成人世界应尊重儿童的秘密，给予其合法的生存权。

（二）给予儿童更为宽松的空间，减少儿童的秘密

面对秘密所带来的消极影响，家长和老师要给儿童以恰当的关爱和帮助，引导儿童正确认识秘密的两面性，在尊重隐私与进行监督之间保持应有的平衡。成人应还给儿童自由的时间和宽松的空间，以减少秘密的产生。

（三）关注儿童的需要，洞察儿童的秘密

好的教育在于真正关心儿童，既要允许儿童秘密的存在，又要使儿童的心扉不向成人紧闭。良好的教育关系既不是产生于疏远和漠不关心，也不是产生于刺探和没有耐心。成人必须猜测到儿童的感情与意图，在他们需要得到帮助的时候及时伸出双手。

目前，学校教育和家庭教育对秘密的教育作用关注不够，因此造成的不良后果不胜枚举。不理解儿童的秘密就不能准确理解教育对象，也就不能对其进行有效的教育和引导。了解儿童的秘密、思考儿童的秘密的教育意义，应为每个关心儿童健康成长的人所重视。我们只有准确地读懂儿童的秘密，才能更有效地了解儿童、走进他们的心理世界、建立与他们的联系，也才能发挥儿童的秘密的教育意义。因此，如何才能为儿童提供和创造体验秘密的机会，从而使他们的生活和人际关系更有意义，是每一个成人需要认真思考的问题。

二、保护儿童的秘密的具体措施

理论必定要联系实际，否则就是空谈。在了解了儿童的秘密被侵犯的事实、儿童秘密的保护的意义以及如何真正地认识儿童的秘密和儿童秘密的保护这几个内容之后，接下来就要具体地说说儿童的秘密究竟要如何被保护才能真正地起到帮助儿童快乐成长的作用。在这里，笔者具体地提出了一些可行性措施，给大家作为参考。

（一）给儿童享受秘密的私密空间，把握好儿童秘密的自由与监管之间的平衡

当代社会总是充满了各种诱惑与压力，家长说是为了儿童以后有好的生活而催促儿童多读书，教师说是为了儿童以后有好的出路而监督儿童多读书，而这样的结果是儿童的空间被占据得所剩无几。儿童的私密空间就是一种奢侈的休闲，它被家长的虚荣和教师的盲目占据了。所以，我们要给儿童一个属于自己的私密空间，让他们自由地发展。在此过程中，我们需要注意：绝对不要站在大人的角度去看待、压制儿童，去给他们的生活过多的干涉。否则，儿童内心世界的发展必定会受到阻碍，精神世界的构建也会延迟，更重要的是对儿童的自我认知形成错误导向。在大人的压制下，他们内心可能变得恐惧、焦虑、胆怯、忧郁等，就像是一株刚出土的小草受到了践踏，那必然是无情的、残忍的。

儿童需要一定的私密空间，在这个空间里，他们是自己的主人，而且没有任何被监视的感觉。儿童能在这样的环境里自由地宣泄自己的情感，做自己喜欢的事情。所以，家长和教师不仅要给

予儿童一定的时间，还要给予儿童一定的空间。为了满足儿童对私密空间的需要，要在他们身边设置一个长久的私密区。这个私密区不局限于幼儿园，还要遍及小学、初中、高中甚至是大学。虽然大学生有了较强的自我意识，会根据自己的需要主动寻找适合自己的私密空间，但是私密区的设置还是有必要的。私密区的设置是给儿童一个自我反省的机会，也是为儿童提供一个与自己交谈的最佳场所。就算没有私密区的设置，家长和教师也应该学会为儿童创造隐形的私密区，至少应该做到给他们一定的空间，不要事事都要弄个明白，也不要过于关注儿童的一举一动。就像马克斯·范梅南和巴斯·莱维林所说的，家长或教师引导自己的孩子或学生走向成年的唯一恰当的途径就是不要刨根问底地了解他们心里在想什么，不去了解他们到底在做什么。否则的话，他们的个性就很难真正发展。①

但是，给予儿童享有秘密的私密空间不代表我们对待儿童的秘密的态度就是不予干涉、不予理睬，也需要做到适时监管。正如孙一兰所提及的，秘密的保护方式是实现"保持秘密与监管之间的平衡"②，因为儿童的有些秘密是需要家长适时发现、了解和引导的。

（二）"聆听"儿童的秘密，正确引导儿童

在儿童每天生活当中，教师是陪伴他们时间最长的。所以教师要在儿童的生活当中多多聆听他们的秘密，对其进行正确的引导，使其健康快乐地成长。

正如苏霍姆林斯基所说，教师"要学会用心灵去倾听、理解感受被称为儿童世界的这种音乐，首先是光明愉快的曲调。不要只当儿童世界的听众、欣赏者，还要当它的创作家——音乐家"③。那么教师应该如何聆听儿童的秘密就是关键之处。

教师对待生活应该保持敏感性，渐渐麻木的我们怎样对生活保持敏感性呢？这就要将自己融入儿童的生活之中，这是光靠理论的东西引导我们所达不到的。只有融入儿童的生活，教师才能更好地理解他们的行为背后的秘密，对于每个儿童的行为表现也能够作出更好的判断。切不可将我们已经麻木的思想加到儿童身上，这样的做法是非常愚蠢的。教师在教育过程中应该以学生为主体，在和学生交流之前先问问学生"你的想法是什么""你为什么要这样做""你想对老师说些什么"。

对于家长而言也是如此，在日常生活中要多多观察儿童的行为和心理，对他们的监督和管理要适度，绝不能用偷看儿童的日记或者通过暴力手段逼迫儿童说出自己的秘密等方式去侵犯他们的隐私。如果可以，家长不妨采取比较委婉的方式，通过互相分享秘密来了解儿童，和儿童做朋友，进而与儿童建立良好的沟通平台以便于以后更好地帮助他们，引导其作出正确的判断和选择，从而解决他们生活中所遇到的困惑。

---

① ［加］马克斯·范梅南、［荷］巴斯·莱维林：《儿童的秘密——秘密、隐私和自我的重新认识》，陈慧黠、曹赛先译，139 页，北京，教育科学出版社，2004。

② 孙一兰：《秘密与儿童的成长》，载《钦州学院学报》，2008，23（6）。

③ ［苏］B. A. 苏霍姆林斯基：《给教师的建议》，周蕖、王义高、刘启娴、董友、张德广译，15 页，武汉，长江文艺出版社，2018。

第四节　儿童如何分享秘密

教育的意义在于儿童能够创造出自我的多个层次和内外空间，有助于个人性格和自我意识的形成以及人际关系的发展。儿童对自己的感觉的隐藏其实代表着成长，是他们走向独立的标志。独立的人格是成功的人际关系的必要条件之一。人际吸引的关键就在于秘密的存在，它使每个人都与众不同。正是因为这种与众不同，我们才有了人际交往的愿望。拥有秘密并不可怕，但是需要家长、老师以及社会给予儿童更多的关注，不必了解儿童内心的秘密，而是细心观察儿童的生活，对其进行正确的引导，帮助儿童解惑。不仅要关注他们的学习成绩，更要关注他们的内心发展。

齐美尔提出，由于秘密是需要隐瞒的，所以拥有并保守秘密会使一个人有分离感、孤独感甚至感到绝望，这样的感觉常常会伴随着害羞、负罪感、社会的不赞同和道德的不安。蒙台梭利提出，教师和家长要尊重儿童的身心成长规律，不做反儿童、反教育的事情。每个儿童都有自己的成长秘密，这些秘密构成了儿童之间的差异。仲丽娟提到，儿童的秘密具有教育价值，因为秘密的体验提供了一个复杂得多的人类生活经历的现实。也就是说，要保护儿童的秘密，给其以足够的空间。

成人的监视和探秘倾向只会导致成人与儿童之间的对立，加速儿童对成人世界的心理封锁，这对于教育而言是得不偿失的。面对儿童的秘密持守，成人除了要给予足够的信任，还要进行有策略的引导。作为儿童的教育者和培养者，成人要允许秘密的存在，保护儿童的秘密；给予儿童更为宽松的空间，减少儿童的秘密；关注儿童的需要，洞察儿童的秘密等。

儿童会根据不同的秘密内容选择不同的分享对象，而在秘密内容相同的情况下，不同年龄阶段的儿童会选择不同的分享对象。在不同年龄阶段，儿童会构建不同的人际交往圈，划定周围的人的亲疏远近关系。此部分将6~12岁儿童分成三个阶段（6~8岁、8~10岁、10~12岁），分别研究儿童在不同年龄阶段如何通过秘密构建自己的人际关系。

一、"秘密分享"的含义

"秘密分享"的定义并不局限于把秘密说出来，而是表达出来。表达的形式有三种，分别是"倾述""记录""内化"。"倾述"是指通过与人交流把自己心里的秘密表达出来。儿童会根据秘密的内容选择表达秘密的对象，这些对象一般包括朋友、家长、老师还有虚拟空间，或是与其生活没有交集的人。比如课外英语辅导教师，就是与儿童生活没有交集但又值得信任的人。儿童更愿意与其分享那些深藏心底而不为人知的秘密，并通过分享获得一些解决问题的方式方法，使自己获得心灵的释放。"记录"就是将自己不愿意与人分享的秘密记在日记本上以及自己专属的私密空间里。"内化"就是将那些不愿意对人表达也不愿意记录下来的秘密深埋于心底，进行自我消化。在这里必须提到，儿童内化的思想可能是积极的，也可能是消极的，这就需要家长、教师、社会各界及媒体多多观察，给予他们更多的关注，并进行正确的引导。

儿童的秘密是需要分享的，原因有两点：①保守秘密很艰难，会使一个人感觉到孤独甚至是绝望。在分享秘密的过程中，会拉近与秘密的分享者的距离，建立与分享者的亲密关系，获得自己的交际圈。②分享秘密也是为了排解和释放自己的压力与烦恼，并获得帮助。

二、"秘密分享"的原则

秘密的持有是分年龄阶段的，不同年龄的儿童的秘密的内容、秘密的保守与分享的形式都有所不同。儿童会根据秘密的具体内容选择秘密的分享对象，还会依据"亲密"和"安全"的原则。"亲密"即与他人的亲疏远近的关系，"安全"即保守秘密的程度高低。

三、"秘密分享"的对象

基于"亲密"和"安全"的原则，将秘密的分享对象分为四类：父母、同伴、陌生人、日记本。以下就这四类对象作具体论述。

1. 父母

在儿童的生命中，父母一直在扮演着最重要的角色。所以，儿童了解必然有秘密是要与父母分享。以下是对三名受访者 J、L 和 Z 的访谈片段，让我们一同了解儿童都与父母分享了怎样的秘密。与 J 的对话如下。

我：你有什么秘密是不和父母一起分享的吗？

J：基本上没有，一般来说我的秘密藏不住，最后差不多都说出来了……我也经常和父母说说心事，而且我和妈妈的交流要比爸爸多，和妈妈像朋友一样。

在与 J 交流和沟通的过程中，能发现 J 是个很憨厚的孩子，虽然话不多，但是性格开朗，与父母沟通良好。即便是平时住校，与父母只能在周末团聚，也并不影响她与父母的交流。

与 L 的对话如下。

我：你平时和父母的交流多吗？

L：不多，一般是需要抉择一些大事时会和父母说，其余的只和死党说。

我：为什么和父母的交流少呢？

L：父母很忙，不想每天打扰他们。有时考不好什么的，怕父母说，所以也选择了隐瞒。

L 的父母平时忙于工作，所以与孩子缺少交流。但是他们对孩子要求非常严格，比如不许玩电脑和看电视等。也许正是由于父母的严格管理，加上沟通谈心的时间比较少，导致了 L 的内向和些许叛逆。

与 Z 的对话如下。

我：你平时有对父母隐瞒的秘密吗？

Z：基本上没有，一般有一些事儿憋在心里我都藏不住……因为我妈妈就像我姐妹一样，我的心里话好多都会和妈妈说。

我：那你会和妈妈说什么心里话呀？

Z：比如哪个同学的行为和做法让我觉得很不开心，我就和妈妈说出我的不满，而妈妈总会给我很好的建议。就像在班级里有个同学总说我喜欢某男生，胡编乱造一些事儿，我特别懊恼，就会和我妈妈说……

Z 的妈妈是一名全职主妇，与孩子更能像朋友一样沟通。而且她的爸爸一有空也会陪她玩，一起学习。所以这个孩子性格比较开朗，什么都愿意说，很喜欢聊天。

通过对三名受访者的访谈可以看到，在秘密的分享对象中，父母起着举足轻重的作用。J 和 Z 平时和父母的交流很多，所以在整个交流的过程中，这两名受访者相对来说心思比较豁达，想法单纯。而 L 和父母交流较少，所以其心思相对较重，想法很多，群体意识比较强烈，与父母的矛盾争执比较多。

父母是儿童的第一任教师，在儿童的一生中起到了潜移默化的作用。随着儿童慢慢长大，青春期到来，使得一些儿童不愿意听家长的话，抵触家长的约束等。面对这些问题，有些家长选择了"沟通"，而有些家长选择了"窥探"和"管束"。儿童是慢慢成长的个体，其心理、生理都处在变化期，所以需要父母起到辅助作用，要多抽出时间陪伴儿童，采用合理的方式与他们展开交流，压低自己作为父母的身段，与儿童成为朋友。在发现问题时，父母要进行及时有效的引导，以防出现不良后果如厌学、早恋、逃避等。

2. 同伴

儿童在进入小学之前，接触最多的就是父母。入学之后，其所接触的环境以及自己的生理和心理都会随着年龄增长而发生改变。12 岁的儿童处在青春期的前期，这是少年期与青春期的关键过渡期，此时朋友在他们的世界中有了越来越重要的位置。以下是 L、J 和 Z 的访谈片段，她们的秘密可以帮助我们了解到此年龄阶段的儿童是如何与朋友分享秘密的，又是怎样通过秘密的分享来划分朋友的亲疏远近的。

与 L 的访谈记录如下。

我：你有什么秘密是不和父母一起分享的吗？

L：一般是需要抉择一些大事时会和父母说，其余的只和死党说。

我：那你是怎么理解"死党"的呢？什么样的朋友关系算得上"死党"？

L：基本上什么话都能和她说。

我：记得上回你和我说过你有"死党""好朋友"和"朋友"，那你怎么区别这三种类型的朋友呢？

L：与"好朋友"说的心里话要比"死党"少一些，而且平时接触也没有"死党"多。而"朋友"就仅仅是平时在一起玩，没有什么心灵上的交流。

在这里出现了几个本土概念："死党""好朋友""朋友"。L 会根据与同学交流的多少以及内容来划分自己的朋友的亲疏远近，这说明此年龄阶段的儿童在交朋友的时候已不仅仅停留在一起玩耍的层面，而更加注重心灵的沟通。

与 J 的访谈记录如下。

我：你有好朋友吗？你的秘密会与你的朋友分享吗？

J：我的好朋友就是我的闺蜜。比如我喜欢某男生，会和闺蜜一起分享、一起讨论……

我：你觉得你为什么会和你现在的闺蜜成为闺蜜呢？和闺蜜之间会不会有竞争？

J：性格一样，在一起的时间长，住在一个宿舍，共同的爱好，没有竞争压力。

在这里又出现了"闺蜜"这个本土概念，双方是由于谈心比较多才成为"闺蜜"。J平时住校，所以在形容自己最好的朋友的时候用到了"闺蜜"这一词语。

与Z的访谈记录如下。

我：你有知心的好朋友、死党之类的吗？

Z：有。

我：那你和死党分享的秘密多，还是和父母分享的秘密多呢？

Z：我和父母分享的秘密多，因为父母都是大人了，看问题会比较全面。好朋友就不一样了，有时你和她说什么事，告诉她这事是秘密，千万别传出去。结果呢，她就会和下一个人说"我告诉你，谁谁谁有个秘密，你千万别传出去"。这样一来二去的，就全知道了。

正是由于Z平时与父母交流、相处的时间多，所以在她的心里，父母就是她最好的朋友。而且她在形容好朋友时没有用特定的词语（如死党、闺蜜）。

通过以上访谈片段，笔者挖掘了四个本土概念，即"死党""好朋友""朋友""闺蜜"。而J和L在给自己的朋友分类时，都提到了交流的多少、是否在一起分享心里话和她们自己的秘密。在这里，秘密起到了"桥梁"的作用，通过交心、分享秘密，这两位受访者获得了属于自己的朋友圈，建立了一定的亲密关系。从受访者对于亲疏不同的朋友的定义可以发现，此时的儿童已经开始有了群体意识，有了自己的交际圈和交友标准。朋友的出现可以帮助此时的儿童排忧解难，他们会互相倾诉同龄人的心声。朋友的地位是无人能取代的，家长和教师要更多地关注儿童中"小群体"的形成。因为良好的"小群体"是具有带动和感染作用的，会使每个"小群体"的成员向着更好的方向发展。反之，则会使每个成员变得不思进取。作为儿童的教育者，应鼓励儿童结交朋友，允许"小群体"形成，并引导整个"小群体"朝着积极进取的方向发展。

3.陌生人

在访谈的过程中，"我"也无形地充当着秘密的分享者，同时又像是知心姐姐，帮助受访者排忧解难。以下是关于陌生人作为秘密的分享对象的记录（仅以与L的访谈为例）。

我：除了上周你和我所说的秘密之外，你还有什么秘密呢？能不能和我分享一下？

L：嗯……其实呢，还有秘密的话，就应该是关于感情问题的。

我：感情问题？我很感兴趣，具体说说，也许我可以帮助你解决一些感情问题哟！

L：我发现我对男生×××产生了好感，这种感觉藏在心里很难受。而且有时会做白日梦，幻想着和那个男生的未来……这件事我从来没和任何人说过，包括我的死党。

我：既然这些秘密是连死党都不说的，那你为什么和我说呢？

L：因为这些话我憋在心里难受，我想说可是又不敢说，怕传出去影响同学关系，怕别人说我早熟。和您说，是因为您是大人，可以帮助我，又不会批评我，就像个心理咨询师一样。

作为陌生人的"我"（笔者），在访谈的过程中也成了三位受访者的秘密的分享对象。为什么她们有一些不和父母、朋友分享的秘密要和陌生人分享呢？笔者认为有两点原因。一是"安全"。笔者与三位受访者的关系仅仅限于在一个培训机构中的师生关系。在教学的过程中，笔者和受访者之间有一定程度的了解，并且与她们的正常生活没有交集，不会有泄密等危险。二是笔者的年龄要比三位受访者大 10 岁，有一定的生活经验。对于她们来讲，笔者在访谈过程中扮演着知心姐姐的角色，作为她们的倾听者为她们排忧解难。出于以上两点原因，三位受访者更倾向于和笔者倾诉心里的一些秘密。

而且，L 在访谈过程中与"我"分享的秘密较多且很深入，是心底不为人知的秘密。笔者认为这也是有原因的，因为在平时 L 与父母的交流少，但是这个年龄的儿童恰恰非常需要来自成人的心灵上的帮助，以形成正确的世界观。

由此，引发了笔者的深思，即儿童在成长的过程中会产生这样或那样的问题和困难，其中有一些是羞于和自己身边较亲近的人倾诉的。在这样的情况下，儿童就会在心里堆积很多秘密，而这些秘密中有的是不利于孩子成长的。如果没有利用正确的方式去解决问题，可能会使儿童走上歧途。所以就需要儿童身边的成人尤其是父母多观察儿童，帮助其排忧解难。

4. 日记本

最后还要特别提到的是，日记本（上了锁的）也是儿童的秘密的分享对象。让我们来看看受访者是怎么说的。

与 L 的访谈记录如下。

我：你平时记日记吗？

L：记呀！

我：那都记一些什么内容呢？不用说具体的，就是大致是什么方面的？

L：就是哪天被人欺负啦、心里不满啦、谁得罪我啦，在日记里就骂。如果喜欢谁，就幻想喜欢的那个人和我说话啦……

与 Z 的访谈记录如下。

我：你平时记日记吗？

Z：记呀！

我：大致都记些什么内容？不是具体的，就是哪些方面的？

Z：受什么委屈了，想象自己未来什么的。但是吧，我不总记，想起来就记，想不起来就不记。而且我总会忘记我把我的日记本的钥匙搁哪儿了，所以有时就记不了了。

L 和 Z 在访谈过程中被问及是否有记日记的习惯，回答都是肯定的。日记的内容往往是儿童心里最真挚的情感，就像是一个自己的专属空间，没有任何人的打扰和干涉。在那里可以尽情挥洒自己的情绪，愤怒的、快乐的、悲伤的、向往的等，都会跃然纸上。在当今这个如此开放和公开的世界，儿童更需要自己的专属空间，家长们不要为了更加了解自己的孩子而偷偷翻看他们的日记。尊重儿童，多些交流、多些关注，自然就会更了解儿童。在教育儿童的道路上不允许偷懒，更需要勤奋。

四、"秘密分享"的意义

儿童的秘密是需要分享的。秘密并不永远深埋于心底，而是对一些对象隐瞒，对另一些对象公开。那么，一件事情对于那些被隐瞒的对象来说就是秘密。儿童的秘密是藏不住的，分享秘密的过程会给儿童带来释放的感觉，也会拉近与秘密的分享对象的距离。儿童会基于"亲密"和"安全"的原则，针对不同的秘密选择不同的分享对象。秘密的分享对象可以分为四类：父母、朋友、陌生人（如作为与儿童没有生活交集的大姐姐的笔者本人，虚拟空间）、日记本。"秘密分享"帮助儿童形成自己的生活圈，排解自己心里的压力并获得帮助。

第七章　儿童美术：儿童生命的表达

　　儿童咿呀学语之时，美术就以涂鸦的方式进入了他们的生活当中。当儿童能拿起笔、使用笔，做着敲打式的动作、有节奏地来回摆动手臂的时候，纸上就留下了他们的第一道笔迹、留下了他们的涂鸦，这是儿童生命的印记。时光流逝，儿童的涂鸦不断变化，美术表达不断丰富。一变再变、点滴累积的涂鸦印记"表达了他们的健康、生命力、强健、柔软、内在以及生动"[①]。透过这些印记，我们可以看见儿童，可以感知和了解儿童对世界的认知、儿童的情感、儿童的生活经历以及儿童的表达能力等。如此，从美术的视角看见儿童就成为了历史的必然。

第一节　儿童美术的发现

　　儿童以美术的方式表达自己、与人沟通，儿童美术对于儿童成长的重要性毋庸置疑。这种观点在当下是为人们所认可的，但回溯到150多年以前，连儿童美术的概念都不存在。儿童美术与我们通常意义上所谈及的人类美术并不是一回事。人类美术的创作主体是成人艺术家，伴随着人类的诞生就产生了。人类美术不仅发端久远，而且自形成时就为人们所关注。儿童美术的创作主体是儿童，在儿童美术被发现之前一定有儿童的涂鸦行为，但没有得到应有的重视。

一、儿童的发现

　　儿童美术的发现为何如此之晚？重要的原因就在于儿童的发现也是始于几个世纪前。边霞在《儿童艺术的发现》中提出，儿童艺术的发现是以儿童的发现为重要的思想前提的。

　　虽然早在古希腊时期，亚里士多德就提出了要理解小孩的需要的观点，但在古代，"人"的概念没有细化到儿童与成人，人们对儿童与儿童期的概念都没有明确的意识，儿童被认为是微小的成人，与成人相比并无特殊之处。17世纪，夸美纽斯提出教育要遵循儿童的自然性原则。18世纪，卢梭以"大自然希望儿童在成人以前就要像儿童的样子。如果我们打乱了这个次序，我们就会造成一些早熟的果实，它们长得既不丰满也不甜美，而且很快就会腐烂；我们将造成一些年纪轻轻的博士和老态龙钟的儿童"[②]的道理教促人们认识到：儿童期是人生的特殊发展阶段，儿

---

① ［德］罗泽·弗莱克—班格尔特：《孩子的画告诉我们什么：儿童画与儿童心理解读》，程巍、许玉梅译，4页，北京，北京师范大学出版社，2010。
② ［法］卢梭：《爱弥儿（上卷）》，李平沤译，91页，北京，商务印书馆，1978。

童有其特殊的不同于成人的需要和精神生活。

尽管，卢梭在世时《爱弥儿》被视为异端邪说，被法国法庭列为禁书，卢梭本人也因《爱弥儿》横遭抨击，不得不颠沛流离，但发现儿童的思潮却不可逆转，也为日后人们发现和承认儿童美术奠定了思想基础。唯有尊重儿童独特的内在需求和精神世界，承认儿童期存在的价值，儿童才会被视为观察和研究的对象，其外在活动和内在精神才会被认真对待。其中就包括儿童的美术活动以及美术活动中儿童内心的需要、感受、愿望和情感体验等。

二、儿童美术进入人们的视野

19世纪下半叶，发现儿童的思潮不仅生根，而且发芽，儿童研究热潮席卷欧美各国。在这股热潮的影响下，儿童美术进入研究者的视野，心理学家、教育学家、美术史学家以及艺术家都纷纷表现出对儿童美术（更确切地说是儿童绘画）的兴趣。在19世纪八九十年代，德国艺术史学家利希德华尔克（Alfred Lichtwark）、意大利美术史学家里奇（Corradi Ricci）以及英国哲学家索列（James Sully）将儿童美术与原始部落的艺术联系在一起，力图确认儿童绘画与人类原始艺术的关联，希望能够解释艺术发生学的某些问题。到19世纪90年代末，关于儿童美术发展的研究大有欣欣向荣之势，像德国的柯申斯特纳（G. Kerschensteiner）和法国的鲁奎（G. H. Luquet）等心理学家和教育学家着力于探讨儿童绘画发展阶段及其与儿童身心发展间的关系。直到第一次世界大战爆发，儿童美术展每年都在欧洲和北美的城市举办，吸引了不同学界的注意，也吸引了众多普通公众的目光。

三、儿童美术的特质——天真之眼

史蒂格雷兹（Alfred Stieglitz）是美国现代艺术的推动者，他曾在纽约有一个名为"291"的画廊，这里展出了塞尚（Paul Cézanne）、罗丹（Auguste Rodin）、马蒂斯（Henri Matisse）、毕加索（Pablo Picasso）、雷诺阿（Auguste Renoir）等诸多现代艺术大家的作品，成功地将欧洲的现代艺术介绍到美国。这样一个重要的人物，于1912年至1916年连续5年在291画廊举办儿童画展，儿童作品受到的礼遇绝不亚于艺术大家的作品。"许多来291看儿童画展的人可以看到儿童艺术作品与现代艺术作品的相似之处：单纯、清新、有生气、视野的纯粹以及充满幻想的惊奇。"[1] "单纯、清新、有生气、视野的纯粹以及充满幻想的惊奇"就是一条美学的原则——"天真之眼"，儿童美术的这种特质引发了艺术家的关注。

1902年，德朗（Andre Derain）发表了这样的观点："我喜欢研究孩子的画。孩子的画就是真理所在，这是毫无疑问的。"马克（August Macke）在只出版了一期的《青骑士艺术年鉴》中评论道："孩子直接源自他们的感受的绘画难道不比模仿希腊的艺术形式更有创造性？"对于达达主义者而言，童年是寻求自发性、逃离社会规范的符号与象征。俄国画家和舞台设计家、《世界艺术》（Mir Iskusstva）杂志的创办者之一巴克斯特（Leon Bakst）说，儿童绘画中让人们喜悦

---

① Mary Ann Stankiewicz, *Roots of Art Education Practice*, Worcester, MA, Davis Publications, 2001, p.75.

和感动的是坦率、诚意、运动、清晰和干净的颜色。

早在 1908 年，康定斯基就开始收集儿童绘画作品。1914 年第一次世界大战爆发后，康定斯基被迫离开德国，他对儿童画的收集一度中断。一战结束后，康定斯基任教于包豪斯，又开始收集儿童画。康定斯基多次提到他学习儿童绘画的技巧，琢磨儿童在画中表现的想象力，采用儿童的自由空间、色彩无定型处理、前景与后景的模糊等绘画语言。

克利将自己对艺术的心得记录于《教学笔记》，他在其中如此迫切而坦诚地表达自己的希望："我想成为一个新生儿……哪怕变得更加原始。"为此，克利从儿童艺术以及被认为和儿童艺术有密切关联的原始艺术中寻找符合他心底里的标准的艺术形式。他的儿子菲利克斯的涂鸦被他视为珍宝，他将其中奇妙的造型记在心中，在作画时会有意识地勾勒出这些形象并重新组织，变为他自己的感情符号。所以我们一点也不用奇怪，为什么在克利的作品里时常会看到好像是儿童画一样的形象。纯朴是克利在创作中始终追求的目标，面对儿童的绘画语言，他不时反省自己曾经接受的成人化、社会化和规范化教育的得失，并不断以"儿童视觉"检视和修正自己，寻找与儿童的绘画语言的共鸣。

毕加索在其 80 岁时看了一次儿童画展之后感叹道："当我是一个孩子的时候，我可以像拉斐尔那样作画，但是我却花费了终生的时间去学习如何像一个孩子那样画画。我毕生所努力追求的，就是如何把我的作品画成儿童画般的纯真。"[1] 事实上，从 20 世纪 30 年代开始，儿童美术就深刻地影响了毕加索。儿童用图示表征物体，勾勒轮廓线以示对象的重要特征，并用自己的一套形象体系表达眼前的真实。毕加索对儿童绘画中这种独特的形式结构语言尤为感兴趣。

面对儿童的绘画作品，我们会发现，儿童所创造出来的形式常常不具常理。基于天真的观察，儿童并不关心他们所描绘的对象的整体与局部是否符合从某一角度所观察到的客观形象，儿童将环绕各个面的观察全都画在一个平面上的"愿望"的真实意图是渴望更"真实"的表征对象，即对眼睛所看到的任何印象、部位都不想遗漏。

第二节　美术是儿童表达的一种方式

有学者认为，人类"原始冲动"的表达方式之一是绘画，所谓绘画的表达是"将内心经历可视化"[2]。同理，儿童美术的表达就是儿童将其内心经历可视化的过程和结果，儿童以美术"记录观念、情感与经验"[3]、表达自我。

---

[1]　[美] 阿莲娜·S.哈芬顿：《毕加索传：创造者与毁灭者》，弘鉴译，12 页，北京，人民美术出版社，1990。

[2]　[德] 罗泽·弗莱克—班格尔特：《孩子的画告诉我们什么：儿童画与儿童心理解读》，程巍、许玉梅译，9 页，北京，北京师范大学出版社，2010。

[3]　苏振明：《台湾儿童画导赏》，2 页，台北，台湾艺术教育馆，2001。

一、美术是儿童情感表达的有效途径

美术是情感的艺术，它映射着人类精神活动与情感活动的深层心理结构。对于儿童而言，美术的创作是他们用身心体验情感、激发情感和表达情感的纯粹而自然的过程。儿童的美术创作基本上都是出自情感和生命表达的需要。若要解读隐藏在儿童美术作品后面的故事或者情感信息，形象、颜色、创作过程都是不可忽视的线索。

（一）儿童对形象的主观处理

儿童画中经常会出现比例的失常。比如，玛丽收到了她的圣诞礼物——一个漂亮的玩具娃娃后，绘制了关于玩具娃娃的画。画面中，娃娃大小超过了树。又如，儿童描绘的叮当猫远远高于周围的树，儿童描绘的小女孩比身后的楼房还高，等等。还有，儿童画了一幅玩着溜溜球的自画像（见图7-1），画中男孩的一双手非常大，与男孩身体的其他部分不成比例。

图 7-1　最难忘的溜溜球

在成人眼中，所谓艺术作品形象的真实就是艺术作品中的形象与生活中的形象要像，其外观比例要符合实际形象的外观比例。与成人的真实观念不一样，对儿童来说，重要的形象在画面中就应该比其他一切形象大。儿童心中的真实不是外观比例的真实，而是关系的真实，是内心需要的真实。如果某个对象或者对象的某个部分重要，儿童就在情感上特别倾向于它，所以会将它放大，根据它在画中的重要程度对比例关系作出整体或部分改变。倘若成人刻意去纠正事实，可能会导致儿童的不快、不解，甚至还会抑制其美术表达。

儿童对形象的主观处理有对比例的主观处理，还有对形象的刻意美化，以及刻画更细致或者简化，这与儿童的兴趣爱好和情感态度有着密切的关系。图7-2表达了一个儿童对蹦床运动的迷恋，画面中正在欢乐地蹦跳的小女孩是绘画者自己。小女孩特别享受在蹦床上弹跳和落下的感受，她非常希望妈妈在家里也给她安这样一张蹦床。此外，画面中的房子是她的新家。小女孩对最关注的形象——蹦床、蹦跳的自己细致描绘，其他的或忽略，或简化。类似的情况还有小男孩对四驱车细节的深入刻画、小女孩对公主裙的锦上添花等，我们可以从画面中看见儿童的喜好、感受儿童的体验。

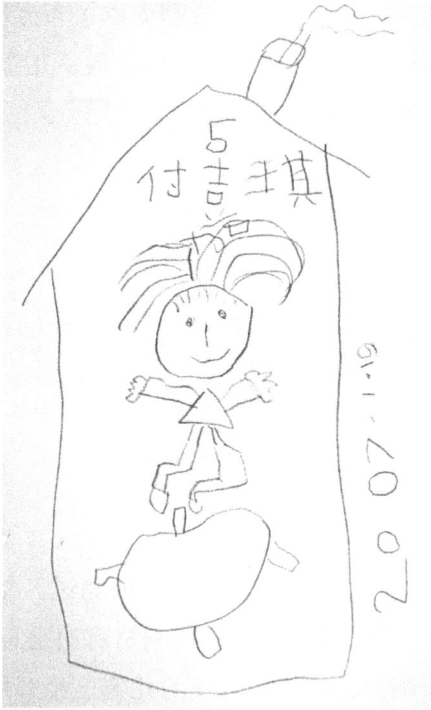

图 7-2　蹦床

小学四年级和五年级的学生在社团活动时间用软陶制作了“愤怒的小鸟”的形象。《愤怒的小鸟》是一款风靡全球的触摸类游戏，情节大致是小鸟们为了报复偷走鸟蛋的肥猪们，以自己的身体为武器，犹如炮弹一样奋不顾身地去攻击肥猪们的堡垒。玩家只要触摸控制弹弓，就可完成射击。学生们课余时间不仅玩这款游戏，还摆弄小鸟和肥猪的玩具。教师询问学生最想制作的形象是什么，学生相互交流后达成共识，告诉教师他们最想制作的是《愤怒的小鸟》中的小鸟。由于学生特别钟爱和熟悉他们要塑造的形象，作品细节动人，每只小鸟神情都很有趣，有斗鸡眼的小鸟，有充满委屈的小鸟，有噘着喙的小鸟，还有瞪着眼的小鸟。有的小鸟显得稚嫩，有的小鸟显得很有力量（见图 7-3、图 7-4、图 7-5）。学生将自己对小鸟的情感和理解表达出来了。

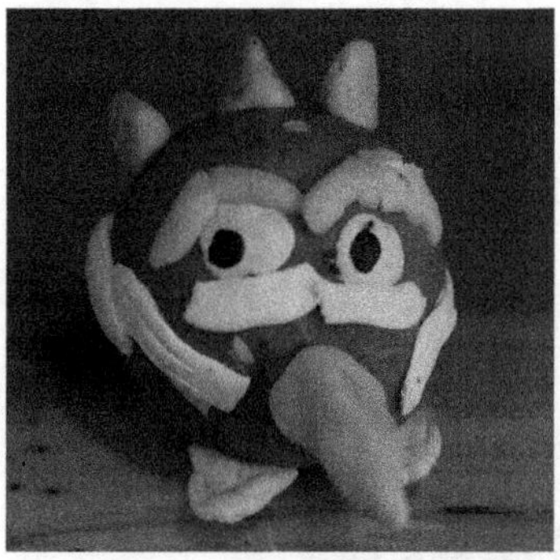

图 7-3　愤怒的小鸟 1

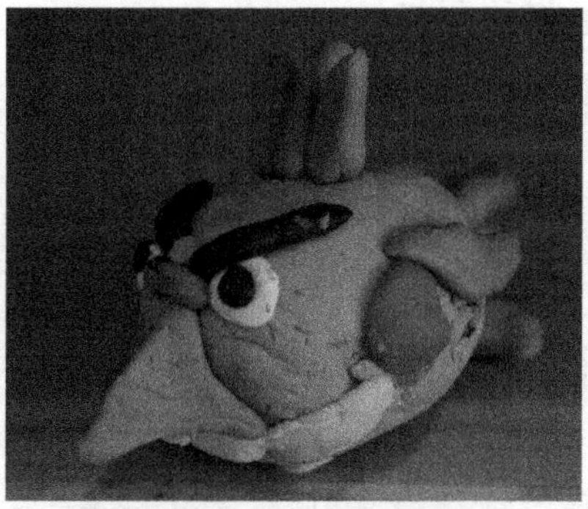

图 7-4　愤怒的小鸟 2

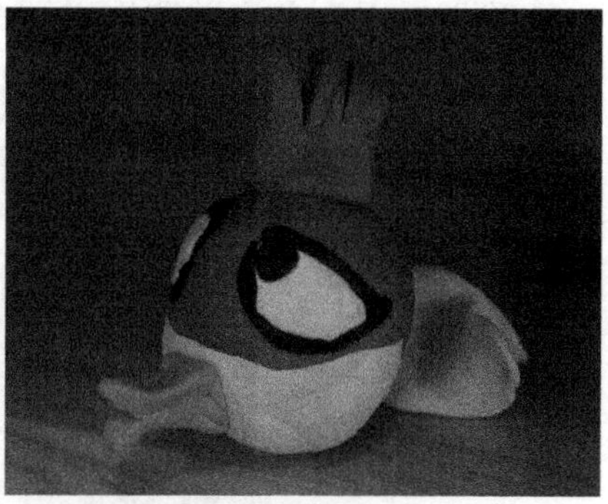

图 7-5　愤怒的小鸟 3

学生在社团活动时间塑造的另一组软陶形象“玩具老虎”（见图 7-6、图 7-7、图 7-8），取材于中国民间玩具布老虎。学生塑造的老虎形象不如小鸟那般鲜活，似乎少了些灵气。虽然布老虎造型夸张、色彩鲜艳，在我国民间广为流传，但毕竟是传统的玩具。而《愤怒的小鸟》则是现在正在流行的游戏，小鸟更为学生所熟悉与喜爱。学生一谈到或看到这些形象，玩《愤怒的小鸟》时的记忆和情绪就都会被调动起来。所以，尽管教师提供了布老虎作为教具，但相比"愤怒的小鸟"作品，"玩具老虎"作品的效果还是逊色不少。这反映了儿童对表现对象——布老虎的疏离。

图 7-6　玩具老虎 1　　　　　图 7-7　玩具老虎 2　　　　　图 7-8　玩具老虎 3

（二）儿童的色彩使用

有学者曾对儿童在不同年龄的色彩偏好进行了一项测试，结果显示，从大约 4 岁开始，儿童就会根据自己的喜好程度来使用色彩了。绘画的题材有时会限制儿童对色彩的使用范围，他们会尽量使用写实的色彩来描绘画面。这说明 4 岁的儿童已经开始有意提高画面的主题视觉定义了，在儿童泥塑中也可以得到一定的证明。在泥塑中，4 岁半以上的儿童的色彩表达已经出现了倾向化，比如男孩喜欢蓝色、绿色，女孩倾向红色、粉色等，这也是他们表达自己性别特征的一种途径。笔者认为，这样的色彩倾向与家庭及社会的教育是分不开的。色彩处于我们的知觉的中心位置，我们在看一件物体的时候首先应该知觉到的就是物体的色块，儿童也是一样的。

儿童对色彩的使用是具有情感意味的。在美术活动中，色彩是儿童进行情感表达的一种工具。图 7-9 是一幅抽象画，是一名 6 岁的儿童去世前的作品，其色彩跳跃、对比强烈，浓重的黑色似乎在一点一点地吞噬中间鲜亮的色彩，还有略僵硬的笔触等，无不传递了被无情病魔摧残所产生的紧张感。图 7-10 是一名日本儿童画的《爸爸发怒了》，画中形象较为写实，"爸爸"怒目圆睁，面部的暖色更凸显了人物激昂的神情，也流露了儿童对"爸爸"发怒的害怕。图 7-11 中的蓝色则让我们感受到儿童游览海洋馆时的畅快与轻松。

图 7-9　儿童抽象画

图 7-10　爸爸发怒了

图 7-11　海洋馆

　　儿童喜欢的东西是某种颜色，他很可能就会对这种颜色产生好感。一名 8 岁男孩被问及最喜欢什么颜色时回答灰色，笔者在儿童平时的涂鸦中也能感受到他对灰色的喜爱。一般而言，大多数儿童都喜欢鲜亮、对比强烈的颜色。根据色彩理论，灰色代表理性、沉稳、死亡等，似乎不该被一个 8 岁的孩子所喜欢。儿童对于喜欢灰色的原因是这样解释的："我喜欢灰色是因为红军的军服是灰色的，他们打仗把敌人赶了出去，我们才能生活得这么好。暖气管子也是灰色的，它很温暖。石头也是灰色的，它组成了高山，很好看，我们还能去山上玩。"由此可见，儿童对于色彩的理解与感受与其对生活经验的感悟有着密不可分的关系。

二、美术是儿童对世界认知的表达

　　艾斯纳（Elliot W. Eisner）曾经说过："认知就是求知的过程，是有机体了解环境的方法和手段。"[①] 上文论及了美术是儿童表达自己情绪感受等的一种活动方式，但又不仅如此。当儿童以美术的方式塑造人与物的时候，他们是在画画、雕塑，也是在认识环境、了解世界，以形、色、空间、构图等美术的语言展现他们对环境和世界的感知、注意、记忆、想象、理解等。换句话说，美术是儿童表达对客观事物的认识和态度的特殊形式。其中，视觉认知和视觉呈现都很重要。

---

　　① Elliot W. Eisner, "Artistic thinking, human intelligence and the mission of the school," *The High School Journal*, 1980（5）, p.330.

（一）视觉认知和视觉呈现

从信息处理的角度出发，认知被认为是个体探索活动的信息加工过程，或者说是一个由信息的获得、编码、贮存、提取和使用等一系列连续的操作阶段组成的按一定程序进行信息加工的系统。信息由视觉获取，从对事物的视觉感知和观察到对感知或观察材料的心理加工，实际上也被称为视觉认知。一般认为，视觉认知包含三个阶段。[①]

①在第一阶段，物质世界被人眼感知，人眼对形状、形式、颜色、轮廓、对比和运动等进行基本分析。这些图元被人眼中的边缘神经系统所感知。

②在第二阶段，图元信息被组织成一些基本形式（如持有格式塔认知理论的心理学家所研究的一些基本形式），已具备进行更高级的信息处理的能力。

③在第三阶段，因为有些先前获得的关于世界的知识与经验贮存在人的长期记忆中，通过和这些知识与经验发生联系，被感知的基本形式具有了一定的意义。这一阶段的信息处理模型是前一阶段的结果，常常被称为高级认知，不过这并不意味着它一定比前一阶段更为高级和精细。一般而言，人的注意力集中在视觉场景的某些部分，会对自身感兴趣的特点和事物予以更多的关注。大脑会将一些信息补充应用到未经加工的视觉印象上，结果，人得到的就不只是简单的刺激，而是更为丰富多彩的意义。

前两个阶段是视觉认知的开始，常常被认为是自下而上的加工，刺激引发人的视觉意识。对于不同的个体而言，这两个阶段的加工过程和结果会有很多共性。而第三阶段则不一样，该阶段被为是自上而下的加工，加工过程和结果会因人而异。其原因是多方面的，比如人的经验、兴趣、态度、知识结构等。

一般认为，儿童美术创作的视觉呈现过程大致是这样：首先感知和观察外部事物，然后经过心理内部调整，最后由手的绘画、剪贴、雕塑等操作表现出来。其中，心理内部调整是指心理对感知或观察材料的加工或整合。无论是对外部事物的感知和观察，还是对感知或观察材料的加工或整合，视觉认知都是主要的组成部分，但通过其他渠道获得的认知也在其中，不可忽视。对事物的感知和观察，是对感知或观察材料予以心理加工或整合的基础。没有对事物的感知和观察，人的心理加工就像是失去了原材料，自然也就不可能发生儿童的美术视觉呈现。没有心理加工，由感知和观察获得的信息（即材料）不可能被建构为内部的心理表征并获得心理意义，徒有美术的技能也是枉然。

（二）儿童对事物认知的视觉呈现

认知是个体重要的心理活动，是人的意识的集中表现。我们可以通过一些儿童美术作品来感受和理解儿童对世界的认知。

《植物大战僵尸》是时下流行的游戏，常有儿童以此为主题进行绘画或雕塑的表达。在图7-12中，一名一年级的女孩画了能吐出阳光的向日葵、豌豆射手、土豆地雷、冰冻豌豆射手等

---

① Robert L. Solso, *Cognition and visual art*, Massachusetts, The MIT Press, 1994, pp.75-78.

一系列游戏中的角色，这些形象基本上可以辨别出来。从这幅画就可以看出，女孩的观察力非常强。比如土豆地雷头上的小天线，其顶部就被女孩画成了红色，这是一处很细小的部分，但是却被她捕捉到了。在被问及为什么要画这样一幅画时，女孩说自己经常玩这个游戏，特别喜欢游戏里这些生动的小角色。作品反映了女孩对游戏的熟悉和认知。

图 7-12　植物大战僵尸

第三节　儿童对空间深度的美术表达

人生活在三维的物理空间，深度知觉即人通过视觉器官对三维空间的远近距离的感知，对于人类具有重要的意义。我们可以从儿童对空间深度的美术表达的发展和复杂程度入手，来理解在美术学习活动中的儿童。

一、儿童绘画空间中深度的缺失

无论是早期的涂鸦还是画面中任意摆放的图形，儿童在纸上的点点画画都只代表点、线或者图形自身的存在。图形本身的位置和方向很随意，我们很难从中辨别出作为参照的固定的方向，比如纸张的水平或者垂直方向。儿童几乎可以利用纸上的任何空间作画，如图 7-13 中，各个图形以不同的方向散布在纸上，儿童在作画时显然没有考虑方向。朝任意方向和在任意位置乱画的阶段不太长，之后，儿童作画渐渐倾向于将不同的图形聚集在一起，但图形本身以及图形组合的方向并不确定，也不会以纸张的水平或者垂直方向作为参照。比如，图 7-14 中的各个螺旋线基本上围绕着中间的红色螺旋线集中在一起，螺旋线外两条直线组成的"尾巴"指向不同的方向，整体上与纸张的水平或者垂直方向没有固定的联系。即使在二维的平面上，儿童也忽略水平或者垂直方向的因素，更遑论空间的深度了。

| 图 7-13　图形随意散布在画面 | 图 7-14　画面图形呈现聚集性 |

当儿童不再任意摆放图形的时候，会采取朝单一方向放置图形的规则，其中以水平方向优先。儿童画图形时并没有有意识地将形象安排在确切位置，水平并置的形象更像是漂浮在不确定的空间里（见图 7-15）。图形可以在画纸的上半部水平画成一排，也可以在画纸的下半部水平画成一排（见图 7-16）。此外，儿童水平排列形象的时候，方向有时会发生偏斜。当所画的对象较多，一排画不下时，儿童可能分两排甚至更多排将对象画出，如图 7-17 所示。这时，上下排的对象之间未必有前后关系。再进一步，儿童会在画纸下部画出基底线，将其视为人物或者动物站立、植物生长的地面。这样，画纸上部会被认为是天空，上下的垂直维度以及地面和天空就确定下来了（见图 7-18 至图 7-21）。值得注意的是，基底线可以是如图 7-19 所示的一条直线，也可以是如图 7-20 和图 7-21 所示的几条折线或者曲线。在画面中，我们可以分辨出上下和左右，但不存在纵深方向。儿童第一次画出基底线也并不意味着此后儿童在每幅作品上都会画出基底线，是否画出基底线与主题有一定的关系。

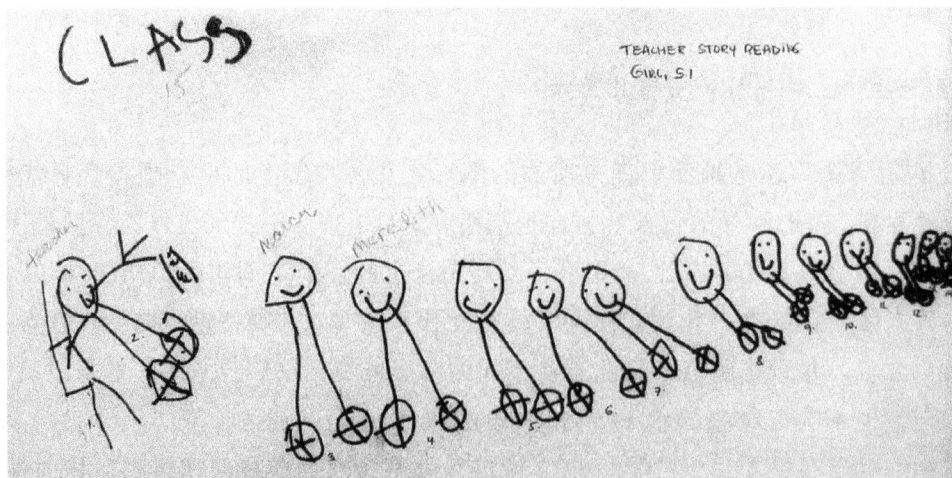

图 7-15　画面形象水平并置 [1]

① Claire Golomb, *Child Art in Context: A cultural and Comparative Perspective*. Washington DC, American Psychological Association, 2002, p.29.

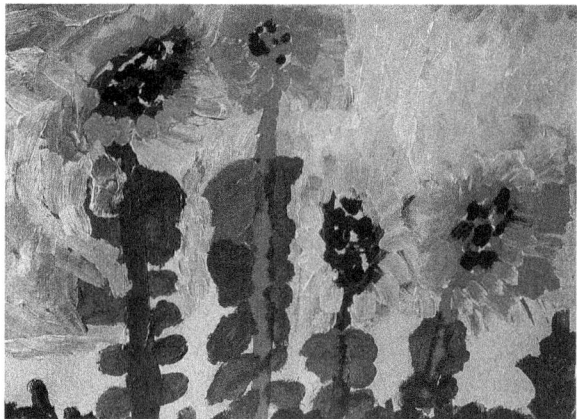

图 7-16　向日葵 ①

图 7-17　画面形象分排呈现

图 7-18　基底线为直线 1

图 7-19　基底线为直线 2

图 7-20　基底线为折线

图 7-21　基底线为折线和曲线 ②

　　上述情况表明，儿童将对象水平排列只是表征了对象的水平和垂直的二维平面，尚未涉及深度空间。也就是说，儿童绘画空间中，深度是缺失的。甚至有研究表明，即使让 5～6 岁的儿

---

　　① 该图引自杨景芝编：《2005 中国儿童美术集萃》，18 页，北京，人民美术出版社，2005。作品名称：向日葵，作者：胡婧仪，4 岁，辅导老师：罗珍。
　　② Claire Golomb, *Child Art in Context: A cultural and Comparative Perspective*. Washington DC, American Psychological Association, 2002, p.30.

童画一个物体以及其后面的物体时，他们仍旧会将有前后关系的形象分开，以水平排列的方式画出这些形象。①

二、儿童绘画中对深度的表现

随着年龄的增长，儿童不再满足于绘画空间中深度的缺失，会尝试描绘处于不同深度的物体。

在下面将要谈到的图7-22至图7-25中，儿童是用画纸的垂直维度去表现远近的空间关系，在纸的垂直方向画上处于不同距离的物体。与前文提到的5~6岁的儿童将有前后关系的形象分开，以水平排列的方式画出这些形象的状态相比，这有较大的区别。以高度为线索表示远近几乎贯穿了人类艺术发展历史，史前艺术、埃及艺术、希腊罗马艺术、文艺复兴艺术都有，以打破原有艺术规则为特色的现代艺术在一定程度上也保留了高度线索。②在艺术史中司空见惯的高度线索没有在儿童初拿画笔涂鸦的作品中出现，也没有在儿童学会将对象水平排成一列时为其所采用，直到儿童7~8岁时才出现在其绘画作品中。③暗示深度的线索多种多样，表示远近关系的高度线索最早出现在儿童绘画中。不过需要注意的是，图7-22中孩子与树木有距离的差别，按道理有前后遮挡关系，但是儿童画笔下的玩耍的孩子和树木前后都是各自分开的，没有任何形象重叠或者遮挡。图7-23中的建筑与三角形的小草以及图7-24中的动物之间，也是同样的情况。显然，儿童在纸的垂直方向描画处于不同距离的物体的时候，还是刻意将有前后遮挡关系的物体分开描画。究其原因，与儿童保持图形完整性和整体性的偏好有关。儿童力图保持图形边界完整，为此，他们面对有前后遮挡关系的物体时会将后面的物体往上画一点，或者将前面的物体往下画一点。保持图形边界完整的偏好不仅使得儿童将有前后遮挡关系的物体分开描画，而且使得儿童画出了透明画。

图7-22　朋友很多——用画纸垂直维度表现远近的空间关系

图7-23　想坐蜻蜓——用画纸垂直维度表现远近的空间关系

①　Claire Golomb，*The child's creation of a pictorial world.* Berkeley，University of California Press，2004，p.113.

②　Robert L. Solso，*Cognition and visual art, Massachusetts*，The MIT Press，1994，p.161.

③　Claire Golomb，*The child's creation of a pictorial world.* Berkeley，University of California Press，2004，p.113.

图7-24 老虎——用画纸垂直维度表现远近的

图7-25 海洋馆——用画纸垂直维度
表现远近的空间关系

透明画是儿童绘画发展中不能忽略的现象，就是将物体内部看不见的部分或者被遮住的部分画出来。将内部看不见的部分画出来主要是指儿童将房屋的内部（见图7-26、图7-27）、母体子宫内的婴儿和胃里的食物（见图7-28）等画出来。儿童画该类型的透明画与保持图形边界完整的偏好无关，因为这种情况下儿童不在意内部的人与物是看不见的，其目的就是要揭示内部的状态。

图7-26 鸵
鸟——透明画

图7-27 百货公司——透明画

图7-28 鲸鱼——透明画

与保持图形边界完整的偏好有关的透明画，是指儿童将有前后遮挡关系的物体画在一起，不分开。但不同物体的图形都有完整的边界，图形与图形之间相互重合（见图7-29与图7-30）。在儿童眼里，无论是前面的物体还是后面的物体都要画完整，被遮住的部分被儿童画出来也就不奇怪了。当儿童明白看不见的部分不要画的时候，就会有意采用遮挡的策略（如图7-31）。但有时存在这样的情况：儿童明知看不见的部分不要画，但他们是先将后面的物体完整地画出后再画前面的物体，因此还是画了透明画。不管怎样，儿童学会遮挡的方法后，透明画就会随之减少，而遮挡的技巧正是艺术中的深度线索之一。考克斯（Maurren Cox）认为，大约到9岁，大多数儿童会采取遮挡或部分遮挡的绘画技巧，这种技巧的运用是儿童开始对深度进行表征的表现之一。[1]

① Maurren Cox, "One thing behind another: Problems of Representation in Children's Drainings," *Educational Psychology*, 1981（4），pp.275-87.

图 7-29　散步——图形间的重合①

图 7-30　参观——图形间的重合

图 7-31　礼物——遮挡

　　为了检验儿童描绘物体前后关系的能力，皮亚杰等人曾给儿童呈现一个由树、教堂、房子和桥组成的村庄模型，并将模型摆放在低矮的桌上，让儿童俯瞰这个模型，然后画出。结果发现，儿童不是从俯视的角度，而是从正面描绘物体。这就是常说的儿童偏向于用物体的典型面描画对象。所谓典型面就是最能体现物体特征的、与物体性质最适合的方向或角度。② 针对不同的对象，典型面是不一样的。比如，人、房屋的典型面往往是正面（见图 7-18、图 7-32、图 7-33），马、驴、老虎、狮子的典型面通常是头部正面、躯体侧面（见图 7-36、图 7-37、图 7-38），小鸟、轮船的典型面一般是侧面（见图 7-33、图 7-34、图 7-35、图 7-39）。

图 7-32　人物的典型面

图 7-33　房屋和小鸟的典型面

①　Claire Golomb, *Child Art in Context: A cultural and Comparative Perspective.* Washington DC, American Psychological Association, 2002, p.13.

②　Claire Golomb, *The child's creation of a pictorial world.* Berkeley, University of California Press, 2004, p.101.

图 7-34　小鸟和人物的典型面

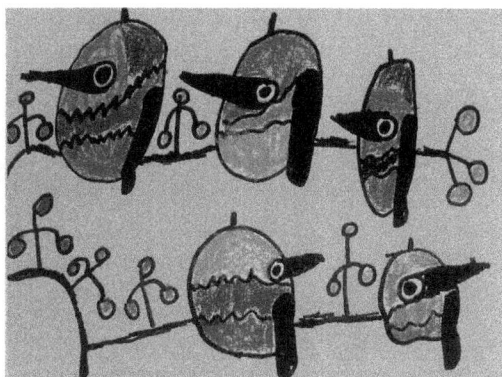

图 7-35　小鸟的典型面

图 7-36　童话故事——马的典型面 1

图 7-37　童话故事——马的典型面 2

图 7-38　狮子的典型面

图 7-39　轮船的典型面

当儿童克服偏向典型面的倾向，试图从非典型面的方向描绘对象并尽力协调画面视点的时候，意味着他们在解决画面深度的难题上取得了更大的进步。在图 7-40 至图 7-43 中，人物与动物有正面的、侧面的，还有背面的，其描绘没有局限于典型面。一般而言，儿童对物体数量和类型的关注要甚于物体在空间的布局。但在图 7-40 至图 7-42 中，人物与动物在空间中不同方向和位置的安排以及与之相适应的不同方面的描绘，说明了儿童在营造绘画空间上的成长。还有一点不可忽视的是，在不同位置的人物与动物基本上视点协调，体现了空间的一致性，克服了儿童画中常常出现的空间混乱。如图 7-43 所示。

图 7-40　童话故事——克服典型面 1

图 7-41　我喜欢和大家一起做事——克服典型面

图 7-42　斗牛——克服典型面

图 7-43　做一只大蜘蛛它在操场上爬

除了上述策略外，儿童还会采用其他一些策略表现空间深度，比如斜线的运用以及物体多个侧面的出现。图 7-44 中，房子不仅有正面，还出现了侧面，画面下半部分表现了地面向纵深的延伸，整体上表现出空间的延伸性。图 7-45 至图 7-47 是不同年龄的儿童画的桌子。图 7-45 采用的是正交投影①方式，桌面用一条水平线表示，桌子只有前面一个面被画出。画面上的人物也是正面的形象。图 7-46 是用垂直倾斜方式，这种情况下，桌面是由两组平行或近似平行的线表示，这两组线相互垂直，桌子的顶面和前面被画出。不过在图 7-47 中，纵向的一组平行线没有画出，因为桌面的两边延伸至纸外。其中采用平行的倾斜线描画了桌子的前面、侧面和顶面，桌面基本上是一个平行四边形。而且，图 7-47 中的其他物体如货柜与舞台都画出了前面、侧面和顶面。相比较而言，图 7-46 没能区分出空间的高度和深度，图 7-47 则清楚地表明了空间的高度和深度。

---

① 即投影线垂直于投影面的投影，也称为"平行投影"。

图 7-44　童话故事——克服典型面 2

图 7-45　做曲奇饼

图 7-46　鱼摊

图 7-47　中秋快乐

　　上文列举的用垂直维度去表现远近与遮挡、运用斜线以及画出物体的多个侧面等，都表明了儿童在空寂深度表现上的成长。但美国学者戈朗布（Claire Golomb）认为通过这些进步并不能预测出在儿童画中会自然出现线性透视、缩短透视和远近大小的变化等 [1]，面对透视绘画（确切地说是包含多种透视线索特别是线性透视的绘画）也不是儿童发展的一个自然终点。

　　如上文所说，儿童成长的过程中存在着保持图形完整性和整体性的偏好之类的困难，而成长就是对困难的逐渐克服。但困难还不仅于此。

三、儿童表现深度的复杂性

　　儿童解决如何表现空间深度的难题是一个复杂的发展过程，导致其取得进步的原因也是复杂的。很难说儿童到几岁就一定能掌握哪些技巧，会运用哪些深度线索或者说透视法；也不能说儿童没有表现出空间深度，就说明其还没有掌握相关的空间概念。

　　传统的儿童绘画发展理论的研究由来已久。1885 年，英国的库克（E.Cooke）认为儿童绘画最早是属于筋肉运动产生的涂抹，随之在画画中儿童筋肉渐受精神指挥，然后是儿童画画时思考

---

　　[1]　Claire Golomb, *The child's creation of a pictorial world.* Berkeley, University of California Press, 2004, p.326.

受想象影响，最后儿童绘画在形式上具有基本的组织。1905年，柯申斯特纳收集了大量儿童作品，按年龄归类分析，最终在他的《儿童绘画能力的发展》中提出儿童绘画发展要依次经历实验前期、图式期、线与形式欣赏期、平面画期和立体画期。1927年，鲁奎又提出，儿童绘画发展会经历潦草的"乱画"阶段、"残缺"的现实阶段、"理性"的现实阶段和"视觉性"的写实阶段。鲁奎的观点深得皮亚杰的认同，而且皮亚杰还提出，可以利用儿童绘画来说明儿童空间表象的发展。之后，关于儿童绘画发展阶段的研究越来越为学界所重视，研究者来自不同国度、处于不同时代。发展理论本身也因时代和地域的变化产生了很多新的发展，从20世纪下半叶起，不少人甚至对儿童绘画发展阶段的说法提出了质疑。这里暂且撇开这些，单单从儿童对于空间深度的表现去思考：能否确定儿童在几岁就一定能掌握某些深度表征的技巧？深度表征有阶段性吗？

首先，儿童是存在个体差异的。有这样的例子：同样是小学二年级的儿童，有的会用高度表现深度、用遮挡方法表现前后关系，甚至能将物体的多个面表现出来；有的却只能用高度表现深度。威廉茨（John Willats）在他的研究中提出，图7-38中的画法是13~14岁的儿童才会采用的，但事实上图7-38是一个7岁儿童的作品。威廉茨认为，7~12岁的儿童普遍采用的解决空间问题的方式是图7-36所示的方法。关于遮挡的画法，威廉茨的研究结果是儿童在9岁以前很少使用[1]，但事实上，在北京这样的城市，不少儿童学前就学会了用遮挡的画法处理有前后遮挡关系的物体。

其次，不能否认儿童绘画从一开始就受到文化的影响。尽管年龄小的儿童受绘画范例影响的程度会比年龄大的儿童弱一些，但影响还是存在的。梭罗（Robert Solo）总结了艺术史的不同阶段出现的具有代表性的透视法，这里只罗列其中三个阶段：史前、文艺复兴和现代（见表7-1）。一般而言，在儿童绘画作品中，"相对大小""阴影""质地梯度"以及"大气透视"线索不会自然出现，其他线索则有可能被应用。但儿童究竟会应用哪些线索不只与年龄相关，与儿童接触到的美术范例亦相关。现代艺术对传统艺术提出挑战，有意摒弃不用某些透视法。呈现在儿童周围的艺术作品有重视透视法的文艺复兴作品，也有现代艺术作品。此外，对多种透视法有选择地使用的卡通作品也是儿童的精神食粮。面对这些范例，儿童在自己作品中对空间深度的处理就有了更多的可能。

表7-1 艺术史的不同阶段出现的具有代表性的透视法[2]

阶段	相对大小	遮挡	阴影	高度	质地梯度	大气透视	线性透视
史前	有	有	少数	有	大致没有	无	无
文艺复兴	有	有	有	有	有	少数	有
现代	有时候	有	有时候	少数	大致没有	大致没有	大致没有

① Willats, J., *Drawing System Revisited: The complementary role of project systems and denotation systems in the analysis of children's drawing*, In Freeman and Cox (Eds.), *Visual order: The nature and development of pictorial representation*, Cambridge, Cambridge University Press, 1985, pp.78-100.
② Robert L. Solso, *Cognition and the visual arts*. Massachusetts, The MIT Press. 1994, p.191.

　　最后值得一提的是给儿童布置的任务对儿童绘画策略产生的影响。戈朗布等人曾做过这样的实验①：请4～12岁的儿童以"一家人""老师在课堂上给孩子讲故事""三个孩子玩接球游戏""摘苹果"为主题各画一幅画。结果发现：①"一家人"主题中，绝大多数儿童都是以类似于图7-3、图7-8和图7-10的形式安排人物。②"老师在课堂上给孩子讲故事"主题中，儿童或将老师与孩子安排在一条水平线上（老师与孩子有相对的也有面向一个方向的），或将老师与孩子分别安排在两条水平线上。③"三个孩子玩接球游戏"主题中，画面排列有两种方式。一种是三人水平排成一排，这样表现的一般是1～3年级儿童；另一种是三人呈三角构图，这样表现的儿童年龄跨度是1～5年级。④"摘苹果"主题中，儿童基本上按垂直轴画人、梯子和树，篮子在树下或者树旁。后来，他们让4～13岁儿童根据另一组不同主题作画，意外地发现：一些有天分的8岁儿童根据"生日晚会"主题描画了孩子们围坐在桌子边，有正面、侧面和背面之分。而前面谈及的威廉茨的研究认为儿童多在12～13岁画出桌子，画面中孩子方向变化的表征也超出了这个年龄儿童的一般水平。

　　所以，戈朗布认为任务的性质在一定程度上会影响绘画的结果，并引发新的绘画策略。如果任务要求明确，又符合儿童的生活经验，那么很多儿童就有可能克服描绘对象典型面的倾向与保持图形完整性的偏好，协调画中人物位置和方向，采用遮挡的方法进行描绘。但是新的绘画策略的引发并不意味着儿童掌握了新策略，一旦改变绘画主题，儿童可能又会顽固地使用原来偏好的策略。显然，个体差异不足以质疑阶段说，但文化与任务性质的影响使我们很难确切地说儿童在哪个年龄段就一定能掌握某些方法。

　　儿童绘画中深度表现的复杂性还在于：儿童掌握了相关的空间概念并不意味着儿童就能表现出空间深度。皮亚杰根据观察儿童画村庄模型、与儿童对话及一系列相关研究，提出如下观点：绘画是儿童空间概念的一个特殊反映。皮亚杰认为，儿童画透明画、画面中视点混乱等都是因为儿童还不具备从特定角度画物体的能力，即儿童画其所知而不是所见。根据皮亚杰的研究，儿童在学步的第二、三年就掌握了基本的空间关系，但由上文可知，一般情况下，儿童表现纵深空间关系的图画手段滞后于对空间概念和关系的了解。儿童在画村庄模型时完全知道房子有正面、侧面、顶面还有后面，但画出来的还是房子的典型面——正面。儿童关注的是通过描画典型面可以认识的有意义的房子②，但他们未必能将其所知道的都以绘画的形式表现出来。

　　用二维平面作为媒介表征三维世界，本身就有局限性。这种表征不是简单地照搬，必须知道合适的线索，从而表达深度，并区别深度与其他两个维度——高度与水平方向。这实际上就需要儿童进行灵活转换的思维加工，当然还需要儿童能控制和修正自己的行为。

　　从画出第一张可以辨认出形象的作品开始，直到青春期，儿童在空间深度的绘画表现上是变化和发展的。最初的画面中找不到深度线索，但随着儿童的成长，画面中逐渐出现高度线索、遮挡线索以及画出了物体的多个面等情况。但是，儿童不经过学习，不可能会运用所有的表现深

　　① Claire Golomb, *The child's creation of a pictorial world*. Berkeley, University of California Press, 2004, pp.117-123.

　　② Claire Golomb, *The child's creation of a pictorial world*. Berkeley, University of California Press, 2004, p.113.

度的方法。

第四节　儿童的剪纸表达

剪纸是中国最为古老也最为普及的一种民间装饰艺术，其在国外儿童的美术学习中不是主流，因此没有研究的基础，在国内，虽然剪纸的学习逐渐得到重视，但是基于儿童剪纸的研究却很少见。下文主要通过剪纸来探究儿童的学习和美术表达。

一、儿童学习使用剪刀

学习剪纸，剪刀是必备的工具。儿童不到 2 岁便可以握笔涂鸦，但用剪刀剪纸却要晚得多。儿童最初涂鸦，依赖大肌肉动作和精细动作同时发挥作用。使用剪刀则是较为复杂的精细动作，需要儿童具有手部的精细动作能力。"个体手部的精细动作能力，是指个体主要凭借手以及手指等部分的小肌肉或者小肌肉群的运动，在感知觉、注意等多方面心理活动的配合下完成特定任务的能力，对于个体适应生存及实现自身发展具有重要意义。"[①] "相对于大肌肉动作——胳膊、腿、足部肌肉或全身的较大幅度的动作，精细动作的发展较晚，也更难控制。手部精细动作的发展系指肌肉控制及协调的发展，是儿童视觉和手部动作之间的协调能力，或者是手指及手腕的操作能力的发展。精细动作的发展是一个从整体到分化、从不随意到随意、从不准确到准确的连续发展过程，其中，较基本的能力是较高级、较复杂能力发展的基础。"[②]

根据儿童的动作发展特征，4 岁的儿童可以利用剪刀将简单的图形沿线剪下。至 5 岁，由于小肌肉得到进一步发展，儿童已经能使用剪刀剪出较复杂的图形。但在学前期，由于担心儿童因使用剪刀不当受到伤害，不少家长不让或者尽量少让儿童使用剪刀。虽然学前儿童或多或少都使用过剪刀，但是仍旧有一年级儿童尚未掌握拿剪刀的正确姿势，不会正确使用剪刀。能较为自如地使用剪刀的一年级儿童不多。

在一年级的剪纸课程中，首先要解决的问题就是让儿童熟悉剪刀，学会正确拿剪刀、使用剪刀，鼓励儿童用目测直接剪出直线、折线、方形、三角形，继而剪出弧线、波浪线、半圆形、圆形甚至心形和螺旋线等更为复杂的形式，从而使儿童能够慢慢手眼协调地使用剪刀。以剪圆形为例，在儿童掌握剪弧线后，让儿童学会用左手旋转纸片来配合右手的剪刀，剪圆形就不成问题，视觉与手部动作间的协调能力就会逐渐增强。儿童从学会正确拿剪刀、使用剪刀到能较为精确地剪出图形，教师的有效示范和儿童的适度而高效率的练习是必不可少的。

此外，培养低年级儿童正确的剪纸姿态也是不可忽视的。剪纸时，姿势端正，左手托拿纸的左边，右手持剪刀，食指按在剪身轴心旁。

---

① 董奇、陶沙：《动作与心理发展》，57 页，北京，北京师范大学出版社，2002。
② 董奇、陶沙：《动作与心理发展》，101 页，北京，北京师范大学出版社，2002。

二、剪影与纹样

儿童学习美术的目标之一是"了解美术语言及其表达方式和方法"[1]，学习剪纸亦不例外。剪纸的语言及其表达方式和方法是儿童学习剪纸的基本目标之一。

装饰纹样是剪纸的重要语言。中国剪纸被称为镂空的艺术，镂空使剪纸艺术在视觉上给人以透空的感觉，不仅凸显了表现对象的轮廓特征，而且丰富了作品的装饰效果，增添了剪纸艺术的魅力，给人以独特的艺术享受。没有了镂空的方法，中国剪纸就不成其为中国剪纸。中国剪纸中，镂空效果的实现离不开多种多样的装饰纹样。"剪纸的装饰纹样是民间剪纸艺人在长期的剪纸实践中总结出来的用于表现特定事物、美化事物块面的纹样"[2]。常用的剪纸纹样有方形纹、太阳纹、月牙纹、柳叶纹、水滴纹、云纹、马蹄纹、锯齿纹等，一幅剪纸作品中通常会用到多种装饰纹样。

儿童学习剪纸纹样的确重要，但是非常有必要考虑到学习内容的循序渐进。

剪影即剪出对象的外形轮廓，剪出装饰纹样较之剪影更为精细。李蓓蕾、林磊和董奇从精细动作能力的角度分析儿童的线条填画能力、图形临摹能力以及使用筷子的技能，提出：在筷子运用过程中，不仅要具备基本的手部小肌肉的控制能力，将手部动作和多种感知结合，还要能根据所操作物体的属性来调整手形、改变着力点以进行成功的夹取活动，需要大量的练习才能达到自如的状态。[3] 剪刀的使用技能对于低年级儿童来说同样属于复杂的工具操作技能，手部小肌肉的控制能力、手部动作与视觉及触觉的结合都是必不可少的。而且图案越复杂，要求越高，要不断调整手形、改变着力点以及剪刀运动的方向。从图案构成来看，与剪出装饰纹样相比，剪影所要求的手部精细动作能力相对基本一些，前者需要更为高级和复杂的手部精细动作能力。从剪刀使用的角度说，剪局部纹样的要求比剪影更高，要求剪口准确、整齐、细致。因此，在低年级儿童学习剪纸课程的初期，剪影是基本的要求，而且要尽量选择造型简单、特征明显的合适的对象让儿童表现，如树、树叶、心形、云朵等。剪影难度降低使低年级儿童容易获得成功，有利于培养其学习剪纸的兴趣。在此基础上的不同颜色的剪影重叠搭配也很有趣，颇得儿童欢心。

三、纹样的学习

上文列举的常用的剪纸纹样难易程度不一，人们普遍认为方形纹、太阳纹、月牙纹、柳叶纹、水滴纹等比较容易。其中，方形纹由直线构成，最为简单；太阳纹、月牙纹、柳叶纹、水滴纹则由弧线构成。由于在低年级儿童学习剪纸的过程中首先介绍给他们的学习内容是直线的剪法，故而首先可以介入的内容就是方形纹，方形纹对于低年级儿童而言是容易达成的目标。轮廓加上简单的方形纹，就能变成有趣的图案，如电视机、凳子等。太阳纹、月牙纹、柳叶纹、水滴纹对于已学会已剪弧线的儿童而言也并不难，学会这些纹样后，他们在剪纸上的表现力能得到提升，

---

① 中华人民共和国教育部：《义务教育美术课程标准（2011年版）》，6页，北京，北京师范大学出版社，2012。

② 谭阳春：《学剪纸就这么简单》，6页，沈阳，辽宁科学技术出版社，2012。

③ 李蓓蕾、林磊、董奇、Claes von Hofsten：《儿童精细动作能力的发展及与其学业成绩的关系》，载《心理学报》，2002 (5)。

从而促进个性与创意的表达，增强学习的自信心。

锯齿纹是难度较高的纹样，由线条相交形成。如果在内部，先在尖处开一个长口，或直线，或弧线，或圆形，然后开剪；如果在外部，直接随着外形剪。剪刀在两手之间应平衡稳当，右手持剪刀，剪刀尖放在左手的食指上，大拇指把剪的花瓣部位压牢，使它不容易错位。剪刀尖不离原处，左右移动，一刀紧挨一刀，排列长短、大小要均匀。直线锯齿纹难度最低，弧线锯齿纹难度适中，圆形锯齿纹难度最高。

低年级儿童的精细动作能力虽然得到了较大的发展，但是和高年级儿童以及成人相比，视觉和手部动作之间的协调能力以及手指与手腕的操作能力仍然有待发展。如果一开始就让低年级儿童学习对精细度要求高的锯齿纹，显然是不科学的，有违儿童心理发展的规律，容易让儿童产生挫败感。即便儿童具备了一定的剪纸基础，也要先学习剪直线锯齿纹，然后学习剪弧线锯齿纹，在此基础上再进一步学习剪圆形锯齿纹。这是一个由简单到复杂的学习过程。

剪纸的学习绝不只是让儿童照葫芦画瓢地剪一些图案，更重要的目标应该是让儿童学会用剪纸的语言和技法进行创作、表情达意、装点和美化生活。纹样的组合可以激发儿童的创造性，给予儿童表达自己情感和思想的机会和方法，但这在纹样学习有一定的积累之后方可进行。

四、对边折剪与破剪的选择

折剪是将纸经一定的方法折叠后剪镂，可以剪出对称纹样和图形。学习折剪首先要掌握折纸的不同方法，然后才能剪出变化无穷的对称纹样和图形。将正方形对边或者对角合折一次成二层单元，是二分法；再合折一次成四层单元，是四分法；再合折一次成八层单元，是八分法；再合折一次成十六层单元，是十六分法。此外，还有三分法、六分法、十二分法、五分法、十分法，以及二分连续法。其中，二分法中将正方形对边合折一次成二层单元，就是通常所说的对边折剪。相对于其他折法，这种折法是最为简单的，既不用多次折叠，也不用考虑折叠的角度，所以低年级儿童应由此介入折剪的学习。

如果纹样出现在对边折剪后的纸张边缘，初学剪纸的低年级儿童不会遇到什么困难。但是如果纹样出现在对边折剪后的纸张内部或者出现在剪纸图案的内部，就需要进行掏剪（又称抠剪）操作：用剪刀尖刺穿纸张即开孔，然后将剪刀尖置于孔中，左手轻托纸背，右手执剪刀沿逆时针方向边剪边旋转前移。掏剪对于成人或者有一定剪纸基础的高年级儿童而言都不是特别困难的事，但是初学剪纸的低年级儿童就会存在一定的问题。如力度控制不好，将纸戳破之后可能会导致一些细节被破坏；由于没有控制好戳破的位置、大小，影响接下来的剪裁操作，甚至可能戳伤手指等。这些问题的出现同样与精细动作的发展程度有关联。

面对上述情况，破剪是一种合适的选择。所谓破剪，就是从外部剪破边缘线，进入预定的部位进行剪镂。剪破边缘线能方便剪镂，只要安排巧妙，破口痕迹不明显，也不破坏作品的整体效果。用破剪的方法暂时代替掏剪，对于一二年级儿童而言能在很大程度上降低剪纸学习的难度，却丝毫不减损儿童剪纸作品的丰富表现力。

五、对剪纸文化意涵的理解

中国剪纸艺术之美不仅仅在于生动悦目的镂空韵味，还因为它有着自身独有的深层特定内涵。中国民间图腾崇拜和宗教信仰的传承，各地百姓的心理特征、生活追求以及审美情趣，都能透过中国民间剪纸的纹样的寓意传递出来。剪纸中屡屡出现的"蛙"的形象在民间被视为某种神力的象征，被看作百姓生活中的护佑神。再追溯至上古时期，就会发现它是原始人类对自然的崇拜的产物。我国上古就有了以"蛙"为图腾的传说，女娲神话就源自母系氏族社会以"蛙"为图腾的氏族。贴在北方民居的顶棚上的大幅团花剪纸，用金鱼的形象寓意"金玉满堂"，用四只凤凰环绕四个喜字表达久旱逢甘霖之喜、他乡遇故知之喜、洞房花烛夜之喜以及金榜题名时之喜，寓意吉祥、美好、幸福。在江苏苏州一带，有用以祈晴的"扫晴娘"。还有桃象征长寿、石榴象征多子多孙、荷花象征纯洁与爱情、牡丹象征荣华富贵、菊花象征长寿延年、元宝象征财源广进、花瓶象征平平安安等，这些形象都表达了人们对美好生活追求。

剪纸独到的文化意涵丰富而深厚。教师可以选择儿童能理解的、具有正确、健康导向的文化寓意，浅显地介绍给初学剪纸的低年级儿童。儿童可以在创作中用剪纸的语言和形式表达其对生活的追求、对他人的美好祝愿，比如用"鱼"表达年年有余、用"苹果"表达平平安安、用"鸡"表达吉祥、用"柿子"表达事事如意等。基本的剪纸语言和技法的学习与剪纸文化意涵的学习双管齐下，才能真正促进儿童的剪纸学习。

第五节 如何看待儿童美术的发展

一、质疑传统发展理论

在费尔德曼（David Henry Feldman，又译作"费德曼"）之前，不乏研究者提出儿童心理发展理论，比如皮亚杰的儿童认知发展阶段论、弗洛伊德的精神分析理论、格赛尔（A. Gesell）的自然成熟理论等。面对这些理论，费尔德曼提出了挑战。针对发展阶段论，他运用三个示意图比较了三种不同的阶段观念。图7-48-a表示的是17世纪前主张的发展阶段观念，图7-48-b表示的是皮亚杰等人对于发展阶段的理解，图7-48-c则是费尔德曼自己主张的发展阶段观念。17世纪前主张的发展阶段观念的分化方式过于规整，一个行为发展的阶段由早期发展到末期后，突然跳到下一个阶段的早期，中间截然分离，没有渐进。根据皮亚杰等人的看法，一个阶段显然随着层次的提升而逐渐接近下一个阶段的起点，两个阶段刚好接上。但有心理学家认为，这只是皮亚杰等人的信念而非事实，并且研究的结果也与其心目中的那种整齐度与可靠性相去甚远。研究显示，在儿童发展的每个阶段会同时存在着好几个其他阶段的行为，而每个阶段常常需要花费很长的时间才能完成。因而，费尔德曼主张一种全新的看法，这就是：在一个行为发展的阶段里同时包含了好几个其他阶段的行为，一个阶段尚未结束，新的一个阶段的行为发展就已经开始了。[①]

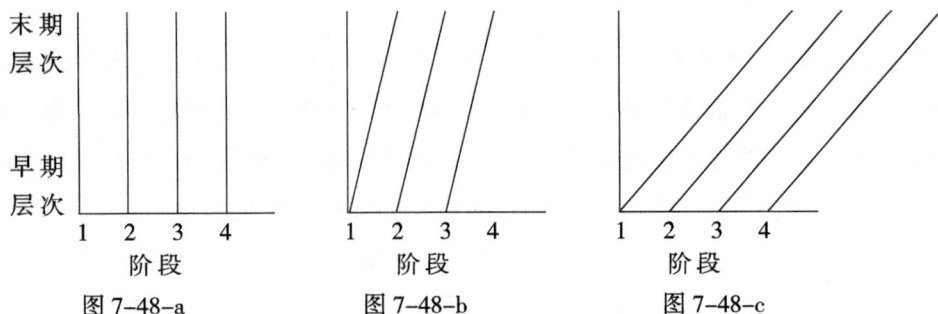

图 7-48-a   图 7-48-b   图 7-48-c

图 7-48　不同阶段进行的概念示意图[②]

　　费尔德曼还对传统发展理论的某些假设表示了质疑，其中最重要的一个假设就是：人的发展是内在的、固有的和必然的，因此，人完全能够自己决定去体验什么，能够作出最有利于自己发展的选择。所以，明智之举就是让儿童自我发展，成人尽量少干预。费尔德曼指出，皮亚杰的儿童认知发展阶段论有很多方面是建立在这种假设之上，维果茨基的儿童发展理论也未能摆脱这种假设的困扰。另一个假设是：在成长过程中，所有人的重要心理结构变化顺序是相同的。也就是说，人经历的一系列发展阶段具有普遍性，偶然的环境变化作用不大。环境因素的效用固然存在，但力量有限，不足以改变人的发展的主要过程以及方向。[③]

　　不同个体之间既有相同之处，又存在一定的差异。我们生活在各自的文化中，追寻不同的目标，禀赋不一，习性各异。在费尔德曼看来，要想真正理解人的心理发展，建构的心理发展理论不仅要能解释人的相同点，而且要能说明人的差异性。人们进行差异心理研究便是要弥补传统发展理论的不足，但是差异心理研究没有过多关注随着时间推移所发生的变化。差异心理学假定存在着稳定的心理特质模型，个体间的差异就用各自的心理特质与稳定的模型差别来表示，发展的规律因此被忽略。所以，费尔德曼提出了非共通性发展区域[④]的概念，目的在于既解释人的共同特质的发展，又说明我们每一个人都是独一无二的存在。

二、由共通性到独特性的发展模式

　　费尔德曼认为，发展心理学的研究范围除了人们极为关注的有关人类共通性（universals）以及共通性的发展外，还应该包含人类非共通性（non-universals）成就发展的研究，即对众多的学术领域、行业、职业、手艺、嗜好及休闲活动范围知识的研究。过去人们多倚重共通性的研究，并且获得了显著的成果。但是，人的发展并不是只体现在人类共通性方面，人类的活动还有

---

　　① 事实上，黄翼先生在20世纪30年代就提出了类似的观点，他在描述儿童的图画分期之前说："我们必须明白，这是一种不得已的办法，不可过于拘泥。因为演化的历程，大都是赓续渐进，天衣无缝，没有截然的阶段的。儿童的绘画也不是例外。所以有时一张图画，可以介于两种阶段之间，不易断定当归入何段，也可以同时具有不止一个时期的特色"。详见黄翼：《儿童绘画之心理》，3~4页，上海，商务印书馆，1937。

　　② 袁汝仪：《费德曼的发展心理学理论与艺术教育》，载《美育月刊》，1993（5）。

　　③ David Henry Feldman, "Developmental Psychology and Art Education: Two Fields at the Crossroads. Journal of Aesthetic Education," *Special Issue: Discipline-Based Art Education*, 1987（21），pp.243-259.

　　④ David Henry Feldman, "Developmental Psychology and Art Education: Two Fields at the Crossroads. Journal of Aesthetic Education," *Special Issue: Discipline-Based Art Education*, 1987（21），pp.243-259.

很大一部分或多或少带有偶然性，是偶然和必然的结合，而且受到环境的影响。对人类非共通性的研究具有很高的教育价值，因为共通性的进展基本上是不需要教师指导的。非共通性则不然，教育文化所产生的影响作用不可低估。

费尔德曼在非共通性发展领域的概念基础上界定了非普遍性的发展观，提出了新的阶段发展理论。该理论框架的基本前提是人的心理方面的变化具有发展性，但不是都具有普遍性。这里的发展不只是指变化的必然性，也指包含各个构成阶段的区域。费尔德曼将发展阶段的主体从儿童转移到不同的知识上，提出了知识的由共通性到独特性的发展模式（universals-to-unique continuum）的观念。图 7-49 表示了由共通性到独特性的范围之间的不同区域，所谓区域与要掌握的知识和技能有关。

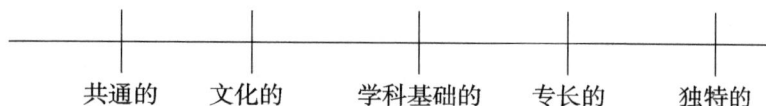

共通的　文化的　学科基础的　专长的　独特的

图 7-49　由共通性到独特性间各发展区域 ①

在图 7-49 中，各区域中的参与人数从左至右逐渐递减。举个例子，依照皮亚杰的儿童认知发展阶段论，在任何文化中，几乎所有的正常儿童都会经历认知发展的四个阶段，并达到最高的阶段——形式运算阶段。但是，在由共通性到独特性的发展模式中，知道美术的人多于以美术谋生的人。有的人只发展到共通的区域，多数人会停滞在文化的区域，只有极少数人能成为画家、雕塑家或者建筑家等。

不同区域中，具有不同的知识与技能。首先是所有人共通性的知识与技能，然后由于每个个体都处于一定的文化当中，每种文化都会要求其成员通过学习获得一些知识与技能，其总和就形成文化的区域。比如，读写就是现代社会基本的共通性技能，属于现代社会的文化的区域。学科基础的区域是和特定的学科联系在一起的，其中的知识与技能具有更多的特殊性，来自不同文化的人可以分享。比如，不是任何一个人都能成为教师，同时任何文化中都有教师，如果克服沟通的障碍，来自不同文化的教师可以分享知识与技能。专长的区域中的知识一部分来自特定学科，参与者多靠自我探索。要求参与者对学科探究得比较透彻，有较为精深的职业素养，如建筑师的建筑知识与技能就来自于建筑学科。独特的区域所进行的是知识的重组、改变，或创立新的知识、形成新的技巧。具有独到风格、取得突破性成就的艺术家如展子虔、元四家、齐白石、林风眠、毕加索、塞尚、梵·高等，都发展到了独特的区域。

三、艺术发展的非普遍性

由共通性到独特性的发展模式旨在将人类试图掌握的不同领域的知识与技能用一个共同的理论框架归纳起来。如前所述，在由共通性到独特性的模式"中，某些区域的知识与技能只能被致力于特定专业的人掌握。

每个儿童都会画画，每个人多多少少都具备些审美感受力。但是，这与艺术家的专业艺术

---

①　David Henry Feldman, "The Concept of Non-universal Developmental Domains: Implications for Artistic Development," *Visual Arts Research*, 1985（11），pp.82-89.

发展不一样。儿童普遍会用绘画来表达思想和情感，成为艺术家却不具备普遍的倾向。费尔德曼还分析了罗恩菲德的儿童绘画发展阶段理论。在他看来，罗恩菲德确定的儿童绘画发展的前几个阶段具有普遍性，即儿童只要画画，大致都会经历这些阶段。所以罗恩菲德确定的儿童绘画发展的前几个阶段基本上都不属于专业的艺术发展，专业的艺术发展在青春期来临前基本上不太可能开始。这并不是说早期的儿童美术教育没有价值，早期的儿童美术教育有助于增强儿童表达思想和情感的能力，帮助儿童获得一般的发展性经验。早期的儿童美术教育虽然有益于儿童的成长，但不能与专业艺术发展混为一谈。而且，无论早期的儿童美术教育具有何种价值，一般儿童对绘画的学习都难以超出共通的区域和文化的区域，它对于专业艺术发展恐怕是不具有决定意义的。基于此，费尔德曼认为，艺术本质上不是一种共通性或者说普遍性的活动，专业艺术发展只有在艺术专业的领域才有意义。

因此，尽管儿童美术在 20 世纪美学理论以及具有创新性的艺术家的创作中所扮演的角色不容忽视，特别是之于后者犹如"源泉"，与现代艺术在审美特征上呈现出一定的相似性，但儿童美术不是现代艺术。现代艺术夹杂着艺术家对童年的回忆以及成人的特质，它的绚烂离不开艺术创作的规则——知识与技能。因此我们也就不必奇怪，儿童美术为什么不入艺术的"法眼"、没有进入美术史。

四、费尔德曼的发展阶段理论和艺术教育观的启示

将费尔德曼的发展阶段理论运用到艺术发展上，我们发现发展的主体不再是儿童，而是美术的知识与技能。费尔德曼的发展阶段理论考虑了人的个体差异，美术的发展从共通的区域开始，逐渐扩展到文化的、学科基础的、专长的和独特的区域。艺术发展模式就是由共通性到独特性，其过程中需要借由外界和文化的影响才能达到预期的目标，并非自然成熟。

因为艺术不是共通性的活动，费尔德曼的艺术教育观主张艺术是在特有的教育状况下产生的独特表现。艺术的本质在于获取文化及学科的知识，其职责有二：一是把艺术当作文化的知识与技能的集合，要让儿童了解与学习艺术文化，培养作为公民所需要的基本美术素养；二是把艺术当作学科基础的或专长的知识与技能的集合，帮助有天赋的个人成为职业艺术家，以创新发展艺术。

对于罗恩菲德的儿童绘画发展阶段理论，费尔德曼认为其大部分是关于共通性的描述，对于文化性的关注不够。小学低年级以前的儿童绘画也不能免除文化的影响，只是文化的影响在这一时期并不是儿童绘画发展的必要条件。此后，文化因素逐渐增强，儿童美术的知识与技能已由共通的区域移到文化的区域，文化对儿童绘画发展提出了一定的要求。在此时期，艺术教育需要针对儿童的差异，指导并帮助儿童选择适当的活动、提高自主学习的能力、保持对艺术的兴趣。①

五、结论

费尔德曼反思了传统的儿童心理发展理论的立场与不足，摒弃了将儿童作为发展主体的做

---

① David Henry Feldman. Developmental psychology and art education. Art Education，1983，pp.19-22.

法，将不同领域的知识与技能集合为主体。为了解释人的共同特质的发展，也为了说明我们每一个人都是独一无二的存在，费尔德曼提出了非共通性发展区域的概念以及由共通性到独特性的发展模式。艺术本质上不是一种共通性或者说普遍性的活动，专业艺术发展只有在艺术专业的领域才有意义。而儿童具有的美术知识与技能只到达了共通性和文化性的程度，尚未达到专长性的程度。所以，儿童美术不入艺术的"法眼"，人类的艺术宝库难觅儿童美术作品的踪迹。一方面，对儿童的美术教育的目的主要是让儿童了解与学习艺术文化，培养作为公民所需要的基本美术素养；另一方面，美术教育需要帮助有天赋的个人成为职业艺术家，以创新发展艺术。

第八章 儿童音乐：儿童生命的律动

没有音乐，生命是没有价值的。

——弗里德里希·威廉·尼采

对美的感知和理解是审美教育的核心，是审美的要点。

——苏霍姆林斯基

音乐是人类共通的语言，也是人类表达情感的一种方式。不管是牙牙学语的幼儿、渴求新鲜事物的儿童还是亟待成长的翩翩少年，音乐都为他们提供了美妙无限的想象力和充盈丰沛的内心世界。音乐能沟通人与人之间的情感，丰富人类的精神世界，提高人们的生活质量。通过歌唱、舞蹈、演奏等音乐表达方式，使人感受音乐、触碰音乐、享受音乐之美。在生活和工作中，音乐的出现形成了意识共鸣，是传播的纽带。它呈现出以听觉艺术为主要内容的表现形式，在满足人们对精神慰藉和娱乐消遣的需要的同时，对人的全面发展起着重要作用。儿童学习音乐只是一个开端，音乐会伴随一个人的一生，给予人更多应有的天性、情感、理想、创造和快乐。

第一节 音乐中的儿童

音乐是由多种技能技法组成的一种艺术，包括歌唱、舞蹈、器乐演奏、乐队合奏、重唱与合唱、群舞、音乐剧等多种表演形式。6～12岁是聆听音乐、感知音乐、感悟艺术的关键时期，也是儿童认知与记忆功能趋于成熟和进行培养的最佳时期。通过欣赏、学习、参与音乐活动的过程，儿童会体验快乐、培养兴趣、体会情感、关注美感，为心智与体能的成长打下良好的基础。

音乐中的儿童好奇随性，音乐中的儿童聪明智慧，音乐中的儿童健康快乐。

一、歌唱中的儿童

歌唱是音乐表现的自然基础，是符合儿童心理要求的活动。歌唱可以唤起儿童的共鸣，使儿童充分表达发自内心的情感，有益于儿童陶冶情操、丰富情感，直接感受音乐艺术的魅力。匈牙利著名音乐教育家柯达伊指出，歌唱是培养音乐素质的最好途径。儿童歌唱和说话一样自然，通过歌唱这一健康人都能从事的活动，使儿童的歌喉这一无须借助外力的乐器日趋完美。

歌唱有独唱、重唱、合唱等多种形式，可以培养儿童各自不同的心态和行为。独唱可以培养儿童的从容自信，使儿童彰显自己的性格特点，锻炼儿童敢做敢为的责任担当。重唱可以培养儿童手拉手的互助精神，使儿童学会包容、谦让，树立共同进步的友好心态。合唱可以提升儿童对群体效应的感知、与他人的合作、相互的协调、多人的配合及团队精神，激发儿童的集体主义荣誉感。尤其是班级合唱、多声部合唱训练，目前在儿童音乐教育中日渐呈现出其重要的地位和作用。轻柔优美、富有乐感的歌声以及平衡、具有立体层次感的声部配合使得儿童产生平静、和谐的心态和声部间相互吸引的作用，继而发生微妙的声部"化学反应"，建立起优质的音乐感知觉。

例如，《两只老虎》是从蓬头稚子到耄耋老人都可以哼唱的儿歌，简洁明快的旋律、生动形象的歌词是它家喻户晓的原因。儿童在演唱时，配合律动教学法用脚步走出节拍或用脚踏出主题节奏，可以真切地感受到歌词中两只老虎的顽皮形象带给他们的趣味和谐谑。轻松愉快的音符带领他们进入无限的遐想和憧憬。

又如，北京市义务教育课程改革实验教材《音乐》（第十一册）中的第一首合唱作品是 E 大调《同一首歌》，陈哲、迎节作词，孟卫东作曲，4/4 拍，曲式结构为再现二部曲式，音域区 b–e2，合唱部分主要训练儿童对三度、四度、五度、六度音程的声部音准的把握。这首歌曲拥有温暖、平和的旋律，歌词表达了一种情怀：共有同一片蓝天、同一个太阳、同一轮明月的人类走遍千山万水，也要欢聚一堂，共同珍爱亲情、友情和人间真情。全曲充满积极向上的正能量。

多种形式的歌唱会给儿童的生理、智力、体能、意识、审美等多方面提供良好的帮助。

第一，歌唱可以激发儿童的兴趣爱好，调动儿童积极参与的行为意识。选取适当年龄阶段的歌曲教授歌唱，可以提高儿童对音乐的认识，开发儿童的情感认知和对美的理解，培养儿童形象思维的想象力。通过对参与音乐活动的感知，可以培养儿童良好的心理素质和形象气质。

第二，根据成长期的个性特点和要求，让儿童聆听、学唱完整的歌曲，从中学习精练优美的歌词内容，体会美的语言文字，能提高儿童的咬字和语言表达能力，丰富面部表情，提高儿童的展示能力。即时配以欢快活泼的节奏型音乐旋律的歌唱，可以使儿童的呼吸器官、发声器官、肢体律动得到合理的训练，使儿童的身体更健康。

第三，歌唱可以让儿童更多地了解生活、参与生活、熟悉生活、热爱生活，会使儿童的精神和体能得到愉悦和锻炼。适宜的歌唱会让音乐产生的魅力在儿童心灵中扎根，使儿童终生保持对音乐的热情，激励自己、鼓舞自己，培养乐观积极的人生观。

二、舞蹈中的儿童

舞蹈是借助配乐或其他道具，通过肢体形态以有韵律的动作来模仿或表达内心世界的一种表演艺术形式。根据儿童的不同年龄、不同性格、不同体质、不同表现力选曲编配，循序渐进地进行舞蹈基本功的训练，使儿童通过舞蹈的学习感受音乐、体验节奏、锻炼体能、享受舞姿美，以舞蹈语言的形式表达自己的喜怒哀乐、体会情感的趣味，并提高儿童的身体素质。

1. 培养合作能力和集体荣誉感

舞蹈有多种表演形式，如独舞、双人舞、群舞等。儿童舞蹈多以群舞的形式出现，这种表演方式需要极好的默契与配合。通过学习、训练可以培养儿童严格要求自己、自觉遵守规则、尊重别人、相互配合、友好合作、共同进步的团队精神和集体荣誉感。

2. 培养动作的协调性

舞蹈需要身体各部位的配合。依据音乐与舞蹈表现的要求，必须形成旋律、节奏与动作的协调。经过长期严格、标准的协调训练，可以使儿童感觉什么是美的节奏感，养成举止得体、行为舒展的生活状态。

3. 培养肢体的灵活与柔韧性

舞蹈练习需要进行肢体规范化的训练。常年进行压脚、劈叉、下腰等动作的练习，可以提高儿童身体的柔韧性、动作的灵活性，增强儿童的体能力量、控制力量、耐力与稳定性，使儿童的形体得到良好的矫正与塑形，提高儿童健康美的肢体形象。

4. 提高注意力，培养自信心

舞蹈表演需要儿童对音乐旋律的记忆与肢体动作的娴熟配合，这种脑与肢体协调的展示会锻炼儿童高度的注意力、顽强的控制力、坚定的自信力，增强儿童勇于表现、追求完美、不胆怯等良好的心理素质。

5. 培养审美情感

舞蹈是优美的音乐旋律、标准的节奏、华丽的肢体动作与表达内心真实情感的美的结合体，长期学习与参与舞蹈可以培养儿童对美的欣赏、理解和创造，使儿童更加向往美、体验美、热爱美的生活。

例如，民族舞孔雀舞是儿童喜爱的传统经典舞蹈，亮晶晶的绚丽服饰配上极具民族风情的美妙的傣族舞曲《月光下的凤尾竹》，与曼妙的舞姿如经典的描绘孔雀头的手势、特有的三道弯的造型和脚下的踮步、起伏步、矮步、点步、顿步等动作一起形成了和谐欢快、婉转迷人的场景。

三、演奏中的儿童

器乐门类繁多，形成并发展了儿童参与音乐学习的综合表演形式，建立起中西儿童音乐表现的共同方式。

民族乐器如琵琶、二胡、古筝、笛子、巴乌、葫芦丝等，西方乐器如钢琴、小提琴、大提琴、低音提琴、单簧管、双簧管、小号、大号、圆号、架子鼓等，都是儿童喜爱的乐器种类。当前，许多学校建立起各种形式的演奏团体，比如，西洋管弦乐队、民族管弦乐队和单一器乐多声部组合乐队。儿童无论学习何种中西器乐，都会对成长期的学习及身体发育有着促进作用。

器乐对儿童生理条件、学习过程、学习难度的要求相对于歌唱、舞蹈有较大的差别。歌唱可以在器乐伴奏下利用声带、鼻腔和腹腔等随时发声，舞蹈可以在有音乐旋律或节奏的环境下利用肢体翩翩起舞。而器乐则不同，它不但要具备歌唱、舞蹈的以上条件，还要与演奏的乐器协调配合。把一个物体变成身体的一部分，使它成为音乐表现的工具，需要人体多方面的协调，因此只有坚持长期学习训练才能收到效果。

由此可见，学习器乐的儿童不仅要有聪明的头脑、具备较为适合的身体条件，还要有坚强的意志和毅力。一旦具备了以上条件，器乐的学习就会给儿童带来极大的收获：可以激发儿童的兴趣爱好，开启儿童的好奇心，开发儿童的智力，提高儿童的创新能力；可以张扬儿童的性格特点，在人生的行程中为儿童提供更多展示的机会，让儿童增加自信；可以让儿童视野开阔、心胸宽广，学会与人为善、关心别人；还可以抒发儿童的情感，净化儿童的心灵，让儿童关注美、欣赏美、传递美、享受美，使儿童的成长过程充满快乐、成为品格优秀的人。

以学习钢琴弹奏为例。钢琴堪称乐器之王，它有着诠释多种音乐风格的键盘知识、和声音色和演奏技能。学习钢琴和学习其他乐器一样，有付出就有收获，一定是"痛并快乐着"。弹琴必须要脑子想、眼睛看、手指弹、耳朵听、脚配合等，这就要求儿童的整个身体机能调动起来，刺激脑细胞兴奋，发挥自身的观察力、听辨力、理解力、协调力、记忆力和想象力。德国和西班牙的研究人员最新发现，儿童学习钢琴有益于开发大脑，而且 7 岁之前学钢琴更有利于大脑各功能区的结构优化。通过钢琴弹奏的学习与训练，可以激发儿童的艺术热情与动力，锻炼克服困难的毅力和培养良好的自律的学习习惯，从而有效开发儿童的创造力。

①学习钢琴弹奏可以塑造儿童阳光、自信的性格。有时我们会看到儿童太过内向、羞涩、木讷，小小年纪不苟言笑，而改变这种性格的最好方法就是让儿童走进音乐、亲近音乐。钢琴具有强烈的音乐感染力、张扬的音乐氛围。当儿童的指尖在键盘上飞舞，弹出铿锵有力或优美悦耳的旋律时，音乐产生的效果会使各种性格的儿童激情澎湃，充满幻想和愉悦弹琴甚至会在不久的将来成为儿童表达自我情感的一种方式，使其性格变得自信又开朗。

②学习钢琴弹奏可以让儿童具备一技之长，这对儿童的一生具有重要影响。学习累了可以弹琴放松自己，心情郁闷时可以弹琴调整情绪，集体活动时可以弹琴为他人提供愉悦的氛围。总之，艺多不压身，音乐随时可以充实儿童成长中的生活状态。

③学习钢琴弹奏可以平衡儿童左右脑的协调能力。弹奏钢琴时，旋律需要左右手不停地交替变换，同时需要脚踏板的配合，心读谱、眼睛看谱连续弹奏，还要顾及手型的要求和弹奏技巧。多部位动作协调体现了大脑指挥系统的功能作用，经过长期训练，可以使左右脑的自然平衡具有稳定性，从而提高大脑敏感区的应变能力。

④学习钢琴弹奏可以培养儿童的注意力。好动、顽皮是儿童的天性，他们往往很难专注地去做一件事，注意力很难集中。而学习钢琴弹奏的过程要求精力集中，肢体多方面积极配合，做到提前看谱、准备演奏时脑、眼、耳、手、脚的配合符合旋律要求，注意力稍有分散就不能连贯、完整地弹奏乐曲。同时，检验曲目的学习进度需要采取单独回课的方式。每次回课，老师必须要求儿童不能出现任何错误。这种一对一的严格方式能很好地提高儿童的注意力。

⑤学习钢琴弹奏可以锻炼儿童的毅力。毅力是决定一个人能否成功的重要因素之一，坚持长期做一件事情总是需要坚强的毅力，做到这一点很不容易。钢琴的学习有难度、比较漫长，正是锻炼儿童毅力的极好过程。凡是学习钢琴六年以上的儿童，基本上学会了克制与坚持，懂得了什么是吃苦耐劳的精神，培养了持之以恒的坚强毅力。

经典钢琴名曲《致爱丽丝》《梦中的婚礼》是很多儿童练琴的初衷，甚至开始学习钢琴就是为了能够感受弹奏这两首作品时的愉悦心情。这正是钢琴为人类精神领域带来的无穷魅力，它让更多的人因此走进了音乐殿堂。

第二节 音乐中的儿童与学科学习

音乐听得见却摸不到，需要通过与语文、数学、美术等诸多文化点的交叉渗透和相互传播获得存在感和认同感。音乐是儿童最容易接受的教育学科之一，可以体现出轻松、随意、愉快的教学与学习方式，同时可以自然地渗透到儿童德、智、体、美、劳等多学科的教学与学习过程中，起到促进、辅助各门学科学习的积极作用。儿童通过学习音乐、参与音乐、体验音乐，能对多学科的交叉学习起到自然导入的作用。

一、音乐中的儿童与语文学习

音乐课的进行始终伴随着识文断字的交叉学习，儿童学唱一首歌曲除了识谱之外，还要学习歌词、了解歌词、理解歌词含义。同时，五线谱的识别也可以看成一种象形文字的学习。这样可以激发儿童学习语言文字的兴趣，提升儿童对语言文字的理解能力。

在不同年级的音乐课教学中，许多优美精练的歌词深刻影响着儿童对学习语文的兴趣。《让我们荡起双桨》是几代国人传唱的经典儿童歌曲，它经久不衰的传唱历史不仅来源于旋律，而且来源于歌词。清新的文字组成朗朗上口的歌词，使儿童在听、唱这首歌时犹如置身歌词描绘的意境中，享受着自然中的美：晴朗的天空，微微的晚风，碧波荡漾的湖水，轻轻荡起的双桨，鸟儿在空中自由地歌唱，同学间嬉戏的欢声笑语。每一段充满诗情画意的歌词，对学习语言文字的儿童而言都是一种美好的联想。他们会尝试用语言文字把生活中的美好编写成自己喜欢的日记或用以述说的歌词，用随唱的音乐旋律、自娱自乐的歌唱表达自己的真实情感，从而使音乐自然地渗透了语文学习。

二、音乐中的儿童与数学学习

音乐对数学机能的影响是因为音乐与数学之间的关系，两者都依赖于人的时空信息机能。例如，在弹奏钢琴的时候，儿童需要按特定的形式和手指组合来进行复杂的技巧活动，从而弹奏出美妙的音乐。从信息处理的角度来看，这就是时间和空间的关系，它以一种艺术的方式表示出来。由此，心理学家通过研究所得出的结论是：音乐训练可以提高儿童的时空推理能力，促进儿童数学机能的发展。同时，在音乐活动中，节奏节拍的数值和重复、停顿、音符时值的掌控可以利用数学中的加减乘除的运算过程来完成，促进儿童数学机能的发展，提升儿童的逻辑思维，增加儿童学习数学的兴趣。

例如学习 6/8 节拍，首先要学习什么是八分音符、它和节奏节拍的关系以及在不同节拍环境中所占的份额和所处的位置；其次，"6"的含义、音值组合与节奏重音持续性的关系等知识和数学都有着密切联系。另外，音乐节奏中的三连音、切分节奏、附点、连音处理甚至合唱中的和声编配等也都是和数字、数学息息相关的。

三、音乐中的儿童与英语学习

在儿童音乐教学中，教唱英语歌曲是英语教学的有效载体。歌曲辅助英语教学有利于巩固所学的语言材料，有利于语音和朗读技法的训练（发音、重读、连读、节奏和语调），有利于开阔儿童英语学习的视野、培养儿童的广泛兴趣。捷克作家伏契克说过："没有歌唱就没有生命，像没有太阳也没有生命一样。"[①] 正如作家感言，音乐是精神力量，是生命的助燃剂。枯燥的英语学习一旦加上了质感美好的旋律，就会变得生动而有趣。

从语言知识角度来说，英语儿歌可以辅助儿童的字母学习、词汇学习、日常用语学习、句型和语法学习、基础文化知识学习。从语言技法训练角度来说，欣赏英语儿歌、学唱英语儿歌、歌词朗读、歌词记忆、歌词翻译、尝试歌词创编都有助于提升儿童的听、说、读、写、译等语言技能。学唱英语儿歌时，朗朗上口且富有故事情节和情趣的歌词配以美妙诙谐的旋律，对正确的发音、口语对话的抑扬顿挫、语句情感的理解起到了自然进入的作用，在寓教于乐的氛围中提升了儿童对英语技法学习的积极性。

从英语教学角度来说，英语儿歌的教唱可以尽快地让儿童进入学习状态。通常把英语儿歌分为两类：教学歌曲和欣赏歌曲。教学歌曲是指为达到某一教学目的如学习字母、词汇、句型等而选教的歌曲，以及出于教学目的而改编或创作的歌曲，带有针对性，会帮助儿童达到学习目标。欣赏歌曲则可以提高儿童学习兴趣，调剂儿童情绪，使儿童知晓异域文化。熟悉较多的曲调优美、故事内容丰富且广为流行的英语儿歌，可促成儿童对英语学习的兴趣和参与。音乐与英语的交叉学习是符合儿童生理原理的。神经生理学研究表明，右脑主管形象思维，是音乐的脑、情感的脑，音乐形象是开启右脑的金钥匙。听唱英语儿歌可刺激大脑，激活右脑神经，引起高度兴奋，给儿童带来新鲜感，激发儿童情绪，使儿童快乐。尽兴歌唱又可激活儿童主管抽象思维和语言的左脑，使其精神集中。这样左右脑交替活跃，会引起思维与语言的共振，达到学习过程的自然通畅，可以调动儿童自由、随意的学习情绪，减轻儿童学习中的疲劳感，让儿童保持大脑清晰、思路敏捷。

从儿童心理学原理角度来说，听唱英语歌曲能为儿童建立起兴趣意识的心理倾向，调动积极的学习动机，激发儿童学习的需要和兴奋，启发潜在的能量，为儿童轻松学习知识的欲望打下良好的心理基础。从儿童美学角度来说，欣赏、学唱英语歌曲，将情绪融入优美的旋律和歌词内容中，无形地传播对美与丑的认识，使儿童身心受到启发。儿童不经意间将艺术欣赏与英语的知识记得更牢，这正体现了音乐对儿童英语学习的作用的魅力，完全符合儿童美学的心理原理。

音乐对儿童英语学习的作用不可小觑。学唱、听英语歌曲可以帮助儿童扩充词量、锻炼听力、增强语感，从歌词中学习单词用法、语言表达；旋律可以帮助儿童放松心情、愉悦身心，学唱英语歌曲时也能更加快速而清晰地说、唱英语。一首英语歌曲往往如同一个美丽动人的故事，或者歌词本身就讲述了一个感人的故事。解读歌词的相关创作背景、歌曲的来历，不仅有助于儿童理解歌词含义，熟悉英语国家的文化、风土人情，欣赏国外的童话故事，还能通过故事情节启发儿童对美与丑的认识，使他们产生精彩的联想，提升学习的情绪。从而使英语学习变得更加富有情趣，使儿童能长久地坚持。他们所学的词汇量会不断增加，语言知识面也会不断扩大，从而有效

---

① 转引自党卫华：《浅谈初中音乐课唱歌教学的要点》，载《教育科学》，2016（2）。

储存所学的英语知识，同时提高听、说水平。英语歌曲的学唱是直接与儿童英语学习连在一起的，对其起着非常积极的作用。

四、音乐中的儿童与美术学习

音与画的出现是适合儿童听觉与视觉需求的。一段表现静态与动态感觉的旋律出现在森林动物世界的画面里，郁郁葱葱的大森林，千姿百态的花草植被，枝头叽叽喳喳对唱的漂亮鸟儿，形态各异的动物形象，会使儿童顿时欢欣雀跃，在欣赏图画的兴奋中自然进入美术课的交叉学习，通过图画对植物、动物有所了解，从而培养儿童热爱大自然、爱护动物的初期意识。

例如，在中低年级的课堂教学中，利用适合儿童认知的动物故事图画课件，弹奏具有动物特点的旋律，让儿童看图听辨在森林里有哪些动物在活动。然后再弹一段有故事情节的曲调，继续让儿童听辨感受、联想，判断森林里发生了什么事情。连续听看欣赏后，儿童会按情节讲述出他们自己想象的故事，并且讲得生动惊险，带有童稚的模仿和顽皮。他们还会将自己想象的动物形象和动作姿态画出来、表演出来，自我欣赏。教师应注意提升儿童对生活中的花鸟鱼虫与色彩图画与儿童卡通画、儿童漫画、动物形象画的认知，从而激发儿童对美术学习的兴趣。

五、音乐中的儿童与体育学习

儿童音乐教学中的体态律动与体育运动是密不可分的，旋律节奏伴随着体态律动，体现了音乐与体育交叉学习的自然结合。随着教学条件的不断提高，音乐进入儿童体育教学也是很自然的。选择符合儿童体育教学的特点、适合教学结构的适宜的音乐进入体育课堂，会对交叉学习起到积极作用，有效促进儿童对体育课的热情参与。儿童爱唱爱跳，对他们进行体育教学时应加入适宜的音乐，以优美的旋律、动听的歌曲激发他们运动的兴趣和欲望。

例如，在炎热的夏天，儿童刚从午休中醒来，一个个昏昏欲睡，耷拉着小脑袋，极不情愿地走向运动场，提不起一点精神，根本没有运动的欲望。这时，教师可以适时播放一首流行的校园歌曲，唤起儿童的兴奋情绪，让他们踏着优美的旋律走进体育课堂，产生运动的欲望。又如，中低年级的体育课游戏、舞蹈、体操内容较多，如丢手绢、找朋友、跳皮筋、老鹰捉小鸡、接力跑等。如果课上做练习或游戏时配上音乐，儿童心情会兴奋、快乐，积极参与到活动中去。情趣盎然的课堂氛围，会激发儿童对体育学习的极大兴趣。再如，体操、健美舞蹈、游戏等多种体育教学内容需要音乐的参与。当儿童将一套体操、一个健美舞蹈、一种游戏的基本动作要求掌握之后，就需要随着适宜的音乐踏着节拍进行练习。还有，在武术教学中播放铿锵有力的旋律，可以鼓舞儿童的斗志；在进入强度训练前的准备活动中，可以采用轻音乐来带入一般性的准备动作，如简单的律动、拉伸操、伴乐曲慢跑、踏节奏健美操的热身等；当强度训练结束时，可以用舒缓的乐曲、悠扬动听的校园歌曲来调节身心、放松肌肉、消除疲劳。最后，儿童学习比较单一、枯燥的肢体动作时，可以播放一些节奏欢快明朗、动感强的乐曲或歌曲，激发儿童的兴奋点，提高学习的积极性。

六、音乐中的儿童与思想品德教育

音乐教育与思想品德教育的关联是不言而喻的。可以通过对一首优美健康的校园歌曲和一首充满爱国主义情怀的教育歌曲的歌词内容的学习理解，使儿童形成对好与坏、美与丑的初期认识，建立最基本的良好的心理状态，学会与人友好、爱护动物、热爱大自然的良好品质。还可以通过对国家争取独立自主的历史的了解，珍惜来之不易的幸福生活，理解对祖国未来更加富强应尽怎样的责任，产生教育的正能量，激发儿童积极向上的爱国主义热情。

例如，在中低年级的课堂教学中教唱《我们的田野》，歌曲旋律优美，歌词犹如一幅幅绚丽多彩的山水画，描绘着祖国多姿多彩的自然景象：绣着白云的蓝天，清澈碧绿的河水，巍巍高耸的群山，自由飞翔的大雁，人们在不同季节的多彩的田野里辛勤耕种与欢庆丰收。悠扬的旋律伴随着字字精彩的歌词，使儿童感受到大自然的美、父辈的勤劳、自己生活在幸福中，激发对祖国大好山河的无限热爱。又如，在高年级的课堂教学中教唱《义勇军进行曲》，就作品产生的历史背景、作者的生平和创作过程对儿童进行详细的介绍，分析歌词内容的含义，讲明它之所以成为我们国家的国歌是因为它具有强烈的民族代表性。在国家、民族的关键时刻，它召唤人们为了祖国的生存、为了民族的崛起忘我地起来战斗，具有强烈的时代感，展现了中国人民英勇不屈、坚韧不拔的爱国主义英雄气概。歌曲以快速的军号独奏为前奏，造成强大而不可阻挡的民族之势。"中华民族到了"之后，突然一个八分休止符的短促休止。接着唱"最危险的时候"，是要告诉人们国家和民族正面临生死存亡紧急关头，绝不能犹豫、徘徊。"每个人被迫着发出最后的吼声，起来！起来！起来！"这时，主和弦的三度向上模进，将歌曲情绪推向了高潮，继而是"我们万众一心，冒着敌人的炮火前进"的步伐性节奏给人以巨大的鼓舞和信心。从歌曲的历史作用延续到今天的生活，这种威武雄壮的音乐效果始终给儿童极大的启发，也让他们体会到了我国体育健儿获得世界冠军后站在领奖台上，看到国旗升起、听到国歌奏响时激动得热泪盈眶的那种自豪的感觉。还有侨居国外的同胞，每当听到国歌响起时的那种激动、欢跃、骄傲、自豪之情，都是出自国歌产生的震撼力量。儿童能进一步认识到国家的和平与富强是多么重要，从而激发他们努力学习的决心，立志长大后为祖国的强大贡献自己的力量。

第三节　儿童音乐教育的启示

音乐教育并不是音乐家的教育，而首先是人的教育。

——苏霍姆林斯基

音乐对于成长中的儿童至关重要。作为世界的一部分和儿童观察、聆听世界的一个视角，音乐在儿童的成长历程中是不可或缺的。音乐对儿童的成长起着全面发展的作用，应利用音乐表现的形式的多样性引导儿童走进音乐、参与音乐、体会音乐、享受音乐。多种形式的音乐表现会对儿童的健康成长提供良好的帮助。儿童通过感知使自己所听到的音乐传入大脑，会产生不同凡响的情感影响，提高自身的兴奋情绪和积极动力。

一、"听"在音乐中比"看"更重要

音乐是一个赋予灵感的艺术门类。一切艺术感悟都是通过直觉感受进行的，因为只有直接的审美感觉才可以接收到生动、具体的美感信息，也才能运用形象思维求得对美的形态的准确把握和品味。

对于美的把握主要来自视觉和听觉两大感觉通道。以音乐传播的媒介而言，它是借具体可闻的听觉形象而存在的。因此，"听"在音乐中比"看"更重要。对音乐审美来说，听觉感受是物质转化为精神的基础环节。音乐刺激到儿童的感官，传输到大脑并送达身体的各个器官，使其感受到音乐的熏陶，从而在精神与行为上有所领悟。可以让在妈妈体内孕育的胎儿在声波中"感知、感觉"，可以让咿呀学语的婴幼儿随音乐而舞，可以让适龄儿童通过聆听与学唱使美妙的旋律浸入心底。

二、音乐教育使人快乐更重要

前人一直强调音乐本身具有使人快乐的属性，即"乐者，乐也"。当下这种含义更加广泛，音乐不仅可以使人愉悦，满足生理、心理与精神层面的需求，而且可以促进人的身心健康。更有"音乐疗法"，可以辅助医学治疗人类心理与生理创伤。儿童在音乐中受到启迪善的意识、培养美的品质、使身心健康成长的精神金字塔的作用。

儿童音乐教育是引导儿童认识、了解并喜爱音乐的过程。儿童认识、了解世界，接受并喜爱新事物需要一个过程。目前，即便在条件允许的环境里，儿童音乐教育也要有正确的教育目的。如果遵循客观、科学的方式方法，带着让儿童健康快乐成长的目的，引导儿童走进音乐，通过音乐的乐趣与影响力，可以让儿童在学习知识与成长的过程中受益匪浅。反之，会给儿童带来多余的负担，急功近利的结果是事倍功半。让儿童喜爱音乐、产生好奇心、陶醉于艺术中是每一位中小学音乐教育工作者最大的收获，如果儿童在轻松愉快的学习中得到启发和延伸，自然是更令人自豪的成功了。

三、儿童快乐学音乐"秘籍"

①把学习音乐看作儿童的一种兴趣爱好，一种艺术特长的娱乐方式，一种开发智力与增进体能、健康的过程。

②一定要尊重儿童的兴趣要求，根据儿童的性格特点、生理条件与专业教师沟通，客观合理地选择学习音乐。

③在学习音乐的过程中，要有足够的耐心和信心，鼓励、相信儿童，合理地安排好时间，循序渐进，陪伴儿童度过初学时的起点期。

④切忌急功近利，如让儿童无休止地练习、将家长的目的或目标强加于儿童、伤害儿童的

兴趣与爱好，使儿童对学习音乐失去信心和希望。

⑤多接触艺术，多倾听音乐。6~12岁是最易接受新事物的时段，让儿童在此期间多参观一些美术展，多看一些儿童剧、音乐剧，多欣赏一些经典的优美音乐，都是不错的选择。让儿童发自内心地喜好音乐、热爱艺术是每一位教育工作者和家长共同的心愿，这并不局限于把儿童"捆"在乐器上去苦练、傻唱。接受多方位的艺术熏陶是学习音乐的前提与基础。

⑥要利用音乐这门学科的学习方式的特点、过程的优势和自然影响力，促进儿童对多学科知识的交叉学习，使音乐的魅力渗透到成长期的全过程，培养德、智、体、美劳全面发展的健康人才。

⑦在演奏、演唱过程中，会更多地接触中西经典音乐作品，这对于使儿童了解、洞悉国内外艺术发展、人文风貌、风土人情有一定的借鉴作用。在学习中，教师应该结合音乐作品为儿童讲述中西历史、地理、人文等方面的知识，这样在很大程度上可以活跃儿童的思维培养儿童的世界眼光。

四、儿童音乐教育重在儿童生命健康成长

音乐是一门听觉艺术，更是一门"悟性"知识，具有双重性。少数学习音乐专业的人必须具备与生俱来的音乐天赋，即"悟性"。这种"悟性"是文字或语言难以表达的，它是一种"灵与悟"的感觉，是一种"惟妙惟肖"的思维。在有了这种感觉和思维的瞬间，在客观条件的支持下，怀着向往美好的心境，才会创作出让人心旷神怡的音乐作品。但具备这种"悟性"的人是凤毛麟角的。另一种"悟性"则是直观的，大众的，它是在音乐作品传播与学习的实际过程中由音乐效果自然生成的，作用于所有聆听音乐而感悟不同的人，使他们在不同的心境下通过音乐的影响与魅力放松自己、调节自己、愉悦自己。

对于儿童来说更是如此，他们处于"懵懂、好奇、随性、求知"的成长期。音乐产生的这种"悟性"的作用或许无法将他们都培养成作曲家、歌唱家、演奏家，却为他们带来了至纯至真的快乐、随性的想象力、主动学习的欲望和勇于探索的兴趣。全社会应把儿童音乐教育看成成长期修身养性的自然过程，给儿童足够的随性空间，取消人为设定的功利架构，还儿童音乐教育乃至各类文化教育和艺术教育以真正的意义，让它们带给儿童更多应有的天性、情感、理想、创造和快乐。

第九章 儿童权利：儿童生命的保障

本章主要讨论儿童权利保障问题，通过国际视野和国内视野对儿童权利保障作简明的介绍，重点讨论儿童人身权和受教育权的国内保护以及儿童权利的学校保障问题，简要介绍儿童权利的家庭与社会保障。通过本章尤其是儿童权利的学校保障的讨论，广大教师可以清晰理解儿童权利的主要内容及保障措施，懂得学校应如何保障儿童权利，促进儿童全面发展，实现依法治学。

第一节 儿童权利与保障

一、儿童权利保障的必要性

根据《儿童权利公约》的规定，儿童是指 18 岁以下的任何人，包括男孩和女孩。任何一个儿童都是独立的个人，也是家庭和社会的一分子，享有一个人的全面权利。该公约中的儿童的含义与《中华人民共和国未成年人保护法》中的未成年人相同。

儿童作为一个独立的自然人，应该享有人的全部权利。具体到一个国家，首先，儿童是一国公民，应该享有作为公民应享有的基本权利。由于儿童的年龄特点，国家还要对儿童权利加以特别保障。《中华人民共和国宪法》第三十三条规定："凡具有中华人民共和国国籍的人都是中华人民共和国公民。中华人民共和国公民在法律面前一律平等。国家尊重和保障人权。任何公民享有宪法和法律规定的权利，同时必须履行宪法和法律规定的义务。"《中华人民共和国民法典》第十三条规定："自然人从出生时起到死亡时止，具有民事权利能力，依法享有民事权利，承担民事义务。"第十七条规定："十八周岁以上的自然人是成年人，不满十八周岁的自然人为未成年人。"第十八条规定："成年人为完全民事行为能力人，可以独立实施民事法律行为。十六周岁以上的未成年人，以自己的劳动收入为主要生活来源的，视为完全民事行为能力人。"第十九条规定："八周岁以上的未成年人为限制民事行为能力人，实施民事法律行为由其法定代理人代理或者经其法定代理人同意、追认；但是，可以独立实施纯获利益的民事法律行为或者与其年龄、智力相适应的民事法律行为。"第二十条规定："不满八周岁的未成年人为无民事行为能力人，由其法定代理人代理实施民事法律行为。"

其次，儿童的弱势性决定了要对儿童权利进行特别保障。由于处于发展期，儿童不能作为一个完全独立的社会个体生活。为此，《中华人民共和国宪法》第四十九条规定："婚姻、家庭、母亲和儿童受国家的保护。禁止破坏婚姻自有，禁止虐待老人、妇女和儿童。"《中华人民共和国民法典》第一百二十八条规定："法律对未成年人、老年人、残疾人、妇女、消费者等的民事权利保护有特别规定的，依照其规定。"《中华人民共和国民法典》还特别规定了监护制度以保证儿童权利。《中华人民共和国刑法》第十七条规定："已满十六周岁的人犯罪，应当负刑事责任。已满十四周岁不满十六周岁的人，犯故意杀人、故意伤害致人重伤或者死亡、强奸、抢劫、贩卖毒品、放火、爆炸、投毒罪的，应当负刑事责任。……因不满十六周岁不予刑事处罚的，责令他的家长或者监护人加以管教；在必要的时候，也可以由政府收容教养。"第四十九条规定："犯罪的时候不满十八周岁的人和审判的时候怀孕的妇女，不适用死刑。"民事诉讼法和刑事诉讼法也特别对儿童的诉讼程序做了明确的规定，以最大限度保护儿童的基本权利。为了加强对儿童权利的保障，我国还特别颁布实施了《中华人民共和国未成年人保护法》和《中华人民共和国预防未成年人犯罪法》。

再次，儿童的生理和心理发展性也必须对儿童权利加以特别保障。儿童还不是一个完全独立的社会个体，其生理和心理都处于发展时期，缺乏对社会独立认知和承担责任的能力。必须对儿童的权利加以特别保障，以促进儿童的健康发展，完成儿童的社会化过渡。

最后，儿童是国家和民族的希望、是国家的未来。儿童只有全面发展，才能成为国家的建设者和接班人。因此，必须保护儿童的合法权益。

二、《儿童权利公约》对儿童权利的保障

《儿童权利公约》作为儿童保护的世界公约，旨在促进各国加强对儿童权利的保障，以促进儿童的发展，实现儿童的幸福。

（一）《儿童权利公约》的原则

关于《儿童权利公约》的原则规定，有三原则说和四原则说。被普遍认同的是四原则说，但观点和表述不同。我们认为，公约规定了以下五项原则。

1. 平等原则（不歧视／无差别原则）

公约要求所列的所有权利都适用于缔约国的全体儿童，不得有任何差别和歧视。《儿童权利公约》第二条规定："缔约国应尊重本《公约》所载列的权利，并确保其管辖范围内每一儿童均享受此种权利，不因儿童或其父母或法定监护人的种族、肤色、性别、语言、宗教、政治或其他见解、民族、族裔或社会出身、财产、伤残、出生或其他身份而有任何差别。缔约国应采取一切适当措施确保儿童得到保护，不受基于儿童父母、法定监护人或家庭成员的身份、活动、所表达的观点或信仰而加诸的一切形式的歧视或惩罚。"无论家庭情况、性别、民族、语言和宗教信仰如何，对任何儿童都应平等对待。

2. 儿童幸福原则（儿童最大利益原则）

儿童幸福原则是指针对有关儿童权利问题，应以儿童为本位。儿童权益应与成人权益同等重要，国家应采取各种措施最大程度地保障儿童的利益，以实现儿童能有幸福童年之目的。《儿童权利公约》第三条规定："关于儿童的一切行动，不论是公私社会福利机构、法院、行政当局

或立法机构执行，均应以儿童的最大利益为一种首要考虑。缔约国承担确保儿童享有其幸福所必需的保护和照料，考虑到其父母、法定监护人、或任何对其负有法律责任的个人的权利和义务，并为此采取一切适当的立法和行政措施。"也就是说，无论对儿童采取何种措施，都应优先考虑儿童的最大利益，实现儿童的幸福。

3. 确保儿童基本人权原则（确保儿童生命权、生存与发展原则）

按照人权学的观点，基本人权是人与生俱来的权利，包括人的生命权、生存权、自由权、平等权和发展权。《儿童权利公约》第六条规定："缔约国确认每个儿童均有固有的生命权。缔约国应最大限度地确保儿童的存活与发展。"即每一个儿童都享有生命权、生存与发展的权利。任何危害儿童身心健康的行为都是违反公约的。缔约国应当采取一切措施包括立法、行政等手段，促进儿童健康成长。

4. 尊重儿童观点原则（尊重儿童意见原则）

《儿童权利公约》第十二条第一款规定："缔约国应确保有主见能力的儿童有权对影响到其本人的一切事项自由发表自己的意见，对儿童的意见应按照其年龄和成熟程度给以适当的看待。"也就是说，无论国家、家庭和社会，在涉及儿童事项时，应征求并充分尊重有自己的理解能力的儿童的意见。虽然儿童属于未成年人，但他们已经具有了一定的思想，应充分尊重他们的观点，倾听他们的意见。

5. 残疾儿童特别照顾原则

无论是三原则说还是四原则说，都没有提及残疾儿童特别照顾原则。但我们认为，残疾儿童因其身心有缺陷，如要获得幸福的生活，更应得到关注。这与《中华人民共和国未成年人保护法》专门规定了对未成年人的保护，《中华人民共和国残疾人保障法》强调对残疾儿童的保护的思想是一致的，因此残疾儿童特别照顾也应是公约的一项基本原则。《儿童权利公约》第二十三条规定："缔约国确认身心有残疾的儿童应能在确保其尊严、促进其自立、有利于其积极参与社会生活的条件下享有充实而适当的生活。缔约国确认残疾儿童有接受特别照顾的权利，应鼓励并确保在现有资源范围内，依据申请斟酌儿童的情况和儿童的父母或其他照料人的情况，对合格儿童及负责照料该儿童的人提供援助。鉴于残疾儿童的特殊需要，考虑到儿童的父母或其他照料人的经济情况，在可能时应免费提供按照本条第2款给予的援助，这些援助的目的应是确保残疾儿童能有效地获得和接受教育、培训、保健服务、康复服务、就业准备和娱乐机会，其方式应有助于该儿童尽可能充分地参与社会，实现个人发展，包括其文化和精神方面的发展。"也就是说，对于残疾儿童应在正常儿童之外给予更多的照顾和援助，使他们充实而适当地生活，以实现个人发展。

（二）《儿童权利公约》关于儿童权利的规定

《儿童权利公约》规定了儿童的很多权利，有的属于公民的民事权利范畴，有的属于宪法规定的公民的基本权利范畴，概括起来可以归纳为以下十种。

1. 儿童生存发展权

《儿童权利公约》第六条规定："缔约国确认每个儿童均有固有的生命权。缔约国应最大限度地确保儿童的存活与发展。"该条规定不仅是原则，也是关于儿童最基本权利的规定。如果儿童的该项权利不能得到保证，儿童的其他权利就无从谈起。

2. 儿童身份权

《儿童权利公约》第七条第一款规定："儿童出生后应立即登记，并有自出生起获得姓名的权利，有获得国籍的权利，以及尽可能知道谁是其父母并受其父母照料的权利。"第八条第一款规定："缔约国承担尊重儿童维护其身份包括法律所承认的国籍、姓名及家庭关系而不受非法干扰的权利。"上述条款明确规定了儿童的国籍权、姓名权和家庭关系权等身份权。

3. 儿童言论自由权

《儿童权利公约》第十三条规定："儿童应有自由发表言论的权利，此项权利应包括通过口头、书面或印刷、艺术形式或儿童所选择的任何其他媒介，寻求、接受和传递各种信息和思想的自由，而不论国界。此项权利的行使可受某些限制约束，但这些限制仅限于法律所规定并为以下目的所必需：（A）尊重他人的权利和名誉；（B）保护国家安全或公共秩序或公共卫生或道德。"言论自由是公民的基本权利，国家不得干涉，儿童当然也可以在法律规定的范围内以各种形式表达自己的言论。

4. 儿童思想、信仰和宗教自由权

《儿童权利公约》第十四条规定："缔约国应尊重儿童享有思想、信仰和宗教自由的权利……表明个人宗教或信仰的自由，仅受法律所规定并为保护公共安全、秩序、卫生或道德或他人之基本权利和自由所必需的这类限制约束。"上述权利是公民基本权利，儿童也应享有。

5. 儿童结社、集会自由权

《儿童权利公约》第十五条规定："缔约国确认儿童享有结社自由及和平集会自由的权利。对此项权利的行使不得加以限制，除非符合法律所规定并在民主社会中为国家安全或公共安全、公共秩序、保护公共卫生或道德或保护他人的权利和自由所必需。"上述权利也是公民基本权利，国家不得限制，除非有法律的规定。

6. 儿童荣誉和名誉权

《儿童权利公约》第十六条规定："儿童的隐私、家庭、住宅或通信不受任意或非法干涉，其荣誉和名誉不受非法攻击。儿童有权享受法律保护，以免受这类干涉或攻击。"该条涉及的是儿童的荣誉和名誉权问题。儿童作为民事主体，从出生之日起就享有民事权利，具有民事权利能力，儿童荣誉和名誉权理应得到保护。

7. 儿童受教育权

《儿童权利公约》专门用两条规定了儿童受教育权，包括缔约国的保障措施和儿童教育的目的。第二十八条规定："缔约国确认儿童有受教育的权利，为在机会均等的基础上逐步实现此项权利，缔约国尤应：（A）实现全面的免费义务小学教育；（B）鼓励发展不同形式的中学教育，包括普通和职业教育，使所有儿童均能享有和接受这种教育，并采取适当措施，诸如实行免费教育和对有需要的人提供津贴；（C）根据能力以一切适当方式使所有人均有受高等教育的机会；（D）使所有儿童均能得到教育和职业方面的资料和指导；（E）采取措施鼓励学生按时出勤和降低辍学率。缔约国应采取一切适当措施，确保学校执行纪律的方式符合儿童的人格尊严及本《公约》的

规定。缔约国应促进和鼓励有关教育事项方面的国际合作，特别着眼于在全世界消灭愚昧与文盲，并便利获得科技知识和现代教学方法。在这方面，应特别考虑到发展中国家的需要。"第二十九条第一款规定："缔约国一致认为教育儿童的目的应是：（A）最充分地发展儿童的个性、才智和身心能力；（B）培养对人权和基本自由以及《联合国宪章》所载各项原则的尊重；（C）培养对儿童的父母、儿童自身的文化认同、语言和价值观、儿童所居住国家的民族价值观、其原籍国以及不同于其本国的文明的尊重；（D）培养儿童本着各国人民、族裔、民族和宗教群体以及原为土著居民的人之间谅解、和平、宽容、男女平等和友好的精神，在自由社会里过有责任感的生活；（E）培养对自然环境的尊重。"上述规定对我国当前的教育价值取向应有所启示。

8. 儿童保有本民族文化、宗教、语言权

《儿童权利公约》第三十条规定："在那些存在有族裔、宗教或语言方面属于少数人或原为土著居民的人的国家，不得剥夺属于这种少数人或原为土著居民的儿童与其群体的其他成员共同享有自己的文化、信奉自己的宗教并举行宗教仪式、或使用自己的语言的权利。"该条规定了儿童传承本民族文化传统、使用本民族语言和信仰本民族宗教的权利，国家不得剥夺和干涉。

9. 儿童文化娱乐权

《儿童权利公约》第三十一条规定："缔约国确认儿童有权享有休息和闲暇，从事与儿童年龄相宜的游戏和娱乐活动，以及自由参加文化生活艺术活动。缔约国应尊重并促进儿童充分参加文化和艺术生活的权利，并应鼓励提供从事文化、艺术、娱乐和休闲活动的适当和均等的机会。"该条主要是对儿童文化娱乐权的规定。儿童不仅应有幸福的童年，还应有快乐的童年，国家、社会和家庭都应予以保证。

10. 儿童劳动保护权

《儿童权利公约》第三十二条规定："缔约国确认儿童有权受到保护，以免受经济剥削和从事任何可能妨碍或影响儿童教育或有害儿童健康或身体、心理、精神、道德或社会发展的工作。缔约国应采取立法、行政、社会和教育措施确保本条得到执行。为此目的，并鉴于其他国际文书的有关规定，缔约国尤应：（A）规定受雇的最低年龄；（B）规定有关工作时间和条件的适当规则；（C）规定适当的惩罚或其他制裁措施以确保本条得到有效执行。"该条是对儿童劳动保护权的规定。由于儿童身心尚未成熟，必须给予可以工作的儿童特别劳动保护。在这方面，《中华人民共和国劳动法》作了特别规定，体现了儿童劳动保护权。

《儿童权利公约》还对儿童权利的保障作了规定。第四条规定："缔约国应采取一切适当的立法、行政和其他措施以实现本《公约》所确认的权利。"总的来说，包括以下保证：立法、行政保证（第四条），儿童父母保证（第十八条），收养制度保证（第二十一条），医疗保健服务保证（第二十四条），社会保障保证（第二十六条），经济生活保证（第二十七条），教育保证（第二十八条），司法保证（第三十七条）。

三、《中华人民共和国未成年人保护法》与儿童权利保障

为了加强对未成年人的保护，也为了落实1990年加入《儿童权利公约》的承诺，我国于

1991 年颁布了《中华人民共和国未成年人保护法》，该法于 1992 年 2 月 1 日起施行。为了更好地加强对未成年人的保护，2006 年 12 月 29 日第十届全国人民代表大会常务委员会第二十五次会议通过了修订后的《中华人民共和国未成年人保护法》，并于 2007 年 6 月 1 日起施行。2020 年 10 月 17 日第十三届全国人民代表大会常务委员会第二十二次会议第二次修订。修订后的《中华人民共和国未成年人保护法》更加注重对未成年人权益的保护，关注未成年人的身心健康和成长环境，明确了未成年人的家庭、学校、社会、司法保护要求，构建了未成年人全方位保护的立体格局。

（一）立法宗旨

《中华人民共和国未成年人保护法》第一条规定："为了保护未成年人身心健康，保障未成年人合法权益，促进未成年人德智体美劳全面发展，培养有理想、有道德、有文化、有纪律的社会主义建设者和接班人，培养担当民族复兴大任的时代新人，根据宪法，制定本法。"该条明确说明了《中华人民共和国未成年人保护法》的立法宗旨，主要包括三个方面：第一，保护未成年人身心健康；第二，保障未成年人合法权益；第三，促进未成年人德智体美劳全面发展，培养有理想、有道德、有文化、有纪律的社会主义建设者和接班人。同时说明了是根据宪法而制定，并在第二条明确界定了未成年人是指未满 18 周岁的公民。

（二）未成年人的权利

《中华人民共和国未成年人保护法》第三条规定："国家保障未成年人的生存权、发展权、受保护权、参与权等权利。未成年人依法平等地享有各项权利，不因本人及其父母或者其他监护人的民族、种族、性别、户籍、职业、宗教信仰、教育程度、家庭状况、身心健康状况等受到歧视。"生存权、发展权、受保护权、参与权、受教育权、平等权是公民的基本权利，当然也是未成年人的权利。但国家要根据未成年人身心特点给予特殊和优先的保护，国家、社会、学校和家庭必须尊重和保障未成年人的权利。

（三）未成年人保护的原则

《中华人民共和国未成年人保护法》第四条规定："保护未成年人，应当坚持最有利于未成年人的原则。处理涉及未成年人事项，应当符合下列要求：（一）给予未成年人特殊、优先保护；（二）尊重未成年人人格尊严；（三）保护未成年人隐私权和个人信息；（四）适应未成年人身心健康发展的规律和特点；（五）听取未成年人的意见；（六）保护与教育相结合。"

（四）保护未成年人是全社会的责任

《中华人民共和国未成年人保护法》第六条规定："保护未成年人，是国家机关、武装力量、政党、人民团体、企业事业单位、社会组织、城乡基层群众性自治组织、未成年人的监护人以及其他成年人的共同责任。"指出保护未成年人是所有组织和公民的责任，并特别强调了国家、国家机关、社会团体、学校和家庭的保护职责。

为了使教育者能深刻认识儿童权利保障问题，本章重点讨论儿童权利的学校保障以及家庭与社会保障。

第二节 儿童人身权保护和受教育权保障

一、儿童人身权保护

《中华人民共和国民法典》明确规定公民的人身权受法律保护。儿童人身权保护有两方面的含义，一方面是儿童在社会生活和活动中人身权受法律保护，另一方面是儿童在教育教学活动中人身权受法律保护。这里所说的儿童人身权保护指的是后者。

人身权是法律赋予民事主体的与其人身生命、身份延续不可分离而无直接财产内容的民事权利。公民的人身权可以分为两种，即人格权和身份权。人格权主要包括姓名权、名誉权、生命权、身体健康权、人身自由权和肖像权等，人身自由权还包括通信自由权和通信秘密权不受侵犯。身份权主要包括知识产权中的人身权利、监护权和亲属身份权等。在教育法律层面讨论儿童人身权保护问题，主要指的是儿童人格权的教育法律保护问题。对于教育活动中的儿童人身权保护，《中华人民共和国义务教育法》《中华人民共和国教师法》《中华人民共和国未成年人保护法》《中华人民共和国预防未成年人犯罪法》《中小学教师职业道德规范》《中小学幼儿园安全管理办法》中分别作了明确规定。

（一）《中华人民共和国义务教育法》相关规定

《中华人民共和国义务教育法》第二十九条规定："教师应当尊重学生的人格，不得歧视学生，不得对学生实施体罚、变相体罚或者其他侮辱人格尊严的行为，不得侵犯学生合法权益。"该条强调了教师应当尊重学生的人格，不得以体罚、变相体罚侵犯学生人身权，或者以其他形式侮辱、侵犯学生的人格尊严。

（二）《中华人民共和国教师法》相关规定

《中华人民共和国教师法》第八条规定，教师应"关心、爱护全体学生，尊重学生人格"。同时第三十七条规定："教师有下列情形之一的，由所在学校、其他教育机构或者教育行政部门给予行政处分或者解聘：（一）故意不完成教育教学任务给教育教学工作造成损失的；（二）体罚学生，经教育不改的；（三）品行不良、侮辱学生，影响恶劣的。教师有前款第（二）项、第（三）项所列情形之一，情节严重，构成犯罪的，依法追究刑事责任。"《中华人民共和国教师法》以教师义务和法律责任的形式要求教师必须尊重学生的人格，不得侵犯学生人身权。

（三）《中华人民共和国未成年人保护法》相关规定

对学生人身权保护规定最多的是《中华人民共和国未成年人保护法》，该法第二十七条规定："学校、幼儿园的教职员工应当尊重未成年人人格尊严，不得对未成年人实施体罚、变相体罚或者其他侮辱人格尊严的行为。"第三十五条规定："学校、幼儿园应当建立安全管理制度，对未成年人进行安全教育，完善安保设施、配备安保人员，保障未成年人在校、在园期间的人身和财产安全。学校、幼儿园不得在危及未成年人人身安全、身心健康的校舍和其他设施、场所中进行教育教学活动。学校、幼儿园安排未成年人参加文化娱乐、社会实践等集体活动，应当保护未成年人的身心健康，防止发生人身伤害事故。"第三十七条规定："学校、幼儿园应当根据需要，制定应对自然灾害、事故灾难、公共卫生事件等突发事件和意外伤害的预案，配备相应设施并定期进行必要的演练。未成年人在校内、园内或者本校、本园组织的校外、园外活动中发生人身伤害事故的，学校、幼儿园应当立即救护，妥善处理，及时通知未成年人的父母或者其他监护人，并向有关部门报告。"第三十九条规定："学校应当建立学生欺凌防控工作制度，对教职员工、学生等开展防治学生欺凌的教育和培训。学校对学生欺凌行为应当立即制止，通知实施欺凌和被欺凌未成年学生的父母或者其他监护人参与欺凌行为的认定和处理；对相关未成年学生及时给予心理辅导、教育和引导；对相关未成年学生的父母或者其他监护人给予必要的家庭教育指导。对实施欺凌的未成年学生，学校应当根据欺凌行为的性质和程度，依法加强管教。对严重的欺凌行为，学校不得隐瞒，应当及时向公安机关、教育行政部门报告，并配合相关部门依法处理。"第四十条规定："学校、幼儿园应当建立预防性侵害、性骚扰未成年人工作制度。对性侵害、性骚扰未成年人等违法犯罪行为，学校、幼儿园不得隐瞒，应当及时向公安机关、教育行政部门报告，并配合相关部门依法处理。学校、幼儿园应当对未成年人开展适合其年龄的性教育，提高未成年人防范性侵害、性骚扰的自我保护意识和能力。对遭受性侵害、性骚扰的未成年人，学校、幼儿园应当及时采取相关的保护措施。"第四十九条规定："新闻媒体应当加强未成年人保护方面的宣传，对侵犯未成年人合法权益的行为进行舆论监督。新闻媒体采访报道涉及未成年人事件应当客观、审慎和适度，不得侵犯未成年人的名誉、隐私和其他合法权益。"该法从尊重未成年人人格尊严，不得体罚未成年人、变相体罚未成年人，不得侮辱未成年人，不得披露未成年人隐私，发生突发事件时应当优先救护未成年人，保护未成年人名誉以及法律责任等方面作了详细规定。

（四）《中华人民共和国预防未成年人犯罪法》相关规定

该法第三条规定："开展预防未成年人犯罪工作，应当尊重未成年人人格尊严，保护未成年人的名誉权、隐私权和个人信息等合法权益。"该法从司法程序上强调了对未成年人名誉和隐私的保护。

（五）《中小学教师职业道德规范》《中小学幼儿园安全管理办法》相关规定

《中小学教师职业道德规范》第三项规定："关心爱护全体学生，尊重学生人格，平等公正对待学生。对学生严慈相济，做学生良师益友。保护学生安全，关心学生健康，维护学生权益。不讽刺、挖苦、歧视学生，不体罚或变相体罚学生。"该项在道德要求上提出教师应尊重、保护学生的人身权。虽然该规范属于道德规范，但根据《中华人民共和国教师法》第八条对教师义务的规定，其要求也是教师的法定义务，因此属于法律规范要求，具有法律约束力。

《中小学幼儿园安全管理办法》第三十五条规定："学校教师应当遵守职业道德规范和工作纪律，不得侮辱、殴打、体罚或者变相体罚学生；发现学生行为具有危险性的，应当及时告诫、制止，并与学生监护人沟通。"该条从学校安全管理的角度出发，明确了教师不得侵犯学生人身权。

二、儿童受教育权保障

儿童作为普通公民，在教育教学中，其人身权必须得到教育法律的保护，这是儿童作为公民主体最基本的权利。受教育权也是公民的一项宪法权利，更是在教育教学活动中的基本权利，也必须得到保护。儿童受教育权保障主要通过以下几个方面来贯彻和落实。

（一）受教育权是公民的基本权利

《中华人民共和国宪法》第四十六条规定："中华人民共和国公民有受教育的权利和义务。"贯彻和落实宪法权利的教育法律必须保护学生受教育权，保证学生受教育权的实现。《中华人民共和国教育法》第九条也规定："中华人民共和国公民有受教育的权利和义务。"在第二章教育基本制度中规定："国家实行学前教育、初等教育、中等教育、高等教育的学校教育制度。""国家实行九年制义务教育制度。""国家实行职业教育制度和成人教育制度。"通过多种教育制度为公民接受教育提供条件。第四十二条规定："国家鼓励学校及其他教育机构、社会组织采取措施，为公民接受终身教育创造条件。"在第七章教育投入与条件保障中提出："国家建立以财政拨款为主、其他多种渠道筹措教育经费为辅的体制，逐步增加对教育的投入，保证国家举办的学校教育经费的稳定来源。""国家鼓励境内、境外社会组织和个人捐资助学。""国家鼓励运用金融、信贷手段，支持教育事业的发展。"上述规定贯彻和落实了《中华人民共和国宪法》关于中公民受教育权的规定。

（二）受教育平等权

在受教育权中，受教育平等权是一项重要的内容。为此，《中华人民共和国教育法》第九条规定："公民不分民族、种族、性别、职业、财产状况、宗教信仰等，依法享有平等的受教育机会。"在第五章中规定："受教育者在入学、升学、就业等方面依法享有平等权利。"在《中华人民共和国义务教育法》中规定："凡具有中华人民共和国国籍的适龄儿童、少年，不分性别、民族、种族、家庭财产状况、宗教信仰等，依法享有平等接受义务教育的权利，并履行接受义务教育的义务。"应当促进学校均衡发展，缩小学校之间办学条件的差距，不得将学校分为重点学校和非重点学校。学校不得分设重点班和非重点班。教师在教育教学中应当平等对待学生，关注学生的个体差异，因材施教，促进学生的充分发展。

（三）义务教育保障权

《中华人民共和国义务教育法》于1986年实施后，我国经济和社会发展取得巨大进步。该法经历了20年的发展，于2006年修订。其核心内容是："为了保障适龄儿童、少年接受义务教育的权利，保证义务教育的实施，提高全民素质，根据宪法和教育法，制定本法。"规定义务教育是国家必须予以保障的公益性事业。《中华人民共和国义务教育法》明确规定："国家建立义务教育经费保障机制，保证义务教育制度实施。""各级人民政府及其有关部门应当履行本法规定的各项职责，保障适龄儿童、少年接受义务教育的权利。适龄儿童、少年的父母或者其他法定监护人应当依法保证其按时入学接受并完成义务教育。"学校保证义务教育的质量，社会组织和个人应当为适龄儿童、少年接受义务教育创造良好的环境，学生义务教育的保障是国家、政府、家庭、学校和全社会的责任。并从学生、学校、教师、教育教学、经费保障、法律责任等方面对保障学生接受义务教育作了明确、具体的规定。

（四）特殊群体的受教育权

儿童受教育权保障还体现在特殊群体的受教育权上，这体现了受教育权的平等性。

1. 女童

由于文化传统经济原因以及其他因素的影响，男女不平等的现象在我国依然存在，在边远贫困农村地区更为明显，因此对女童受教育权的法律保护就更为重要。《中华人民共和国教育法》第三十七条规定："学校和有关行政部门应当按照国家有关规定，保障女子在入学、升学、就业、授予学位、派出留学等方面享有同男子平等的权利。"《中华人民共和国妇女权益保障法》第十七条规定："学校应当根据女性青少年的特点，在教育、管理、设施等方面采取措施，保障女性青少年身心健康发展。"第十八条规定："父母或者其他监护人必须履行保障适龄女性儿童少年接受义务教育的义务。"这些规定保障了女童的受教育权。

2. 经济困难儿童

虽然法律规定学生都有平等的受教育权，但现实中由于多种原因，并不是所有儿童都能平等地接受教育，其中一个重要的原因就是经济原因。有一部分儿童因家庭经济困难不能入学、升学，甚至辍学。为了保证家庭经济困难的儿童能平等地接受教育，通过资助、帮助的形式来保障他们的受教育权尤其是接受义务教育的机会。《中华人民共和国教育法》第三十八条规定："国家、社会对符合入学条件、家庭经济困难的儿童、少年、青年，提供各种形式的资助。"第六十条规定："国家鼓励境内、境外社会组织和个人捐资助学。"《中华人民共和国义务教育法》规定："实施义务教育，不收学费、杂费。""各级人民政府对家庭经济困难的适龄儿童、少年免费提供教科书并补助寄宿生生活费。"以保障经济困难儿童接受义务教育。

3. 残疾儿童

残疾人属于社会特殊群体，也是社会弱势群体，国家有责任和义务保障残疾儿童的受教育权。《中华人民共和国教育法》第三十九条规定："国家、社会、学校及其他教育机构应当根据残疾人身心特性和需要实施教育，并为其提供帮助和便利。"《中华人民共和国义务教育法》第十九条规定："县级以上地方人民政府根据需要设置相应的实施特殊教育的学校（班），对视力残疾、听力语言残疾和智力残疾的适龄儿童、少年实施义务教育。特殊教育学校（班）应当具备适应残疾儿童、少年学习、康复、生活特点的场所和设施。普通学校应当接收具有接受普通教育能力的残疾适龄儿童、少年随班就读，并为其学习、康复提供帮助。"《中华人民共和国残疾人保障法》第二十一条规定："国家保障残疾人享有平等接受教育的权利。各级人民政府应当将残疾人教育作为国家教育事业的组成部分，统一规划，加强领导，为残疾人接受教育创造条件。政府、社会、学校应当采取有效措施，解决残疾儿童、少年就学存在的实际困难，帮助其完成义务教育。各级人民政府对接受义务教育的残疾学生、贫困残疾人家庭的学生提供免费教科书，并给予寄宿生活费等费用补助；对接受义务教育以外其他教育的残疾学生、贫困残疾人家庭的学生按照国家有关规定给予资助。"可见，保障残疾儿童的受教育权尤其是接受义务教育的权利是国家、社会、政府和学校的法定责任和义务。

4.违法犯罪的未成年人

对于违法犯罪的未成年人，应当遵循教育与保护的原则，实行教育、感化的方针。必须保障其受教育权。《中华人民共和国教育法》第四十条规定："国家、社会、家庭、学校及其他教育机构应当为有违法犯罪行为的未成年人接受教育创造条件。"可见，保障违法犯罪的未成年人的受教育权是国家、社会、家庭、学校及其他教育机构的法定责任。《中华人民共和国义务教育法》第二十一条规定："对未完成义务教育的未成年犯和被采取强制性教育措施的未成年人应当进行义务教育，所需经费由人民政府予以保障。"可见，对于违法犯罪的未成年人，不仅要为其接受教育创造条件，还要保障其接受义务教育。

第三节 儿童权利的学校保障

一、《中华人民共和国未成年人保护法》对儿童权利保障的学校规定

《中华人民共和国未成年人保护法》对儿童权利保障的学校规定主要在第三章中，概括起来包括以下四个方面的内容。

（一）尊重儿童的受教育权

尊重儿童是国家和家庭的职责，更是学校的主要职责。《中华人民共和国未成年人保护法》第二十八条规定："学校应当保障未成年学生受教育的权利，不得违反国家规定开除、变相开除未成年学生。学校应当对尚未完成义务教育的辍学未成年学生进行登记并劝返复学；劝返无效的，应当及时向教育行政部门书面报告。"要求学校爱护、关心学生，主要体现在学校的全体教职工都要爱护、关心学生，真正做到以学生为本，一切为了学生的利益；对品行有缺点的学生不能放任自流，应采取各种措施，耐心帮助和教育，促进学生品行的转变；对学习困难的学生不能放弃，应找出学生学习困难的原因，因材施教，促进学生学习的进步。《中华人民共和国义务教育法》第二十七条也规定了学校不得开除学生。

（二）促进儿童身心健康发展

《中华人民共和国未成年人保护法》第二十七条、第二十九条、第三十条、第三十一条、第三十二条、第三十三条规定了学校应保护未成年学生的身心健康：根据未成年学生身心发展特点对他们进行社会生活指导、心理健康辅导和青春期教育；与未成年学生的父母或者其他监护人互相配合，保障其休息、娱乐和体育锻炼时间，不得加重其学习负担；教职员工应当尊重未成年人人格尊严，不得对未成年人实施体罚、变相体罚或者其他侮辱人格尊严的行为。同时，第五十九

条规定："任何人不得在学校、幼儿园和其他未成年人集中活动的公共场所吸烟、饮酒。"

（三）保障儿童人身安全

学校虽然不承担未成年学生的监护职责，但必须保证未成年学生在教育教学活动中的人身安全。学校应建立安全管理制度，加强对未成年学生的安全教育，以保障他们的安全。学校不得在危及未成年人人身安全、身心健康的校舍和其他设施、场所中进行教育教学活动；参加文化娱乐、社会实践等集体活动，应当保护未成年人的身心健康，防止发生人身伤害事故；制定应对突发事件和意外伤害的预案，配备相应设施并定期进行必要的演练，增强未成年人的自我保护意识和能力。未成年学生在校内或者本校组织的校外活动中发生人身伤害事故的，学校应当立即救护，妥善处理，并向有关部门报告。

（四）专门学校的儿童教育

对于无力管教或者管教无效、有严重不良行为的未成年学生，可以按照有关规定将其送往专门学校继续接受教育。地方人民政府应当保障专门学校的办学条件，教育行政部门应当加强对专门学校的管理和指导。专门学校应当对在校就读的未成年学生进行思想教育、文化教育、纪律和法制教育、劳动技术教育和职业教育。专门学校的教职员工应当关心、爱护、尊重未成年学生，不得歧视、厌弃。

二、学校教育教学对儿童权利的保障

《中华人民共和国未成年人保护法》从特别法的角度强调了对儿童的受教育权、身心健康发展和人身安全的学校保障。但在儿童权利的学校保障中，除了上述权利，儿童更广泛的平等权、参与权、公正对待权和隐私权也应得到保障。概括地说，学校应通过以下方面的努力来保障儿童的各项权利。

（一）章程与制度的公开公示和公正性

学校章程是学校进行教育教学的原则依据，也是学校制定其他管理制度的基本依据。在学校章程的各部分规定中应突出对学生权利的保障，尤其是在学生部分应明确学生的各项权利及保障措施。

学生管理制度应注重保护学生的人格尊严和基本权利，尤其是在学生违纪处理管理制度中，应以事实清楚、定性准确、依据充分、重在教育为基本原则。在对学生作出处分时，应保证学生的陈述和申辩权。要注意对学生作出的处分的公布方式和范围以及处分的期限，且其必须保证学生的人身权、财产权和受教育权不受侵犯。不得对义务教育阶段的儿童作出劝退和开除的处分。对于受处分的学生要加强教育，促进其改正错误，使身心健康发展。

学校章程与制度的内容，凡是涉及学生权益的，在制订时应认真听取学生代表和家长委员会或家长代表的意见，充分保证学生的民主参与权。同时，学校章程与制度应公示、公开，便于学生和家长查阅，使其在阳光下运行。

（二）逐步建立家长委员会制度

家长委员会不仅承担着支持学校教育教学工作的任务，而且承担着参与和监督学校管理的任务。通过家长委员会参与和监督学校管理，可以使学校管理工作更加规范，从而保证儿童在学校的各项权利得到保障。应由全体家长自愿报名，按班级名额配比民主选举出家长委员会成员。学校应提供必要条件，保障家长委员会对学校、教师的教育教学和学生管理活动进行监督和提出意见建议。学校应定期召开家长委员会，积极与家长委员会成员进行沟通，听取各方面的意见。

在学生违纪处理规定、学生学籍管理制度尤其是当前比较敏感的学生在校使用手机、录音监听设备等问题上，学校应将管理制度和方案提交家长委员会讨论，积极听取家长委员会的意见建议。由家长委员会表决管理制度和方案，并加以备案，作为制度制订的程序内容。这样可以最大程度地保障儿童的权利，也使学校的管理制度得到家长的支持和理解。

（三）创设平等的校园环境

儿童作为公民应享有平等权，这是公民首要的基本权利。学校应依法创设平等的校园环境，保证儿童的平等权。平等校园应包括师生平等、性别平等、民族平等、地域平等等内容。在学校教育教学中，儿童是受教育者，也是参与者。平等的校园环境可以使儿童树立平等的意识，也可以使儿童理解平等的责任和内涵，以促进儿童的身心发展，完成儿童在学校的社会化过程。

在创设平等的校园环境时，学校应消除以不当形式对学生进行的分类，如重点班和非重点班、实验班和普通班等；应为每一个学生的特长发展提供机会，比如应保证每一个学生都有社团活动参与；应加强对教师和学生的教育，禁止带有歧视性的语言和行为，在学校树立语言和行为的平等规制。对于残疾和智障儿童，学校应更加保护和关照，使这些儿童树立阳光、健康的心态。面对当前一些打工子弟在居住地接受义务教育的现实，学校还要教育学生树立地域平等的意识，保证所有学生在校的平等权。

（四）完善儿童权利救济制度

在美国，学校设立学校委员会受理学生申诉，并且制订了详尽的学生申诉规则，以保证学生的权利救济。对于严重的处理如长期停学、开除等，还规定了地方听证和诉讼制度。《中华人民共和国教育法》第四十三条规定的受教育者享有的权利中，第四项为"对学校给予的处分不服向有关部门提出申诉，对学校、教师侵犯其人身权、财产权等合法权益，提出申诉或者依法提起诉讼"。对于儿童的权利救济，学校应设立专门的儿童申诉处理机构，制订详细的儿童申诉规则。儿童申诉处理机构的人员组成、受理和处理规则应当符合合法、公正、程序正当的要求。学校处理儿童申诉时，应允许儿童或儿童家长聘请代理人参加申诉，积极运用听证的方式。听证会的组成人员应有教师代表、学生代表、家长代表，以保证听证程序的公开、公正。

学校对儿童作出处分时，应明确告知其有申诉的权利和申诉的途径及程序。还应明确告知儿童不服学校申诉的其他救济途径，以及可以向哪个部门再行提起申诉或复议和诉讼的途径等，以充分实现儿童的权利救济。

（五）注意学生隐私的保护

隐私权属于公民的人身权，2010 年颁布实施的《中华人民共和国侵权责任法》对此作了明确规定。《中华人民共和国未成年人保护法》第六十三条也明确规定："任何组织或者个人不得隐匿、毁弃、非法删除未成年人的信件、日记、电子邮件或者其他网络通讯内容。除下列情形外，任何组织或者个人不得开拆、查阅未成年人的信件、日记、电子邮件或者其他网络通讯内容：（一）无民事行为能力未成年人的父母或者其他监护人代未成年人开拆、查阅；（二）因国家安全或者追查刑事犯罪依法进行检查；（三）紧急情况下为了保护未成年人本人的人身安全。"为了保护儿童隐私，美国专门制订了《家庭教育权和隐私权法案》（Family Educational Rights and Privacy Act of 1974，FERPA），特别规定了学校非在特定情况下不得披露儿童的隐私。

由于学校与学生管理和教育关系的现实，学校掌握着儿童及儿童家庭的大量隐私。学校要特别加强儿童隐私的保护管理，并应制订严格的儿童学籍和档案管理责任制度。要特别加强教师尤其是班主任教师的儿童隐私保护意识，还要加强儿童的隐私保护教育。使全体教师和儿童树立隐私保护意识，以最大程度保障儿童权利。

（六）加强儿童法制教育

法律不仅设定权利，也设定义务。通过学校的法制教育，可以使作为未来社会人的儿童理解权利与义务的含义，明晰自身的权利，当权利被侵犯时能主动维护。这样可以有效地保障儿童的权利。同时，通过对法律义务的理解，儿童能懂得不仅自身的权利受到保护，而且在行使自身的权利时不得侵犯他人的权利。从而使儿童逐步树立规则意识，为以后的社会化打下良好的基础。

首先，要加强儿童的宪法意识教育，进而使儿童形成国家观，从小树立爱国主义的情怀。其次，要使儿童树立权利意识，学会维护自身的权利，懂得自己作为一个公民应该有公民平等的权利，自身的权利受到保护，更要尊重他人的权利。再次，要培养儿童的规则意识，使儿童懂得规则的重要性，在家庭、学校和社会生活中都要遵守规则。最后，还要加强对与儿童相关的法律规定的具体分析，不能仅仅停留在对法律条款字面意义的理解上，使儿童逐步加深对法律的理解。

（七）注重儿童公民意识教育

在我国的小学、初中和高中思想品德和政治课程标准中，都涉及了儿童公民意识的培养问题。在儿童公民意识的培养中使儿童形成参与意识，在参与过程中又可以培养儿童的责任意识、规则意识和自我认识意识，有助于儿童更好地行使自身的权利，同时加深对权利的认识。

学校在日常教育管理活动中应给予儿童参与管理的机会，落实儿童的主体地位，创设让儿童民主参与的环境，培养儿童的民主参与能力，使儿童认识到自身的权利，进而提高民主意识。学校应积极创设儿童的公共生活环境，使儿童体验群体生活的管理模式，树立权利和规则意识。学校还应通过与社会相关机构积极合作为儿童提供公民社会生活的体验，使儿童感受社会生活中自身的权利的保障和行使。在儿童公民意识教育中，教师起着核心作用。学校应教育教师树立公民意识，在日常教育教学中通过各种途径和方式向儿童渗透公民意识，保障儿童的各项权益。

三、教师行为的规制

《中华人民共和国义务教育法》第二十九条规定："教师应当尊重学生的人格，不得歧视学生，不得对学生实施体罚、变相体罚或者其他侮辱人格尊严的行为，不得侵犯学生合法权益。"《中华人民共和国未成年人保护法》第二十七条规定："学校、幼儿园的教职员工应当尊重未成年人人格尊严，不得对未成年人实施体罚、变相体罚或者其他侮辱人格尊严的行为。"第五十九条规定："任何人不得在学校、幼儿园和其他未成年人集中活动的公共场所吸烟、饮酒。"第六十三条规定："任何组织或者个人不得隐匿、毁弃、非法删除未成年人的信件、日记、电子邮件或者其他网络通讯内容。除下列情形外，任何组织或者个人不得开拆、查阅未成年人的信件、日记、电子邮件或者其他网络通讯内容：（一）无民事行为能力未成年人的父母或者其他监护人代未成年人开拆、查阅；（二）因国家安全或者追查刑事犯罪依法进行检查；（三）紧急情况下为了保护未成年人本人的人身安全。"《中小学幼儿园安全管理办法》第三十五条规定"学校教师应当遵守职业道德规范和工作纪律，不得侮辱、殴打、体罚或者变相体罚学生"。上述规定属于教师禁止性法律规范的规定，归纳起来主要包括五个方面：不得歧视学生，不得殴打、体罚或者变相体罚学生，不得侮辱学生人格尊严，不得披露学生隐私，不得侵犯学生的通信自由和通信秘密。在大力倡导依法治教、依法从教的今天，教师的禁止性行为还是大量发生和存在。应严格规制教师的下列行为，以保护儿童的人身权。

（一）殴打学生

对教师殴打学生的行为的报道虽然不是很多，但主要是由于没有对学生造成严重后果。学生家长出于多方面的考虑不予追究，学校及教师也避而不谈，因此其无法为外界所知。事实上，教师殴打学生的行为还在一定范围内存在，尤其在农村较为普遍。其主要表现为踢、踹、拧、掐或用教具击打、抽打学生，以及教师强迫学生自己殴打自己或指示班干部、某些学生殴打其他学生。这种行为是严重的教育违法行为，教师必须承担法律责任。如果殴打学生的行为对学生造成轻伤以上的伤害，教师还触犯了刑法，需要承担刑事责任。

（二）体罚或变相体罚学生

教师体罚或变相体罚学生的行为通常表现为让学生长时间站立甚至在烈日下、风雪中长时间站立，或者是超过学生承受极限的罚抄作业，或者是长期的劳动值日。《中华人民共和国义务教育法》《中华人民共和国未成年人保护法》《中小学教师职业道德规范》虽然禁止体罚或变相体罚学生，但缺乏对体罚或变相体罚的明确解释。而《中小学幼儿园安全管理办法》又采用了"殴打、体罚或者变相体罚"的列举方式，同时学界对"体罚或变相体罚"的说法不一，由此造成了此种行为的普遍存在。其违反了教育法律的规定，侵犯了学生的人身健康权。如果对学生造成伤害，还触犯了刑法。

需要说明的是，按照学界对体罚本义的解释以及美国教师体罚权的法律监督标准，教师在日常教育教学中如因学生课上瞌睡而让其站立，或者因学生违反纪律而罚其站立，或者因学生作业有错误而让其重写几遍，或者罚学生当天劳动值日，虽然也表现为体罚的形式，但不属于教育法律中规定的体罚或变相体罚，而属于教师正常教育、管理、约束学生的方式。

（三）语言侮辱、歧视学生

教师语言侮辱、歧视学生的行为在中小学中大量存在，有的称之为教师语言暴力问题，有的称之为教师软暴力问题。其同样是教育违法行为，一般智力侮辱、歧视比较多，如"你就是猪脑子""你真笨""你满脑子的糨糊""你要会了就没有不会的了""你脑子就是灌水"等，再有就是批评性和评价性的侮辱、歧视等。如果因此造成了学生的自残、自杀行为，教师就触犯了《刑法》。

（四）教师与儿童的隐性冲突

关于教师与儿童的隐性冲突目前研究还很少。教师与儿童的隐性冲突是一种非言语和行为的直接冲突，主要表现为心理对抗的冲突，而心理对抗的冲突容易造成对儿童身心的伤害。教师与儿童的隐性冲突有的是由教师引发，有的是由儿童引发。前者的根本来源是教师的两种儿童观，一种是在对儿童进行教育管理时把儿童看成被管理、教育和约束的对象，另一种是在出现师生矛盾或爆发师生冲突时把师生关系看作成人之间的冲突关系。因此，教师应改变自身的儿童观，消除矛盾的儿童心态，无论在何种情境下都把儿童看成正在成长的、尚未社会化的幼小个体，从而消除教师与儿童的隐性冲突。对于由儿童引发的教师与儿童的隐性冲突，教师必须要树立儿童成长观，采取积极沟通的方式主动消除。

四、校园安全文化建设

学校加强校园安全文化建设的目的在于保障儿童的人身权不受侵犯，使儿童在安全的校园环境中成长，以保障儿童的最基本权利。学校的安全文化氛围不是一朝一夕可以形成的，它需要长期的实践和坚持，通过制度和措施的保障使安全观念深入每一个师生员工心中，并形成自觉的安全行为。具体来说，校园安全文化的构建应该从以下几个方面来努力实践。

（一）健全学校安全管理机构

在校园安全文化建设中，必须有完善的安全管理机构，校长是第一责任人。校长要首先高度重视学校安全，有强烈的安全愿望和安全使命，在学校管理中始终将安全放在优先的位置。学校安全管理机构应为金字塔形结构，第一层为负责学校安全的直接主管人员，第二层为学校各级职能管理部门，第三层为全体教师及其他工作人员，第四层为学生、建筑物、设备、设施和场地。各级管理者要明确自身的安全职责并在各自的职责范围内严格履行，严格落实横向到边、纵向到底的岗位安全责任制。每一个学生要养成安全的责任和意识，对任何不安全的行为主动报告，自觉遵守学校的各项安全规章制度。

（二）完善和落实学校安全管理的各项规章制度

安全管理规章制度是校园安全文化建设的基本要求。首先，要注意学校安全管理的各项规章制度的建立和完善，发现学校在安全管理上存在的问题并通过建立制度加以解决，实现全方位的学校安全管理。其次，要注意学校安全管理的各项规章制度的贯彻和落实，加大安全检查力度，严格落实岗位责任制，做到有责必究。最后，要在实际安全管理工作中善于发现问题，如学校存在的安全隐患与制度存在的不足，以及时修订和完善制度。

（三）开展多种形式的安全教育培训活动

安全教育是校园安全文化不可缺少的组成部分，通过多种形式的安全教育活动，可以提高师生员工的安全文化素养，改变师生员工对安全的观念和态度，使师生员工的行为符合教育教学活动安全规范的要求，实现师生员工向"安全人"的转变，从而减少乃至消除学校安全事故的发生。

（四）注意安全信息的传播与沟通

在校园安全文化建设中应注意安全信息的传播与沟通，将安全信息尤其是安全经验、安全事故警示、安全隐患、不安全行为等及时传播给师生员工，以提高师生员工的安全意识和他们对学校安全工作的重视程度。在校园安全文化建设中还要注意安全信息的有效沟通，特别是管理部门之间、教师之间关于学校安全和学生行为的信息沟通，以便于学校的综合安全管理。同时，要培养师生员工相互沟通安全信息的意识，以有效保证校园安全文化建设的全员参与。

（五）注重安全行为的激励

激励是现代管理的一种有效手段，也是校园安全文化建设的一种重要手段。通过激励可以强化师生员工的安全行为，进而促使其对自己提出更高的安全要求，从而使师生员工的安全意识转化为内驱力。激励不仅可以促进人的内在的安全行为，还有辐射作用，可以给他人的行为提供榜样模式，以促进更多人的安全行为。通过多种形式的激励还可以使师生员工相互监督各自的不安全行为，从而有效促进全体师生员工的安全行为，提升校园安全文化建设水平。

（六）促进师生员工的自主安全学习和实践

校园安全文化建设不可能实现师生员工对所有安全知识与技能的学习，这就要求师生员工积极主动地进行安全学习，以促进自身综合安全素养的提高。实践调查表明，当前师生员工的安全知识与技能有很大的欠缺，这就需要学校采取有效的手段促进师生员工的自主安全学习和实践，如读书法、交流法、知识竞赛法、技能展示法、检查法等。

（七）建立学校安全评价体系

文化活动是一种自觉的活动，但自觉的过程不是一蹴而就的，这就需要教育行政部门建立学校安全评价体系，通过评价体系对学校安全进行评价、发现问题，以促进学校加强校园安全文化建设。评价体系包括评价指标、减分指标、评价程序和总结反馈四个部分。评价指标主要有学校总体特征、安全管理机制、安全环境、安全教育与培训、安全信息传播、安全参与、师生员工行为等，减分指标主要有伤亡事故、安全隐患、违章记录等。

教育行政部门要加强对校园安全文化建设的督导检查工作，对校园安全文化不仅要进行评价，还要进行评比。推广安全文化建设优秀单位的经验和做法，督促后进学校改进自身的安全工作。

第四节　儿童权利的家庭与社会保障

一、家庭对儿童权利的保障

家庭对儿童权利的保障主要体现在《中华人民共和国未成年人保护法》中。《中华人民共和国未成年人保护法》在第二章以专章的形式规定了家庭对儿童的保护职责，主要是儿童的父母或者其他监护人的职责，具体包括以下几个方面。

（一）为儿童创造良好、和谐的家庭环境

家庭是未成年人成长的重要环境，未成年人的大部分时间都在家庭中度过，父母的行为在很大程度上影响孩子的行为，因此良好、和谐的家庭环境对保护未成年人非常重要。《中华人民共和国未成年人保护法》第十五条、第十六条、第十七条作了明确规定，要求未成年人的父母或者其他监护人以健康的思想、良好的品德和适当的方法教育和影响未成年人，引导未成年人进行有益身心健康的活动。同时要关注未成年人的生理、心理状况和行为习惯，预防未成年人吸烟、酗酒、流浪、沉迷网络以及赌博、吸毒、卖淫等行为。

（二）履行对儿童的监护与抚育职责

《中华人民共和国未成年人保护法》第十六条、第十八条、第二十条对未成年人的父母或者其他监护人的监护与抚育职责作了规定，明确要求父母或者其他监护人学习家庭教育知识，正确履行监护职责，抚育未成年人；作出与未成年人权益有关的决定时，应告知未成年人并听取他们的意见；由于外出或者其他原因不能履行对未成年人的监护职责的，应当委托有监护能力的其他成年人代为监护。

（三）尊重儿童的受教育权

《中华人民共和国未成年人保护法》第十六条规定"尊重未成年人受教育的权利，保障适龄未成年人依法接受并完成义务教育"。受教育权是公民的基本权利，接受义务教育是国家保障的公益性事业，未成年人的父母或者其他监护人应当尊重未成年人的受教育权，保证未成年人完成义务教育。

（四）对父母或者其他监护人的禁止性规定

为了在未成年人家庭保护中完善家庭保护职责，《中华人民共和国未成年人保护法》还在第十七条对未成年人的父母或者其他监护人作了禁止性规定："未成年人的父母或者其他监护人不得实施下列行为：（一）虐待、遗弃、非法送养未成年人或者对未成年人实施家庭暴力；（二）放任、

教唆或者利用未成年人实施违法犯罪行为；（三）放任、唆使未成年人参与邪教、迷信活动或者接受恐怖主义、分裂主义、极端主义等侵害；（四）放任、唆使未成年人吸烟（含电子烟，下同）、饮酒、赌博、流浪乞讨或者欺凌他人；（五）放任或者迫使应当接受义务教育的未成年人失学、辍学；（六）放任未成年人沉迷网络，接触危害或者可能影响其身心健康的图书、报刊、电影、广播电视节目、音像制品、电子出版物和网络信息等；（七）放任未成年人进入营业性娱乐场所、酒吧、互联网上网服务营业场所等不适宜未成年人活动的场所；（八）允许或者迫使未成年人从事国家规定以外的劳动；（九）允许、迫使未成年人结婚或者为未成年人订立婚约；（十）违法处分、侵吞未成年人的财产或者利用未成年人牟取不正当利益；（十一）其他侵犯未成年人身心健康、财产权益或者不依法履行未成年人保护义务的行为。"

二、社会对儿童权利的保障

社会对儿童权利的保障涉及社会的方方面面，根据《中华人民共和国未成年人保护法》的规定，大致可以归结为六个方面。

（一）全社会都要树立尊重、保护、教育儿童的良好风尚

只有全社会都来关心、爱护未成年人，才能更好地促进未成年人的成长。为此，《中华人民共和国未成年人保护法》第四十二条、第四十三条、第四十四条、第四十五条、第四十六条作了明确规定，包括：国家鼓励社会团体、企业事业组织以及其他组织和个人开展多种形式的有利于未成年人健康成长的社会活动，各级人民政府应当保障未成年人受教育的权利，并采取措施保障家庭经济困难的、残疾的和流动人口中的未成年人等接受义务教育，建立和改善适合未成年人文化生活需要的活动场所和设施，鼓励社会力量兴办适合未成年人的活动场所并加强管理，爱国主义教育基地、图书馆、青少年宫、儿童活动中心应当对未成年人免费开放，博物馆、纪念馆、科技馆、展览馆、美术馆、文化馆以及影剧院、体育场馆、动物园、公园等场所应当按照有关规定对未成年人免费或者优惠开放。

（二）全社会都应创设儿童健康成长的文化环境

文化环境是未成年人成长的精神摇篮，只有在健康的文化环境下，未成年人的身心才能得到健康发展。为此，《中华人民共和国未成年人保护法》第四十八条、第四十九条、第五十条、第五十一条、第五十二条、第五十三条对未成年人成长的文化环境提出了要求，主要包括：县级以上人民政府及其教育行政部门应当采取措施，鼓励和支持中小学校在节假日期间将文化体育设施对未成年人免费或者优惠开放；社区中的公益性互联网上网服务设施应当对未成年人免费或者优惠开放，为未成年人提供安全、健康的上网服务；国家鼓励新闻、出版、信息产业、广播、电影、电视、文艺等单位和作家、艺术家、科学家以及其他公民创作或者提供有利于未成年人健康成长的作品；出版、制作和传播专门以未成年人为对象的内容健康的图书、报刊、音像制品、电子出版物以及网络信息等，国家给予扶持；国家鼓励科研机构和科技团体对未成年人开展科学知识普及活动；国家采取措施预防未成年人沉迷网络，鼓励研究开发有利于未成年人健康成长的

网络产品，推广用于阻止未成年人沉迷网络的新技术；禁止任何组织、个人制作或者向未成年人出售、出租或者以其他方式传播淫秽、暴力、凶杀、恐怖、赌博等毒害未成年人的图书、报刊、音像制品、电子出版物以及网络信息等。

（三）全社会都应保护儿童的身体健康

主要包括：生产未成年人用品的企业必须符合相应标准；中小学校园周边不得设置营业性歌舞娱乐场所；互联网上网服务营业场所不得允许未成年人进入；不得向未成年人出售烟酒；不得招用童工；必须对未成年人提供特殊劳动保护。在现实中还大量存在学校教职员工在校园吸烟、饮酒的现象，因此《中华人民共和国未成年人保护法》对此作了禁止性规定，目的在于保护未成年人的身心健康。

（四）儿童的隐私保护

隐私权属于公民的人身权的内容之一，法律保护公民的隐私权，未成年人的隐私权更应得到保护。任何组织和个人对未成年人的信件、日记、电子邮件不得隐匿、毁弃、开拆、查阅，学校、教师及父母都不得侵犯未成年人的隐私权。

（五）儿童的安全保护、救助和卫生保健

主要包括：公安机关应依法维护校园周边的治安和交通秩序，县级以上人民政府及民政部门应积极救助乞讨、流浪的未成年人，卫生部门和学校应做好未成年人的卫生保健、预防接种、疾病防治工作等。

（六）儿童的司法保护

1. 一般未成年人的司法保护

主要包括：未成年人权益受到侵害时，人民法院应及时审理；对需要法律援助和司法救助的未成年人，法律援助机构或者人民法院应当提供法律援助和司法救助；人民法院在审理离婚、遗产继承、遗赠、监护案件时，应当依法维护未成年人的合法权益。

2. 违法犯罪的未成年人的司法保护

对违法犯罪的未成年人，实行教育、感化、挽救的方针，坚持教育为主、惩罚为辅的原则，依法应当从轻、减轻或者免除处罚。司法机关在办理未成年人犯罪案件和涉及未成年人权益保护的案件时，应当照顾未成年人身心发展特点，尊重他们的人格尊严，保障他们的合法权益，并根据需要设立专门机构或者指定专人办理。公安机关、人民检察院讯问未成年犯罪嫌疑人，询问未成年证人、被害人和办理未成年人遭受性侵害的刑事案件时，应当保护未成年人的名誉。羁押、服刑的未成年人应当与成年人分别关押，没有完成义务教育的，应当对其进行义务教育。解除羁押、服刑期满的未成年人的复学、升学、就业不受歧视。对未成年人犯罪案件，新闻报道、影视节目、公开出版物、网络等不得披露该未成年人的姓名、住所、照片、图像以及可能推断出该未成年人身份的资料。

3. 侵犯未成年人合法权益的法律责任

《中华人民共和国未成年人保护法》专门规定了侵犯未成年人合法权益的法律责任，主要包括行政责任、民事责任和刑事责任。包括六类责任主体，分别是国家机关及其工作人员，父母或者其他监护人，学校、幼儿园、托儿所以及上述单位的教职员工，企业、文化娱乐场所经营单位，未成年人救助机构、儿童福利机构及其工作人员，胁迫、诱骗、利用未成年人乞讨或者组织未成年人进行有害其身心健康的表演等活动的单位和个人，并针对不同责任主体规定了不同责任形式。

随着网络技术的发展，网络对未成年人的影响越来越大，防止网络侵犯未成年人权利及预防未成年人沉迷网络也是未成年人保护的重要内容。新修订的《中华人民共和国未成年人保护法》专设"网络保护"一章，以加强对未成年人的网络保护，要求国家、社会、学校和家庭应当加强未成年人网络素养的宣传教育，培养和提高未成年人网络素养，增强未成年人科学、文明、安全、合理使用网络的意识和能力，保障未成年人在网络空间的合法权益。为充分保障未成年人的合法权益，新修订的《中华人民共和国未成年人保护法》还专设"政府保护"一章，对各级人民政府及其有关部门对未成年人各项权益的保护作了规定，进一步明确了各级人民政府及其有关部门的职责，以更好地促进未成年人的健康成长。

参考文献

[1] 尹力 . 儿童受教育权：性质、内容与路径 [M]. 北京：教育科学出版社，2011.

[2] 杨立新 . 人身权法论（修订版）[M]. 北京：人民法院出版社，2002.

[3] 黄崴 . 教育法学 [M]. 北京：高等教育出版社，2007.

[4] 温辉 . 受教育权入宪研究 [M]. 北京：北京大学出版社，2003.

[5] 余雅风 . 学生权利概论 [M]. 北京：北京师范大学出版社，2009.

[6] 劳凯声 . 变革社会中的教育权与受教育权：教育法学基本问题研究 [M]. 北京：教育科学出版社，2003.

[7] [澳] 布赖恩·克里滕登 . 父母、国家与教育权 [M]. 秦惠民，张东辉，张卫国译 . 北京：教育科学出版社，2009.

[8] 肖宝华 . 教育法学与小学校园安全概论 [M]. 北京：人民教育出版社，2015.

后 记

记得，我曾在 2015 年"重新发现儿童"的中心论坛上说："儿童是我们的过去，我们从儿童走来；儿童就在我们中间，每个人心中都住着一个儿童；儿童是我们的未来，我们心甘情愿为儿童服务。儿童是谁？儿童需要什么？我们能为儿童做什么？我们应该怎样做？"对这些问题的回答，是我们从事儿童教育之人的初心与使命所在。本书可谓是我们儿童研究团队的一份答卷，在此，回顾一下我及我们团队关于儿童研究的所思所为，简单介绍一下走过的历程，以助读者更好地理解此书。

我对小学儿童的研究始于 2006 年。当年 9 月，我调入首都师范大学初等教育学院，开始从事小学教师培养的教学工作。没多久就发现小学教育专业的教师不好当，仅有学科理论是不行的，不但学生不愿听，就连自己也觉得所讲知识并不适合小学教师的培养。那么，问题出在哪里？应如何改变？除了学科知识外，小学教师培养还需要什么知识？什么知识是小学教师必不可少的？在研究过程中，最为重要的两方面凸显出来——小学教育和小学儿童，但这两方面的内容在小学教师培养中均很匮乏。为什么会这样？小学教师培养的原点在哪里？小学儿童在小学教育、小学教师培养中处于何种地位？

2006 年底，我开始着手研究初等教育学学科建设，围绕小学儿童、小学教育、小学教师与初等教育学及其关系展开，逐渐明确了小学儿童的地位。对小学儿童的理解是小学教师培养的原点所在，但当时有关小学儿童的研究非常有限，除了心理学外鲜有所见。

我开始撰文论述。在《初等教育学学科建设的几个问题》（2009）中提出，小学儿童是小学教育的主体，小学儿童的生命成长有其自身规律。小学教育要遵循小学儿童生命成长规律，并实施他们可接受的教育，确保他们成长的方向性。在《关于高师小学教育专业建设的几点思考》（2009）中提出，对小学儿童生命成长的规律、特性、差异性、条件等的科学认识，对小学儿童学习规律、特性、方式、条件等的科学认识，是小学教育、小学教育专业建设的基础。在《初等教育学学科：高师小学教育专业的学科基础》（2011）中提出，小学儿童在初等教育学学科建设中有着非常重要的地位，是初等教育学学科建设的逻辑起点。小学儿童是小学教育中最简单、最一般的本质规定，是构成小学教育的最直接、最基本的单位。

之后，我围绕上述观点展开进一步的论述，如从儿童生命视角审视小学教育的论文《基于儿童生命的小学教育之思》（2012），从教育学视角关注小学儿童需要的论文《关注小学儿童的需要：教育学的视角》（2013）；《以"儿童教育"为本位的卓越小学教师培养》（2017）一文是从儿童教育本位的立场论述卓越小学教师的理解与培养，《让儿童快乐：生命教育视角下的教师使命》（2017）一文是从生命教育的视角论述教师的使命是让儿童快乐。

自 2007 年以来，我指导的硕士研究生先后有八人的毕业论文选题与小学儿童研究有关，即《基于小学儿童生命特性视角的小学教师专业特性研究》（曲悦，2010）、《小学教师儿童观现状研究》（王佳艺，2012）、《中高年级小学生生命情感现状研究》（孟啸，2012）、《儿童需要在小学教师与学生家长交往中的忽略与回归》（郭鑫，2014）、《基于儿童天性的小幼衔接教育研究》（李晓雯，2014）、《儿童"被关注"需要及其在师生交往中意义研究》（王洋，2015）、《儿童表达及其教育意义分析》（高蓉，2016）、《基于儿童生命特性的养成教育研究》（郭丽影，2018）。其中，有五篇论文的部分研究成果构成了本书前四章的部分内容。

2011 年，首都师范大学儿童生命与道德教育研究中心成立。我们团队围绕儿童、生命、道德、教育四个关键词开展研究并主办论坛，其中有关儿童研究的主题有"看见儿童""重新发现儿童""关爱儿童"等，并围绕这些主题组稿，先后在《当代教育科学》《现代教学》等期刊上发表。不仅如此，从 2015 年起，我们团队还多次应小学校长（如顺义北小营中心小学校长裴艳玲、顺义杨镇小学校长朱秋婷、首都师范大学附属房山小学校长张亚辉等）之邀走进小学，开展有关儿童专题的校本培训，与教师们一起探讨：儿童是谁？"看见儿童"意味着什么？怎样才能"看见儿童"？今天如何做教师？关爱儿童与当好教师有何关系？在此过程中，一线教师叙述的自己与儿童交往的故事更坚信了我们立足于教育现场研究儿童的旨趣，更丰富了我们对儿童的研究的内容。

让我们的学生能真正意识到儿童在其未来教育工作中的重要性并树立儿童教育本位的儿童观，是我们团队开展儿童研究、从事儿童教学工作的使命所在。其伴随着为本科生开设儿童研究课程而启动，伴随着初等教育学学科建设的推进而深入。尤其是 2014 年之后，儿童研究在小学教育专业人才培养中的位置更为明晰，儿童课程设置渐成体系，儿童课程教学也成了我们重点研究的问题。2017 年 12 月 7 日，我们成功举办了"走近儿童"——2015 级"儿童需要与表达"教学展演活动。这是由我和钟晓琳博士创意、策划，由崔杨老师参与策划，由 2015 级全体学生（400 多人）参与编、导、演，由研究生协助的一台教学文艺演出活动。这次展演真切地帮助学生们通过表演儿童作品的方式接近儿童、感受儿童的视角、体会儿童的立场。

最后，感谢国家开放大学刘惊铎教授为本书命名。本书写作动力是为本科生课程教学服务，开课之端的名字是"儿童专题研究"，后改为"儿童需要与表达"，但都没能完全准确地表达本书的研究意图与内容。我将此书稿发给刘惊铎教授并请教书名，他给出了"儿童生命之道"的名字："你的《生命德育论》中一个重要的内容是生命之道，这本儿童研究之书恰恰是在研究儿童生命之道。"一语中的！这正是我所要而没有表达出来的书名。但在出版之前，为了使本书更具有"市场"、让书名更像教材，最终将书名改为《儿童生命概论》。

唯有回到儿童生命之中，在儿童的生活中研究儿童生命的需要与表达，才能真正认识儿童、理解儿童并揭示儿童生命之道，进而为儿童教育提供遵循。这是我们的认识，也是我们的追求。

刘慧
2019 年秋于西钓鱼台嘉园